北大社 国家级一流本科专业建设点配套教材·广告学专业系列

高等院校艺术与设计类专业"互联网+"创新规划教材

广告策划

余艳波　晋艺菡　编著

北京大学出版社
PEKING UNIVERSITY PRESS

内容简介

　　本书是一本专为培养高素质的创新型、应用型广告策划人才而编写的教材，以广告公司策划的工作任务及知识技能分析为依据，突破了传统的广告策划教学内容和方法，强调理论与实践的有效结合。本书提出一种新的广告策划学框架，即从广告策划的本体、主体、客体、过程、方法 5 个核心系统，将广告策划视作一个完整且全面的科学系统，试图补充广告策划主题研究和广告策划方法研究，使广告策划学的研究更为深入、系统，更有理论价值和应用价值。

　　本书既可作为高等院校广告学专业及相关专业的教材，也可作为行业爱好者的自学参考用书。

图书在版编目（CIP）数据

广告策划 / 余艳波，晋艺菡编著 . —北京：北京大学出版社，2024.5
高等院校艺术与设计类专业"互联网＋"创新规划教材
ISBN 978-7-301-35077-5

Ⅰ．①广…　Ⅱ．①余…②晋…　Ⅲ．①广告学—高等学校—教材　Ⅳ．① F713.81

中国国家版本馆 CIP 数据核字（2024）第 106514 号

书　　　名	广告策划
	GUANGGAO CEHUA
著作责任者	余艳波　晋艺菡　编著
策 划 编 辑	孙　明
责 任 编 辑	李瑞芳
数 字 编 辑	金常伟
标 准 书 号	ISBN 978-7-301-35077-5
出 版 发 行	北京大学出版社
地　　　址	北京市海淀区成府路 205 号　100871
网　　　址	http://www.pup.cn　　新浪微博：@ 北京大学出版社
电 子 邮 箱	编辑部 pup6@pup.cn　　总编室 zpup@pup.cn
电　　　话	邮购部 010-62752015　　发行部 010-62750672　　编辑部 010-62750667
印 刷 者	三河市博文印刷有限公司
经 销 者	新华书店
	889 毫米 ×1194 毫米　16 开本　13.5 印张　408 千字
	2024 年 5 月第 1 版　2024 年 5 月第 1 版
定　　　价	59.00 元

前　言

广告策划是人类商业文明催生的智慧。广告策划犹如金手指，创造了无数的商业传奇。20 世纪 50 年代广告策划概念在英国形成以后，很快在全球传播开来，到 80 年代，广告策划已成为全世界所有广告公司的核心工作方式，全面提升了广告公司的专业服务能力。广告策划像一束神奇的脑神经，将所有的广告活动重新优化整合，使广告创意活动爆发出惊人的创造力，使广告不再是一种简单的商业传播活动，变成一种全新的创意产业，给商品注入了灵魂，给品牌注入了文化，给企业注入了价值！

在编写这本书之前，我已经与胡远珍教授等老师一起在湖北大学创办广告学专业（1993年），教授广告策划课程 20 余年，收集、研究了大量国内外广告策划教材，同时在北上广深很多企业担任高级策划经理。结合自己在高校的广告策划学术研究与企业的应用实践，我意识到，现行高校广告策划课程存在很大问题：单一探讨、讲授广告策划过程的相关环节，没有把广告策划纳入整体广告活动中，学生根本无法真正理解、认知广告策划的目的、作用与价值。广告策划是一个系统概念，是为实现广告传播目标，对广告相关资源的创造性优化整合，与传播学、营销学、心理学、文化学、社会学等学科知识存在紧密关联，同时，与广告学其他课程（广告文案设计、广告消费心理研究、广告视觉符号创意等）相互交叉、互相涵盖，这就需要从人类的广告活动、广告学整体学科分类这两个层面重新定义广告策划的课程体系。为此，我第一次创新性地将广告策划分为 5 个部分：广告策划本体论、广告策划主体论、广告策划客体论、广告策划过程论、广告策划方法论。广告策划本体论，主要研究、解析广告策划是什么，有什么特定的原理、原则、地位和作用；广告策划主题论，主要研究如何成为一个优秀的策划人，需要什么样的素养、知识与能力，以及广告策划的环境资源；广告策划客体论，重点解析广告策划如何运用广告传播的宏观社会文化资源与微观的企业、产品资源；广告策划过程论，主要是对广告策划全过程的解析，将广告学相关课程纳入广告策划大系统，全面探讨提升广告学其他课程内容的系统应用；广告策划方法论，主要探讨广告策划专业能力的系统培养，从营销学、传播学、心理学、文化学等学科的基本理论到世界十大广告企业的专业方法，系统探讨成为优秀广告策划人的路径与方法。

2022 年，党的二十大报告对增强中华文明传播力影响力作出重要部署，广告传播也应坚持正确导向、坚持服务大局，充分发挥广告传播的独特优势，通过广告策划创新传播方式，提高传播效果。广告学专业需培养一批具有创新精神、实践能力和国际视野的广告策划人才。同时，互联网的高速发展，极大地改变了广告传播的整体环境、路径。恰在此时，湖北大学广告学专业获批成为国家一流本科建设专业，湖北大学新闻传播学院对教材建设极为重视，大力支持和推动本书的出版。为此，我邀请湖北大学硕士研究生导师、广告学博士晋艺菡与我共同编著本书，由她用互联网传播思维，结合广告产业的整体发展重新设计本书的整体框架，并担任统稿工作，使内容既有理论深度，又具有实际操作性；既有企业、行业的前沿信息，又有规范性分析。另外，研究生胡一民、邹晶、胡永春和彭健芳为本书的编写做了不少贡献，在此对他们表示感谢！

秦怀波

2023 年 10 月

【资源索引】

目　录

第五编　广告策划方法论

第一编 广告策划本体论

广告策划本体论是关于广告策划本身的研究，包括广告策划的基本原理；广告策划的基本原则、地位与作用；广告策划主体的综合素养、知识结构与能力结构等。广告策划本体论是想准确描述广告策划是什么，广告策划在广告运动中起什么作用，我们为什么要研究广告策划。现代广告策划的概念从提出到系统发展只有50年的历史，人们普遍认同并且广泛使用"策划"这一概念，但对广告策划的概念内涵，却一直没有形成相对一致的认识。本编将从广告策划的源流入手，全面介绍、分析与广告策划概念相关的系统理论。

第一章　广告策划概念的形成与演变

□**本章教学要求与目标**

　　教学要求：使学生大致掌握广告策划的形成与演变过程，了解广告的发展变化与各个阶段的发展特点，对重要的转折点有所记忆。同时，学生应了解广告策划和广告创意的区别并把握两者关系。

　　教学目标：培养学生的溯源能力，让学生对广告策划的早期形态有一定认知，并与现代广告形成对比。

□**本章教学框架图**

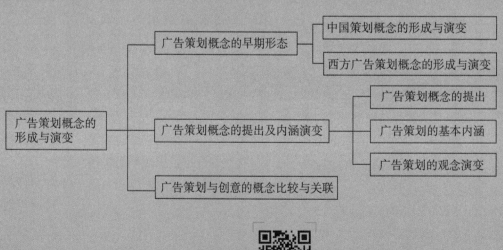

【本章图片】

第一节 广告策划概念的早期形态

一、中国策划概念的形成与演变

"策划"一词，在我国古典文献中，最早见于《后汉书·隗嚣传》："是以功名终申，策画复得。"其中"画"与"划"相通，"策画"即"策划"，有谋划、计划、对策的意思。现代策划的基本内涵，在汉代已基本形成。在中国古代，策划主要用于军事和政治，从思想观念上的百家争鸣到政治利益上的诸侯争权夺利，加上生产力的落后，社会生活资料匮乏，所以产生了层出不穷的斗智斗勇的谋略故事，"策划"的概念由此而来。按照《周易》等古文献资料记载，在原始社会后期"以谋捕兽"即早期的生活策划行为，古人分工协作以取得适宜的生存空间，策划应运而生。

进入奴隶社会后，策划思想继而发展，诸如从夏商时期的井田制度发展到商周时期的分封制度，这种土地制度的变化，实际上是古人运用才智策划的结果，战争与组织的变化也随之产生，如商朝的吕尚（即姜太公、姜子牙）以个人的策划智慧，改变政治或战争格局，开始出现专业策划人。

春秋战国时期策划思想逐渐形成体系，以智谋为内核的策划水平提高到相当高度，形成了百家争鸣、百花齐放的局面。因而这一时期包含丰富策划思想的兵书巨著如雨后春笋般出现，如《孙子兵法》《尉子》《孙膑兵法》《战国策》等，这些策划著作的产生，既是对中国早期策划智慧的总结，同时也奠定了中国封建社会政治、军事、经济、社会文化等策划思想的基础，对后世策划思想产生了巨大影响。

封建社会时期，自秦朝实行大规模"焚书坑儒、独尊儒术"开始，策划的主体内容不再是奇诡多变的军事战争，而是维护政权稳定、国家长治久安的政治、经济、文化策划。秦始皇创造大秦帝国，统一了文字、货币，文化与经济的策划奠定了中国未来的发展方向；汉武帝"罢黜百家、独尊儒术"确立了封建统治思想；诸葛亮三分天下，权与术的结合使众多策略运用得游刃有余；北魏孝文帝以文化、风俗、农业的封建化大策划，促进了民族统一；李世民策划"玄武门事变"登上皇位，武则天以女性的独特策略，创新改革，为李唐王朝营造"开元盛世"；文成公主远嫁松赞干布，金城公主与尺带珠丹联姻，是婚姻与政治的巧妙整合策划；赵匡胤的"黄袍加身"和"杯酒释兵权"，是军事与政治策划的典范；王安石、范仲淹的变法是勇敢的政治改革策略；成吉思汗逐步推进、迂回控制的政治策略，构建了一个人类历史上空前绝后的庞大帝国。值得关注的是，在明朝中后期，中国出现了资本主义萌芽。随着技术的进步，手工业在明朝取得了较大发展，商业贸易活动较为繁荣。到了清朝，商业贸易活动更加活跃，形成了经济规模庞大的晋商、徽商、浙商等商业群体，开始出现商业策划。

到了20世纪，中国民族资本主义工业的出现，报纸、广播等现代传播媒介的产生，催生了中国的广告业，而广告业的深入发展，分工的细化，最终形成了中国的广告策划业。

二、西方广告策划概念的形成与演变

原始社会时期的广告，主要是口头叫卖、音响广告和实物陈列、标志广告、文字广告、幌子广告及少量社会广告等初级形式。这一时期广告策划的概念尚未形成，广告策划更多的是对广告表现形式本身的局部革新。而自公元5世纪起的封建时期，人类经济文明空前发达，工商业异常活跃，该时期最为重要的广告发展是1445年德国人古登堡创造了铅活字印刷，大大提高了印刷的质量和速度，印刷广告的大量生产成为可能，人类广告活动从此由古代的口头、招牌、文字广告传播进入印刷广告时代。此阶段由于报纸刚刚出现，种类较少，内容较简单，广告策划主要以推销版面、招揽更多的广告为目的。

18 世纪 60 年代至 20 世纪初，在欧美国家先后出现了两次近代工业化的浪潮。第一次工业革命实现资本主义工业生产从手工工场向机器大工业的飞跃，是生产技术的巨大变革；第二次工业革命完成了从农业到轻工业再到重工业的重大转变，世界经济结构随之发生显著变化，世界大工业文明在此基础上建立起来。

在这种经济背景下，广告产业获得了巨大发展，有线电报机、无线电通信、KDKA 广播电台等广告传播媒介相继形成，商业广告成为大众媒体的主要收入来源。1869 年，《油墨》杂志的创办人罗厄尔第一次公开发表了全国报纸的准确版面费率，稳定了广告代理业，形成并发展了广告代理商产业。同时，关于广告的争论也随之出现，促使很多学者从经济学、传播学、心理学的角度研究广告。1866 年，Larwood 和 Hatton 合著《路牌广告的历史》。1874 年，H. Sampson 出版《广告的历史》。1898 年，美国的 E.S.Lewis 提出广告的 AIDA 原则。1900 年，美国明尼苏达大学心理学家哈洛·盖尔出版《广告心理研究》。1901 年，美国西北大学校长、心理学家斯科特第一次提出广告应该成为一门学科。随后在 1903 年出版《广告论》，1908 年出版《广告心理学》，广告理论随之逐步成熟。

此阶段的广告策划的主要任务是媒介推销，其形式的创意形成高潮，且广告科学理论萌芽，尤其是心理学、经济学、传播学、社会学等科学方法被引入广告领域，为广告学的独立发展奠定了坚实的基础。

20 世纪后，资本主义逐步走向成熟。世界各主要资本主义国家，快速进入成熟期，随着资本主义经济体系的建立，广告业迅速成为第三产业的重要组成部分。广告成为消费社会的一种文化景观，广告业从职业化阶段走向产业化阶段，广告理论不断深化发展，各西方国家纷纷建立了完善的广告管理体系。广告的策划、创意、设计、实施已经完全独立，成为一种高度专业化的社会分工。

根据广告学者张金海先生的研究，20 世纪广告学的发展，经历了三个重要阶段。

1. 第一阶段：20 世纪初至 20 世纪 50 年代

广告策划以产品推销为核心，形成了三种具有代表性的广告理论：

（1）硬性推销派。

硬性推销派以约翰·肯尼迪、克劳德·霍普金斯、阿尔伯特·拉斯克尔为代表，认为广告是"印在纸上的推销术"，将广告定义为："广告是将各种高度精练的信息，采用艺术手法，通过各种媒介传播给大众，以加强或改变人们的观念，最终引导人们的行动的事物和活动。"广告不一定漂亮和悦目，重要的是说清楚为什么值得花钱购买。好广告应该是合情合理而不必多加修饰。

（2）情感氛围派。

情感氛围派以西奥多·麦克马纳斯和雷蒙·罗必凯为代表，主张把广告建立在消费者购买产品，拥有它或把它当作礼品所获得的那种满足感的基础上，广告围绕暗示和联想展开，这种暗示和联想都在传递产品质量和声誉的完美印象，赞美它将提供给消费者的是拥有的喜悦。

（3）独特的销售主张派。

20 世纪 50 年代，罗斯·瑞夫斯提出了划时代的广告理论 USP 理论，其独特的销售主张：其一，一则广告必须向消费者明确陈述一个消费主张；其二，这一主张必须是独特的，或是其他产品没有提出的；其三，这一主张必须对消费者具有强大的吸引力和说服力。

2. 第二阶段：20 世纪 60 年代至 20 世纪 80 年代

（1）创意革命时代。

20 世纪 60 年代，出现了以大卫·奥格威、威廉·伯恩巴克、李奥·贝纳为代表的三大创意理论，产生并形成了大卫·奥格威提出的品牌形象理论。广告从以前的关注诉求（即"说什么"），走向全面创意（即"说什么"和"怎么说"）。大卫·奥格威提出了科学的广告理论，强调"承诺，大大的承诺，是广告的灵魂"；威廉·伯恩巴克则提出了ROI理论，即相关性——广告与商品、消费者相关，原创力——与众不同，突破常规，冲击力——广告要对消费者心理形成冲击和震撼；李奥·贝纳则强调广告的戏剧性。大卫·奥格威提出的品牌形象理论，第一次提出了品牌形象问题，认为品牌是企业的资产，品牌具有个性，品牌有利于企业的市场竞争等，对未来的品牌理论和广告理论产生了重要影响。

（2）定位理论。

20世纪70年代，美国广告人艾里斯和杰克·屈特提出了广告定位理论。认为定位就是"你对未来的潜在顾客心智上下功夫。也就是把产品定位在你未来的潜在顾客的心中"。定位"是一种观念，它改变了广告的本质"，定位"是一种新的传播方式"。美国营销大师科特勒认为："定位起始于产品……然而，定位并非是对产品本身做什么。定位是指要针对潜在顾客的心理采取行动，即要将产品在潜在顾客的心中确定一个适当的位置。"

（3）CIS。

20世纪80年代，出现了CIS（即企业形象识别系统）。将企业形象识别分为三个子系统（图1-1）：企业理念识别系统即MI；企业行为识别系统即BI；企业视觉识别系统即VI。强调从企业经营理念到精神文化，从员工行为到企业活动，从视觉识别的基本要素到所有应用要素，建构起具有高度统一而极富个性的企业形象，并通过对内对外的一致传播，形成企业内部的一致认同，以及消费者的全面认同，从而提升企业市场地位，增进企业竞争力（在本书第十五章有具体介绍）。

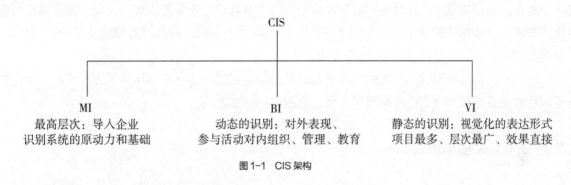

图1-1　CIS架构

3. 第三阶段：20世纪90年代至今

自20世纪50年代USP理论形成，奠定了现代广告学的基础之后，广告学的理论发展迅猛。20世纪90年代，形成了全面总结和升华20世纪广告理论的整合营销传播理论。1993年，美国学者唐·舒尔茨等人在其《整合营销传播》一书中首次提出了整合营销传播的概念，并且作了系统理论阐述，强调企业营销要素的系统整合，强调营销传播资讯的一致性、目标的集中性，以及各营销传播要素及方法的协调性和统一性。在实现与消费者的沟通中，追求与消费者建立长期的、双向的、持久的关系，其核心是整合、一致与沟通。随着互联网时代的到来与演化，消费者的行为越发呈现个人化与个性化趋势，"整合"的概念也更加深入与丰富，传统的传播营销方法被更多地转移到基于互联网的平台之上，缩短了产品到达消费者之间的传递路径。移动互联的发展整合营销链条到集中的互联网平台上，这要求传播者需要让消费者能在有限的视野中更快更准地识别出产品和品牌，营销者必须更多地把握消费者的主观能动性，考虑消费者的内心活动，洞察其真实需求。因此，基于互联网的呈现，从消费者的行为特征、信息触点出发去设计的营销思路在当前占据主导地位。

进入20世纪之后，广告学作为一门独立的学科，逐步形成并发展成熟。作为广告学核心的广告策划，也从幕后走向前台，成为广告运动的核心环节。

中国广告业的发展与西方国家大体在早期都是以实物和人际传播为主。但中国的商业形态与西方国家存在一定差异，报纸等大众传播媒介出现较晚，中国广告业发展受中国社会制度、文化、经济等因素制约，直到 20 世纪末期才真正形成一个独立的产业。伴随着产业的发展，广告方法也出现新的变化，出现诸如协同创意此类型的方法，它主张将广告的创意概念与创意执行结合在一起，以偶发性（incidental）、不平衡性（imbalanced）、交互性（interactive）和整合性（integrated）为原则，将品牌文化以更贴近数字生活消费者的方式呈现，调动其兴趣以宣传。尽管如此，营销的核心思路依旧是基于整合营销传播观。

第二节　广告策划概念的提出及内涵演变

一、广告策划概念的提出

关于广告策划的源头，学者普遍认为：1955 年，公共关系创始人爱德华·伯纳斯出版《策划同意》一书，第一次使用策划一词，并将策划概念全面引入公共关系的理论和实践。英国伦敦的博厄斯·马西来·波利特广告公司创始人、广告专家斯坦利·波利坦于 20 世纪 60 年代在广告领域率先使用了策划这一概念，从此策划概念逐步影响到整个英国广告界。美国以创作见长的奇阿特·戴广告公司较早引入策划这一概念，一些创意型广告公司相继建立策划部门。从此，广告策划思想及工作方法迅速在西方广告界普及开来，许多国家都建立了以策划为主体、以创意为中心的广告经营管理体系。中国则是在 20 世纪 80 年代中期引入了广告策划的理念与方法。

广告策划的出现是现代广告实践和理论发展的结果，它使广告学的结构体系更加丰富，使广告理论有了长足的发展，成为现代广告活动科学化、规范化的标志之一。

二、广告策划的基本内涵

美国哈佛大学企业管理丛书编纂委员会对策划的定义是：策划是一种程序，在本质上是一种运用脑力的理性行为。基本上所有的策划都是关于未来的事物的，也就是说，策划是针对未来要发生的事物做当前的决策。换言之，策划是找出事物的因果关系，衡度未来可以采取的途径，作为目前决策的依据。也可以说，策划是预先决定做什么、何时做、如何做、谁来做。策划如同一座桥，它连接着我们目前之地与未来我们要经过之处。策划的步骤是以假定目标为起点，定出计划、政策以及详细的内部作业计划，以求目标的实现，最好还包括效果评估及回顾。

西方学者赫伯特·史密斯认为，策划是对将来的一种构想，是对此种构想方案予以评价，以及达成方案过程的各种有关活动。策划是策划者对于将来会左右其机制的一种理性思维程序；西方学者马修·迪莫克认为，策划使将来的问题与预期的结果连接在一起，为有效地掌握将来的问题而展望未来，寻找合理对策；日本策划大师星野匡认为，所有的策划或多或少都有所谓虚构的东西，从虚构出发，创造事实，加上正当理由，而且要正大光明地去做，这就是策划。陈培爱教授认为，广告策划是从广告角度对企业市场营销管理进行系统整合和策划的全过程，从市场调查开始，根据消费者需要对企业产品设计进行指导，对生产过程进行协调，并通过广告促进销售，实现既定传播任务。

综上所述，我们认为从广告的角度来看：策划是为实现传播目标，对相关传播资源进行创造性的优化整合，是对广告运动的整体设计与规划，是一种战略性统筹谋划。

三、广告策划的观念演变

1. 广告策划观念的发展：从促销到服务

在策划概念提出之前，广告的核心目标是销售促进，即以最有效、简单的广告行为方式，实现广告的促销目的。到20世纪90年代，广告策划强调的已不只是广告系统内部的资源设计，而是与其他营销传媒活动，如公共活动、产品形象系统、营销行为系统、社会服务系统等，共同创造营销环境，提升品牌价值，创造更为持久的营销效益。20世纪20年代的"印在纸上的推销术"推销理论，30年代的市场研究理论，40年代的生活方式展示理论，50年代的"独特销售主张"，60年代的创意革命，70年代的品牌形象理论和定位理论，80年代的4C理论、CI理论，90年代的整合营销传播理论，广告系统策划理论的发展促使广告策划从对企业本身的关注发展到对企业、消费者、社会三者关系的关注；从对企业本身的关注转向对消费者全方位和更深层次的关注，树立起以消费者为中心的理念。而互联网发展的当下，这个理念被完全颠覆，"数字生活"的到来改变了"刺激受众消费"的营销模式，策划更多的是基于数据等为消费者提供更多、更优的服务。

2. 广告策划内容的发展：从简单到系统

最初的广告策划内容主要单是指广告表现上的创意设计。随着广告自身实践和广告理论的成熟，广告策划包含更加丰富的内容，从广告运动开始前的资讯策划，到广告运动过程中的调查策划、定位策划、主题策划、创意策划、媒介策划、实施策划，再到广告运动执行过程中需要人员或信息资源调配等活动的整合策划，直至贯彻企业整体营销行为的企业文化策划、企业形象策划、品牌策划。可以说，数字时代的广告策划内容从简单逐渐走向复杂与严谨、丰富与系统。

3. 广告策划方法的发展：从单一到全面

这主要体现在以下三个方面：第一，策划程序的完善与规范，起初是简单的出点子，如今是对广告策划全程各个环节的完善及科学操作，即策划涵盖的范围扩大，走向全面；第二，在以策划思想为指导，建立系统广告战略的基础上，丰富和发展广告策略的方法，包括广告的市场策略、产品策略、定位策略、表现策略、媒介策略、实施策略等，形成广告策划的策略体系；第三，运用相关学科的理论系统，丰富和发展广告策略体系，如营销学中的市场研究方法、社会学中的社会阶层研究方法、心理学中的消费心理研究方法、传播学中的信息传播及接受理论方法、文学艺术中的创意表现方法，以及数字媒体和计算机技术在广告设计中的运用等。

4. 广告策划形式的发展：从个体到集体

广告策划最初表现为个别广告人员对广告的创意表现设计。20世纪初期到第二次世界大战结束，广告策划进入集体策划阶段：广告策划内容已开始扩大到其他广告形式中。广告策划主体扩大到广告客服人员、广告调查人员和广告媒介人员等，广告策划活动的组织形式发展到比较稳定的集体组织形式，甚至出现了具有法人性质的专业广告策划机构。20世纪50年代以后，科学技术迅速发展，科学技术的门类也越来越细，各学科之间的彼此渗透和联系日益明显。在传统的学科与技术的边缘分支上，不断产生新的学科和技术。在这种潮流推动下，广告策划开始出现跨学科、多领域、超行业的综合研究，出现了综合性的策划服务机构。如美国的兰德公司、斯坦福国际研究所、日本的野村综合研究所等。现阶段"精准服务"的当下更是只有掌握大数据的庞大企业诸如华为、腾讯、阿里巴巴，策划才会更有竞争力。广告策划开始从专业策划发展到综合策划，从战术策划发展到战略策划，从经济策划发展到政府、军事、外交、法律、科技、文化、教育等社会生活中的各个方面。在方法上综合运用运筹学、系统工程、技术经济学等手段，利用现代电子技术提供综合性策划来满足政府、企业或个人的各种广告传播要求。

5.广告策划工具的发展：从人工到智能

传统时期人工方式进行的广告策划需大量广告人力参与其中，以解决复杂烦琐的流程与设计等规划。在互联网时代，营销平台转至线上，在提高办事与沟通效率的同时，也丰富与扩展着营销和创意的形式。如 AI 技术的发展，将智能工具引入广告领域，帮助从业人员进行快速而大量的数据统计、处理和计算，用于更快地执行决策。如 OpenAI 旗下的 DALL·E2、Midjourney 等一系列的图像生成工具，输入关键词即可一键产生富有创意的设计，在提高媒介策划人员执行力的同时，也提高了广告策划的效率。同样，随着智能工具使用门槛的降低，从另一个角度也能帮助企业控制成本。人工智能技术的引入也要求从业人员具有复合型技术与思维，了解新技术发展现状并与之接轨才能审时度势，进行更高质量的策划。

第三节　广告策划与创意的概念比较与关联

所谓广告创意，是广告人员对广告运动进行的创造性思维活动，是为了达到广告目的，为未来广告的主题、内容和表现形式所提出的创造性的"主意"[1]，或者说是能表现广告主题、有效与受众沟通的艺术构想。而广义上的广告创意则是对广告战略、策略和广告运作每个环节的创造性构想[2]，或者艺术构思活动[3]等。所谓广告策划，一般认为是针对整体的广告运动而言的，是对广告运动从整体战略到具体策略所做的整体预先谋划[4]，或者是对广告活动各种具有长远意义的战略和实现这一战略所采取的手段和方法（即战术）的统筹规划[5]，或者决策活动过程[6]等。

在现代商品经济高度发达以及媒介选择形式多样的市场环境下，广告创意和广告策划受到广告主、广告代理公司的普遍重视，建立起了"以策划为主体、以创意为中心"的广告策划管理体系。一般认为，创意是广告行业的特征之一，也是广告运动过程中难度最大，最富有挑战性、创造性和艺术性的一环。因而有学者指出，创意贯穿于广告运动的始终，从广告业务接洽之时，广告人便已开始其创意的接力和长征。尽管有不少广告实务界人士，尤其是卓有成就的广告界知名人士极力否认广告需要创意（如奥格威要求员工"把创造性活动这个名词从我们的生活中一笔勾掉"），但只不过是由于"当他们舍舟登岸，得鱼忘筌，手握成功的广告文本而浑然不见苍茫来路，因为'灯一点燃，光芒就在足下亮起'，而灯的重要性反而被光芒所遮盖"。至于广告策划，则是现代广告运动科学化与系统化的主要标志之一，并逐渐成为现代广告运动的核心，成为整个广告活动的"生命和灵魂""软件和中轴"。在广告策划观念的引导下，广告运动实现了与营销和传播的系统整合而步入一个全新的历史时期。因此我们有理由认为，广告创意和广告策划是现代广告运动的支柱。

由于现代广告是包含广告运动在内的扩大了的广告概念，而所谓现代广告运动，是指包括从市场调查、产品研究到广告计划的制订，从广告作品的创意到制作，再到广告发布的媒体调查、媒体选择与组合，最终到广告效果的调查与测定在内的系统的、整体的广告运动。因而，不论是广告创意还是广告策划，都有广义和狭义之分。这就是人们经常所说的大创意、小创意，以及大策划与小策划（图 1-2）。所谓大创意，是对广告运动具有颠覆性的、重大影响的创造性构思；小创意则是对广告运动过程中某一

① 余明阳，陈先红.广告策划创意学 [M].上海：复旦大学出版社，1999：167.
② 张金海，姚曦.广告学教程 [M].上海：上海人民出版社，2003：165.
③ 严学军，汪涛.广告策划与管理 [M].北京：高等教育出版社，2002：139.
④ 张金海.20 世纪广告传播理论研究 [M].武汉：武汉大学出版社，2002：73.
⑤ 余明阳，陈先红.广告策划创意学 [M].上海：复旦大学出版社，1999：161.
⑥ 张翔，罗洪程.广告策划－基于营销的广告思维架构 [M].长沙：中南大学出版社，2003：8.

环节或者某一具体策划的创新性表现，如对某一策划方案的具体化、形式化、视觉化、方案化等。或者说，大策划是整体广告策划，是对同一广告目标统摄下的一系列广告运动的系统性规划，贯穿于广告运动的始终；小策划是单项广告策划，是对广告运动过程中一个或者几个环节的谋划。广告策划是对广告运动宏观战略与微观战术的系统谋划，而广告创意是对广告运动每个具体环节的创造性构想，因而在某种意义上广告创意是对广告策划思想的翻译与解读。由于广告运动自身所具有的创造性与颠覆性特征，因此即使对系统性强的广告策划活动，也需要有创意思想，以实现广告运动本身的创新性，而对于创造性强的广告创意活动，也需要有策划思想，以确保广告运动过程的科学性。

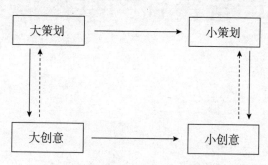

图1-2 广告运作过程中策划与创意的关联

思考与练习

1. 什么是广告策划？
2. 策划与创意有何区别？
3. 广告策划的概念形成过程经历了哪几个阶段？

第二章 广告策划的基本原理

□本章教学要求与目标

教学要求：使学生能把握广告策划的基本属性特征和原理，了解广告策划与其他学科领域的交叉关系，从中探索学科知识的融汇性。

教学目标：培养学生学科交叉的综合学习能力与思考能力。

□本章教学框架图

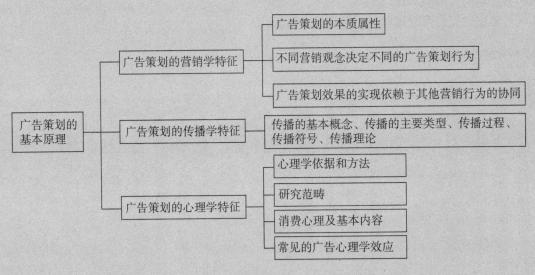

广告策划的基本原理
- 广告策划的营销学特征
  - 广告策划的本质属性
  - 不同营销观念决定不同的广告策划行为
  - 广告策划效果的实现依赖于其他营销行为的协同
- 广告策划的传播学特征
  - 传播的基本概念、传播的主要类型、传播过程、传播符号、传播理论
- 广告策划的心理学特征
  - 心理学依据和方法
  - 研究范畴
  - 消费心理及基本内容
  - 常见的广告心理学效应

【本章图片】

第一节 广告策划的营销学特征

一、广告策划的本质属性

国内外学者普遍赞同广告是一种营销传播，认为广告是为实现营销目的而进行的信息传播活动。虽然广告传播在其自身的发展过程中已经超越营销传播范畴，发展成为企业精神价值传播。但广告最主要的属性，还是它的营销属性。市场营销学最为核心的和基础的理论是4P组合理论，即市场营销活动本质上是产品（product）、价格（price）、渠道（place）和促销（promotion）的组合运用。产品是企业进行市场营销的前提，产品定价和分销是销售的基本活动，而促销则是影响销售效果的重要手段。4P因素能否寻求到一种能够获得最大效益的组合方式，是市场营销能否成功的关键。

广告是一种营销传播，同时是最为主要的促销因素。企业的促销组合通常包括广告、营业推广、公共关系和人员推销。也就是说，广告是市场营销4P组合因素中"促销组合"的一个环节，这就规定了广告的本质属性是营销属性，营销目标是广告的出发点，也是广告的最终目标。

广告策划是根据广告主的营销策略，对广告运动战略和策略进行的前瞻性设计和规划。因此，广告策划必须以广告主的营销策略为基本前提，广告策略必须完全符合广告主的营销策略。

广告的营销属性具体体现在以下几个方面。

（1）营销的目标市场策略决定着广告的目标市场策略。

（2）营销的定位策略决定着广告的定位策略。

（3）营销满足市场需求的出发点决定着广告的诉求重点。

（4）企业形象、产品形象、目标消费者的消费特征和心理，决定着广告诉求方式和广告表现策略。

（5）营销的目标市场、产品的特征、目标消费者的特征和心理需求，决定着广告的媒介策略。

二、不同营销观念决定不同的广告策划行为

20世纪市场营销学的发展，大致经过了五个阶段，五种不同的营销观念，决定了六种不同的广告策划价值取向。

1. 生产观念下的广告策划

生产观念是市场营销的初级观念。企业活动以生产为中心，企业关注的重点是生产优质产品、提高生产效率、降低生产成本，从而获取市场利润，这种观念形成的背景是社会产品不丰富、总体市场需求大于市场供给、生产商决定市场导向。

在这种观念下，企业的广告策划侧重于企业生产的宣传，以企业（产品）为中心，以简单的产品信息告知为主，不考虑消费环境和特征，也不重视信息传播的技巧与方法。

2. 产品观念下的广告策划

产品观念是生产观念的发展和深化，其重点是关注产品本身，重视产品质量和名誉。随着现代经济的发展，企业生产能力的总体提升，开始出现产品的同质化，部分行业同类型、同质量的产品竞争开始形成，企业过多地宣传企业生产能力并不能带来消费者的认同，消费者更多地需要了解他们所购买的商品本身的信息，这就形成了以产品差异为中心的产品营销观念。

在这种营销观念支配下，企业的广告策划行为更多地关注产品本身的特性，尽力宣传和塑造产品的个性与特色，形成对商品的消费偏好。

3. 推销观念下的产品策划

推销观念是在社会产品数量和品种明显增加，市场总体供大于求的影响下形成的，由于总体生产能力的提升及技术的趋同，市场竞争更为激烈，仅仅只宣传企业或产品信息，并不能形成真正有效的市场销售。因此企业将整体经营的重心从以生产、产品为中心转化为以推销为中心，能否生产出好产品不能决定企业成败，是否善于推销产品才能决定一切，企业将主要精力放到推销活动上，出现了"硬销""强销"等行为。广告投放量随之大大提升。在这种观念下，广告策划的重点也发生了转变。

（1）广告投放量的快速增加，带来广告制作水准的普遍提升。

随着推销重点的侧重，广告投放量在企业营销过程中所占的比重越来越大，巨大广告投放量的提升，带来各种广告媒介、广告代理机构的空前发展，也因此带来广告制作水平的普遍提升。

（2）侧重表现产品差异性的理性诉求。

由于产品品种增多和竞争加剧，简单的产品特性介绍并不能增加销售量，广告的竞争也随着产品的竞争而加剧，这就带来广告策划的深化、细化和广告表现方法的多样化，出现了以理性诉求为主的对比性广告、竞争性广告。

与此同时，为达到强销、硬销、为销而销的目的，出现了不少虚假广告，为标新立异、引人注目，不少广告使用了虚假、夸大、欺骗等手段。

4. 以消费者为中心的营销观念下的广告策划

以消费者为中心的营销观念是市场营销观念的巨大飞跃，也是市场营销走向成熟的重要一步，无论是以生产为中心、以产品为中心还是以推销为中心，都以企业生产为中心，而以消费者为中心则将整个营销观念进行了革命性的变革。

以生产为中心强调的是立足企业立场生产产品或推销产品，先有产品，再找市场；以消费者为中心则主张企业一切活动以满足消费者的需求为前提和基础，通过有效地满足消费者的需求而占领市场，获取利润。

前者往往只考虑近期的生产及销售。后者则以较长远的眼光考虑新产品、潜在市场和未来的发展；前者更多考虑的是生产什么产品从而获利。后者则更多考虑消费者需要什么自己才能获利。

在这种营销观念下，广告策划也相应产生了一系列变化。

（1）广告表现的是消费需求而不是产品。广告宣传的是消费者关心的东西，而不是生产者引以为傲的东西，广告表现的更多是带给消费者的利益。

（2）心理渗透和攻心为上的广告战略。广告由"强攻"转为"智取"，注重和讲究广告的心理效果，适合消费者的"口味"，迎合消费者的愿望，情感化、幽默、戏剧性、联想等广告方法普遍使用，广告的可接受性成为广告策划的基础。

（3）广告策划技术的飞跃。以消费者为中心的营销观念，带来了广告策划哲学的变革，必须首先确认市场，准确把握消费需求，同时有效地向消费者传达营销信息，才能真正实现营销目的。这就带来了广告策划技术的巨大变革。

第一，广告策划的前提是对消费者及消费需求的系统研究，这就带来了广告调查及系统消费因素的科学分析。

第二，广告策划要针对不同的需求形态提供特定的信息，这就带来了广告策划的目标定位与市场细分。

第三，广告策划要借助有效的媒介传达信息，这就带来了广告策划必须对媒介状况进行研究。

第四，广告作用的方式是对消费需求的刺激，而这一过程是微妙且复杂的，这就使广告运动过程必须精心准备、精心设计。

全面服务代理广告公司的出现和广告媒体的多元化，以消费者为中心就决定了广告服务不是单一的信息服务行为，必须对市场调查、广告策划、广告制作、媒介实施和广告评估进行系统资源整合，这就催生了全面服务型广告公司。同时也刺激了专门针对各种不同细分市场的多种广告媒介形式，除传统的四大媒体之外，还出现了DM直邮、电视直销、户外展示等多种广告媒介形式。

5. 社会营销观念的广告策划

社会营销观念是20世纪末出现的新的营销观念，它是市场营销发展的必然结果，从以企业生产为中心到以消费者为中心，营销观念产生了质的飞跃。现在，企业仅仅只考虑企业生产和消费需求，还不足以让企业长治久安，因为生态环境、能源、社会文明的进步与发展，直接影响甚至决定着企业的命运。企业必须在更广泛的社会环境之下，综合考虑企业、消费者、社会三者的利益整合，才能从本质上确保企业营销行为的实现，不能单单满足部分消费者的一时需求，而应考虑符合消费者的长远利益和社会的整体利益。

在社会营销观念下，广告策划也相应发生了一系列变化。

（1）品牌概念的出现与企业形象广告。在社会营销观念支配下，企业广告行为从产品广告转向将公司与社会长远利益相连的企业形象广告，以确立自己的长期公众形象，通过关注公众利益建立消费者的忠诚度。同时出现了品牌形象理论，从产品概念的发展到品牌概念的形成，其本质是从单一企业利益到企业与社会利益的转变，追求产品的长期利益。

企业形象广告和品牌概念的形成，极大地丰富了广告基本理论，深化了广告的服务方式，同时也带来了广告策划内容和形式的巨大变革。

（2）广告与社会文化的交互影响。广告本身是一种社会文化现象，在社会营销理念下，广告更注重社会文化的健康和发展，从社会文化的视角，寻找广告信息的内容与形式：第一，不同文化背景下的广告策略与表现；第二，不同文化理论中的广告信息传播效果；第三，企业／产品形象对社会文化的传承等。

（3）社会服务性广告普遍兴起。在社会营销观念支配下，企业广告行为更加注重社会利益，这就出现了大量公益性广告、绿色环保广告、社会服务广告等形式的广告策划。

6. 数字营销观念的广告策划

数字营销借助于互联网及电商平台、社交网络、直播平台、广告媒体等途径进行传播。21世纪是数字时代蓬勃发展的阶段，大数据给予企业足量的信息对受众进行分析，更加强调广告的精准与互动特性，如基于位置、时间、喜好等，更有针对性地对消费者需求进行个性化定制，以提供最准确、最需要、最恰当的服务，从而培养消费习惯。关于数字营销观念下广告策划的特点，有学者认为，在数字时代内容就是广告，不同的是它在这个阶段价值创造的新路径是建构"认同－共鸣－共创"的品牌价值关系。品牌首先需要获取消费者对品牌价值的认同，进而通过内容引发消费者与品牌的价值共鸣来加强关系，继而聚集关系紧密的消费者社群参与品牌价值共创，最终和消费者共同实现价值的最大化。

三、广告策划效果的实现依赖于其他营销行为的协同

广告传播是市场营销组合的一个环节，企业的营销不可能通过某种单一的营销行为实现。营销是对观念、商品及服务进行策划并实施设计、定价、分销和促销的过程。其目的是引起交易，满足个人或组织的稳定需求、欲望和目标。营销是一个系统的战略过程，广告传播作为这个庞大系统中的一个环节，其作用和功能必须通过与其他营销行为的协同才能实现。

第二节 广告策划的传播学特征

广告是一种典型的传播行为。广告信息通过各种媒体传播给受众并对他们产生不同程度的作用过程，是一种完整的传播过程。广告策划必须根据传播原理来设计和制订广告信息传播计划，这样才能保证广告信息的科学性，最有效地实现广告传播目的。

一、传播的基本概念

传播原意为通信、传达、交换、交流、交通等。根据我国学者郭庆光的定义："所谓传播，即社会信息的传递或社会信息系统的运行。"[1] 传播具有以下五种特性。

(1) 社会传播是一种信息共享活动。

(2) 社会传播是在一定社会关系中进行的，也是一定社会关系的体现。

(3) 传播是一种传者与受者之间的社会互动行为。

(4) 传播的建立，传受双方必须要有共通的意义空间。

(5) 传播是一种行为、一种过程，也是一个系统。

二、传播的主要类型

传播的类型主要有以下几种。

(1) 自身传播：人的自身信息感知与信息处理过程，如阅读、思考等。

(2) 人际传播：两人或若干人之间进行的传播，如书信、口碑等。

(3) 组织传播：有计划、有组织地对一群人进行的传播，如召集会议等。

(4) 大众传播：通过大众传播媒介对数量众多的受众进行的传播，如电视新闻、报纸广告等。

广告传播具有两种性质，一种是广告通过大众传媒影响受众，属于大众传播；另一种是广告受众之间接收广告信息之后的互相影响，属于人际传播。广告传播通常是将两种传播融为一体，首先是通过大众媒介传播企业信息，再通过信息刺激消费者的口碑传播，形成二级传播效应。

三、传播过程

根据传播学的奠基人施拉姆的研究，传播过程分为 5 个环节：信源——信息的传播者；编码——信息传播者将信息转化为可以传播的信息过程；信号——信息传播的符号系统（包括信息内容与信息形式等）；译码——受众将接收的信号重新转化成可感知的信息过程；目的地——传播的目标受众。

四、传播符号

传播活动的核心要素就是符号。符号既是传播的形式要素，也是传播的内容。符号分为语言符号和非语言符号，语言符号包括语言和文字两种类型，即口头语言和书面语言；非语言符号指语言之外所有的传播信息符号，可分为肢体语言符号、视觉性非语言符号、听觉性非语言符号。

---

① 郭庆光. 传播学教程 [M]. 北京：中国人民大学出版社，1999：5.

五、传播理论

流行于 20 世纪初至 30 年代末的传播理论"子弹论"（也称"皮下注射论"），认为传播媒介拥有不可抵御的强大力量，认为其能够左右人的态度和意见，甚至直接支配他们的行动；到了 1948 年，拉斯韦尔提出"5W"的传播模式，它提出了传播过程的五大主要问题，奠定了传播学研究的主要框架；20世纪 40—60 年代，"传播流"研究与"有限效果"理论较为流行，其中关于选择性接触与两级传播及创新扩散理论的内容被提出；1960 年，克拉帕提出"有限效果论"，极力强调了大众传播影响的无力性和效果的有限性；随后传播学者霍夫兰等人提出传播的说服效果，认为传播效果的形成并不简单取决于传播者的主观愿望，而是受到传播主体、信息内容、说服方法、受众属性等各种条件的制约；1969 年，麦奎尔通过对电视节目的调查，提出了使用与满足理论，认为人们接触媒介都是基于一些基本需求进行的；20 世纪 60—80 年代，集中于探索大众传播综合的、长期的和宏观的社会效果，强调传媒影响的有力性以及与社会信息化的现实密切结合的宏观效果理论，包含"议程设置功能""沉默的螺旋""知识沟""培养分析"及"编码与释码"等相继产生；1972 年，美国传播学者麦本姆斯和 D.L. 肖提出议程设置功能理论，认为大众传播具有一种为公众设置"议事日程"的功能，传媒的新闻报道和信息传播活动以赋予各种"议题"不同程度的显著性方式，影响着人们对周围世界的大事及其重要性的判断；1974年，德国女社会学家诺依曼提出"沉默的螺旋"理论，认为"意见环境"影响受众的意见发表；之后的一段时间，美国学者格伯纳对暴力犯罪问题研究提出"培养"理论，其长期潜移默化的影响、制约着人们的现实观；1977 年，关于"知识沟"的理论研究也有了进一步推进，认为存在"上限"，即个人对特定知识的追求并不是无止境的，达到某一"上限"（饱和点）后，知识量的积累就会减速甚至停止。该理论研究完善了美国学者 P.J. 蒂奇诺等人提出的"经济地位高者通常能比社会经济地位低者更快地获得信息，且大众媒介传递的信息越多，这两者之间的知识鸿沟也就有扩大的趋势"观点。

广告是一种非常典型的传播行为。广告的根本目的是促进销售，但它的本质属性却是它的传播性。广告策划必须充分运用传播学原理，精心设计信息要素，制定科学有效的传播方式，控制传播效果，最大限度地实现传播目标。

第三节 广告策划的心理学特征

广告大师伯恩巴克说过"广告是劝说的艺术"。广告不能强制别人去购买商品，广告只是对人们的心理发生作用，诱导人们产生对广告商品的好感和消费兴趣。广告在本质上是一种说服，是一种特定的心理影响方式。广告策略的心理基础一般与不同消费群体的心理特征、消费者的品牌选择策略、消费者的购买行为、各类商品的购买心理、消费者对广告的反应相关。

一、心理学依据和方法

心理学是一门以人为研究对象，分析其心理活动和规律的科学。心理学将人的心理活动分为心理过程和个性心理特征。心理过程包括：认识过程——人类运用感觉、知觉、记忆、想象、思维等活动去认知世界；情感过程——人们的喜、怒、哀、乐等各种情感体验；意志过程——人们根据自己对世界的认识，自觉改造客观世界。

个性心理则是个人身上的那些典型的、稳定的心理过程特点，包括兴趣、能力、气质和性格。广告策划过程中的心理学依据和方法在以下各个阶段均有涉及和体现。

1. 明确广告诉求对象阶段

只有明确对象，才能在后续挖掘合适的广告诉求点、选择合适的媒介平台以及采用有效的创意方法呈现，因此明确广告诉求的对象是策划工作的第一步。而广告诉求对象的选择一般要考虑其地域特征、城市差别、人口学特征、心理特质、购买情景等角度。明确广告诉求对象通常要遵从以下基本原则。

（1）可实施性强。

（2）广告诉求对象范围要广且全面。

（3）广告信息传递内容要与诉求对象偏好一致。

2. 明确广告目标的心理依据阶段

在确定广告目标时，不仅要根据市场资料做判断，还要结合心理学理论依据。自 20 世纪初以来，已有不少研究成果，最早出现的心理模式是 AIDA 模式，它从注意、兴趣、欲望、行动四个层面分析消费者动机行为，成为后续研究的参考。在网络广告时代来临后，虽呈现方式有所变化，但诸如认知、情感、行为等心理效应参考指标在网络时代的心理评价体系仍然有效。2001 年，江波提出"网络广告心理效果模式"为新背景下的研究提供见解（图 2-1）。

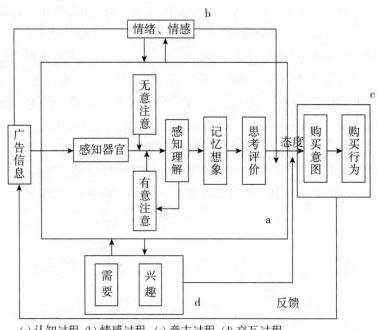

(a)认知过程 (b)情感过程 (c)意志过程 (d)交互过程

图 2-1 网络广告心理效果模式

3. 广告诉求决策及其心理依据阶段

消费者选择品牌往往受产品功效、产品质量、产品价格、产品符号意义、产品包装等因素的影响。根据马斯洛需求层次，挖掘出消费者消费行为产生的背后推力也是广告策划成功的前提，因此关注消费者的需求和动机是广告诉求决策的重要依据。常见的广告诉求心理策略如下。

（1）介绍特殊的需求点。

（2）激发低层次需求。

（3）强调满足。

（4）激发挖掘消费者新需求。

二、研究范畴

广告的作用对象是受众，目的是对其产生影响，不同群体、不同特质的人受到广告的影响程度不等。广告存在心理学特征就是因为广告能够影响与消费者互动过程中的心理学行为，并从中总结出存在的现象与规律。广告的心理学研究体现在以下几个方面。

（1）消费者的心理机制。

（2）广告诉求的心理依据。

（3）广告表现的心理规律。

（4）媒体接触心理。

（5）广告构成要素与广告效果的关系。

（6）广告效果及测量方法。

（7）消费者的心理差异。

（8）消费者对广告的反应。

（9）广告创作的心理活动。

（10）商品的消费心理。

三、消费心理及基本内容

广告主要作用于消费者的心理规律。消费心理是指消费者产生消费行为时的一切心理活动。消费心理的基本内容包括。

1. 消费者的感觉与知觉

感觉是消费者认识的最初来源，是人对世界的最直接认识。知觉则是人的大脑对直接中枢感觉器官中的客观事物的整体反应。

2. 消费者的记忆与思维

记忆是人的大脑对感知过的事物的反应。记忆是一个非常复杂的过程，包括识记、保持、回忆和再认识等过程。思维则是人脑对客观事物间接的、概括的反应，是认识活动的高级阶段。思维是依靠语言来进行的。

3. 消费者的注意与想象

注意是心理活动对一定对象的指向和集中。注意本身并不是一种独立的心理过程，而是感觉、知觉、记忆、思维等心理过程的一种共同特性。想象是人的大脑改造记忆中的表象而创造新形象的过程。通过想象，人们才能扩大理解事物、创造发明和预见行动的结果。

4. 消费者的情绪与情感

情绪和情感是人对客观事物的一种特殊的反映形式，是人对于客观事物是否符合人的需要而产生的态度体验。情绪通常是在自然需要是否获得满足的情况下产生的，情感则与人的社会性需要紧紧联系在一起。情绪和情感直接影响消费心理。

消费者的消费过程，通常包括以下五个环节。

（1）个人过程：感知、了解与劝服、动机。

（2）人际影响：家庭、社会、文化。

（3）非人员影响：时间、场所、环境。

（4）购买决策：选择、评估。

（5）购后评估：有利经验、不利经验。

广告策划是通过广告信息刺激消费者的感觉，促使消费者形成对广告品牌的强烈认知，改变消费者对广告品牌的态度和兴趣，产生消费动机和欲望，最终引起消费行为。广告策划的过程，既是一个信息设计的过程，也是一个制定劝说方式的过程，通过信息刺激影响消费心理，故而体现出强烈的心理学特征。

四、常见的广告心理学效应

（1）从众效应。

从众效应也称乐队花车效应，是指当个体受到群体的影响（引导或施加的压力），会怀疑并改变自己的观点、判断和行为，朝着与群体大多数人一致的方向变化。广告营销中对自身的炒作会导致有从众心理的人误以为很"热"，从而选择"主流"。诸如拼多多的广告语"3亿人都在拼多多"，以营造大众趋势，引导大众选择使用。

（2）名人效应。

名人效应是指名人的出现所达成的引人注意、强化事物、扩大影响的效应，或人们模仿名人的一种心理现象。广告中常常使用明星代言或参与活动以带动人群，强化自身形象。

（3）曝光效应。

曝光效应又称多看效应、暴露效应、接触效应等。它是一种心理现象，指的是我们会偏好自己熟悉的事物，社会心理学又把这种效应叫作熟悉定律，我们把这种只要经常出现就能增加喜欢程度的现象称为曝光效应。从人际交往关系中得出结论，人会对自己见到次数多的事物产生喜爱和愉快，故而广告的呈现往往是周期性和持续性的。

（4）记忆理论。

记忆理论由艾宾浩斯在1885年提出，该理论把记忆划分为瞬时记忆、短时记忆和长时记忆3个系统，广告会根据艾宾浩斯记忆曲线形成播放频次以使受众产生记忆。

思考与练习

1. 广告策划有哪些基本原理？
2. 广告策划的传播学原理包括哪些内容？
3. 广告策划要注意哪些心理学问题？

第三章　广告策划的基本原则、地位与作用

□本章教学要求与目标

教学要求：通过案例的深入分析，学生可以掌握广告策划的基本原则，并清晰认识到广告策划在广告运动中的地位及作用。

教学目标：使学生明确广告策划基本原则的重要性和指导性意义。

□本章教学框架图

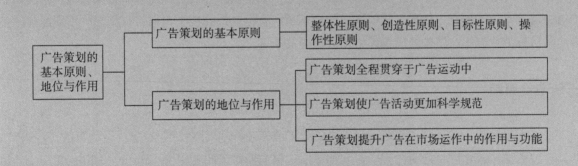

【本章图片】

第一节 广告策划的基本原则

一、整体性原则

广告运动是一个完整的、逻辑关系非常严谨的过程。从广告调查到广告策划、广告创意表现、广告实施直至效果评估，从开始到结束，每一步都以前一步为前提，没有广告调查，就无法进行广告策划，没有广告策划，也就无法进行广告创意表现。这种内在逻辑的层递性，决定了广告运动是一个完整的发展过程，体现出非常显著的整体性特征。

广告策划概念的形成，是基于广告相关资源的无序性。20世纪50年代以前的广告都是建立在"强销"概念上的，都非常注重广告的促销功能，始终强调的是单一的产品推销概念。对与广告紧密关联的消费环境、消费方式、竞争因素、媒介因素等，没有进行系统研究和整合。自广告策划概念形成之后，人们开始从消费者角度重新设定广告的基本功能，从单一的产品推销，转化为满足消费需求的信息传播，广告策划的内容，就从单一的提炼产品信息概念，转化为消费需求研究、产品信息研究、竞争环境研究、创意表现研究、信息传播研究。

广告策划的本质，就是要对这些资源进行创造性的整合，使之成为一个完整的广告运动。广告策划概念的形成和广告运动概念的确定，使广告活动成为一个科学、严谨的系统工程。一方面极大地提升了广告传播的效率，另一方面使广告系统资源发挥出远大于各部分之和的整体性效应。贯穿于广告运动全过程的广告策划，必须充分研究广告运动的各个环节，整体考虑各种资源的有效配置，进行系统资源整合。

广告策划本身具有较强的整体性。广告策划是由广告策划主体、广告策划对象、广告策划依据、广告策划方法和广告策划结果等要素构成的一个完整的运动系统。各要素相互依存，缺一不可，广告策划的各个环节和各部分内容环环相扣，共同构成一个协调统一的整体。如果丧失了对全局的把握，不从整体上协调各个环节，将导致广告运动找不到最佳策略，或者虽然找到了好的策略方向，但是在具体创意和传播中，策略得不到有力体现，比如信息设计不适应目标受众的接受习惯；媒体形式不能准确地把信息传达给目标消费群体；广告的成本超出预算承受范围等。

二、创造性原则

广告策划是对广告运动的创造性设计与构想。广告策划必须针对策划对象、设计目的、广告策略，使其具有独创性、差异性和鲜明性。广告大师罗斯·瑞夫斯提出的USP（Unique Selling Proposition，独特的销售主张）理论，另一位广告大师伯恩巴克提出的广告策划"原创性"原则，都是对广告创造性的强调。广告策划的创造性体现在对未来将要进行的广告运动的方向进行设计和构想、针对不同特质的对象设计不同的策略，以及对广告传播内容和传播形式进行创造性设计等方面。

玛氏公司旗下的巧克力品牌有德芙、士力架、M&M's巧克力豆等，针对不同的消费群体，德芙巧克力以"浪漫""爱情"为卖点，针对青年男女销售；士力架则以"横扫饥饿"等广告语，针对需要补充能量的群体销售；而M&M's巧克力豆则是凭借小巧的五颜六色的外形，针对孩童群体销售。同样，同一产品在不同的历史时期，针对不同的消费群体，广告策略也会有所改变。

案例

20世纪初，百事可乐起步阶段的广告策略以强调自身价格优势为主，"同样的价钱，双倍的快乐"

是当红一时的广告语，凭借 5 分钱即可购买两瓶百事可乐。

20 世纪 70 年代，百事可乐已经具备一定市场竞争力，它们聘请广告大师伯恩巴克更改以往的广告策略，重新设计广告策略为"年轻一代的选择"，以区别可口可乐历史悠久、传统的现存市场定位，自此百事可乐长期以年轻群体为主要市场定位。

1984 年，百事可乐邀请迈克尔·杰克逊拍摄广告，再次收获年轻一代的热爱，引爆市场。

21 世纪初期，百事可乐广告策略以唤醒大众的"热爱""激情""拼搏向上"的心态为主要方向，广告语为"渴望无限""渴望就现在"等。

2022 年，百事可乐的广告虽然仍以青年群体的"潮玩"为主要定位，但在不同的节日，内容和形式也会有所变化，如《百事 2022 把乐带回家》新春贺岁片就是百事可乐针对过年时"家庭欢聚"的场景特点，对家庭受众进行的广告策划。正是根据不同时期进行策略的创造性改变，才使百事可乐这个品牌一举改变市场追随者的形象，与可口可乐获得同等地位。

三、目标性原则

广告的本质目的是服务营销。广告策划的出发点和目标也是营销。广告策划的目标性原则有以下两层含义。

1. 总体策划的目标性

任何一个广告活动，在其展开之前，不论采取什么方式，都必须明确自己的目标，或是为了直接促进销售；或是提高产品知名度；或是塑造企业形象；或是改变消费态度，改变营销信息的缺失或失误；又或是感知消费者习惯。总之，广告策划必须从营销总体战略出发，设计自己的目标和方向，配合营销战略的实施。

2. 各项策划工作的目标性

广告策划是一个系统工程，不仅在总体思路上要有明确的目标，同时在广告策划的每项具体工作中，都必须围绕总体目标，设计每项工作的具体任务。广告调查事先必须明确调查目的，才能高效地从海量数据、利用算法找出相关有价值数据，也才可能设计调查步骤，进行有效的调查及利用计算机工具进行分析；广告策划必须紧紧抓住广告目标，才能进行系统资源配置；广告创意的本质是对广告的创造性设计和表现，创意方向必须清晰地指向广告目标；而互联网媒介的投放需要精确分析目标人群及特点，找出对应"人群包"才能有效排期和策略；实施过程需要通过线上平台的全程跟控，以实时保障广告计划的运行和效果。

四、操作性原则

广告策划虽然是针对未来的营销活动设计的广告策略，但它是即将开始实施的、意味着大量资金和海量数据、具有众多营销行动支持的行动方案。因此广告策划不只是一种虚拟的广告思想或策略，更是一系列具体的实施计划。故而决定了广告策划必须具有极强的操作性，通常情况下要考虑以下三种因素。

1. 可行性

广告策划必须符合市场环境和现实条件的许可，符合产品销售的可能，而且广告实施人员在具体执行时方便可行。广告策划的可行性是指达到广告策划目标的可能性、价值性、效益性等方面的分析、预测和评估。这种可行性包括以下内容。

（1）策划目标的可行性。

(2) 实现目标的内部条件和外部条件的可行性。

(3) 整体与局部，各个环节实施方案之间的相互配合和协调的可行性。

(4) 可能产生的经济效益、社会效益的可行性。

2. 效益性

广告是一项直接的功利活动，它是通过付费手段达到对目标效果的追求。作为企业的一种投资行为，必须要求广告投入取得合理的收益回报。从投入、产出角度来看，广告策划必须保证广告能够达到预期效应，否则就是对广告投入的浪费。

广告效益通常包括以下 3 种含义。

(1) 经济效益。这是广告投入最直接、最具体的，也是广告主最为关注的，即广告能带来的收益。

(2) 社会效益。广告是一种社会传播行为，它必须借助大众传播媒介，对社会公众进行广泛而密集的信息传播。这就决定了企业在实施广告计划的时候，必然在产生经济效益的同时，产生广泛的社会效益。营销大师菲利普·科特勒等人提出了社会营销的概念，认为企业目标不仅是企业满足目标消费群体的需求，更应全面考虑企业与社会的各种关系。

(3) 心理效益。广告是一种信息传播行为，其目的和作用形式是改变人们的心理态度，促使其形成对广告产品的消费行为。因为心理活动的复杂多变，加上不同社会文化、不同价值观念、不同生活环境、不同心理特征的影响，消费群体对广告信息的接收和反应是一种奇异的过程。同一种信息，对同一阶层的心理影响深度、广度、可信度都千差万别。但是因为社会文化等因素的影响，消费心理会形成一个相对稳定的模型，形成一定的心理趋同性，这种相对的稳定性和趋同性，是广告发挥效益的重要保证。而在碎片化信息时代的当下，个人化需求显著，意味着受众心理状态普遍存在差异，且分散，这要求企业应重视受众心理，在保证群体个人化得到满足的前提下，再尽可能产生心理趋同、达成共识。

3. 时效性

互联网时代加速了信息传播的速度，时效性成为这个时代的显著特点。广告策划在新媒介的加持下，也要求一定的时效性，以及时作出反应，在最合适的时间产生策划的最大效果。如面对特定节日时，"零点"时间的意义非凡，企业需要在精准的时间点进行广告策划，以最大限度与其他后续步骤衔接配合，使效益最大化。春节联欢晚会作为中华民族除夕夜的必备节目，其"零点"倒计时的仪式感为国人所重视。2023 年春晚，"梦之蓝"品牌拿下"零点"倒计时广告，同时准点在线上新媒体平台开启了自身的广告策划，两者相互配合、相辅相成，为品牌带来收益。

第二节　广告策划的地位与作用

一、广告策划全程贯穿于广告运动中

广告策划既是一项特定的工作，是对广告策划的分析处理，对未来广告策略的设计，更是一种特定的思维方式：从消费需求出发，整合与营销传播信息相关的各种资源，创造性地表现和塑造产品、服务的个性内涵。广告策划不仅是一项具体的广告工作，还是一种"大策划"，贯穿于广告运动全过程的创造性思维过程。

1. 市场调查分析与广告策划

市场调查包括社会环境、消费环境、竞争环境、媒介环境、企业产品、品牌历史环境等，调查资讯既有相对确定的二手资讯，如各种已形成的调查数据、统计数据，也包括不确定的各种社会信息。以互联网为背景的当下，调查信息的方法也大为不同，早期是"找"信息，如今是"筛"信息，"大数据"提供的大量信息，对于调查主体而言，则更多的是要求掌握筛选信息的工具，以高效选出有价值的信息。因此，面对如此纷繁复杂的资讯调查与分析，若没有创造性的、科学的策划思维作为指导，其调查过程、分析结果必将经不起推敲，会将随之展开的广告定位、广告策略引入歧途。

21 世纪初期，以金银花、甘草等草本植物为原材料的王老吉，主打"健康家庭、永远相伴"的广告语，在广东和浙南地区销量稳定，但相比于市场上常规的饮料而言，淡淡的中药味凉茶仍不能满足大众的口味。随后王老吉凭借对当地区域饮食文化的市场调查与分析，发现广东和浙南的消费者常常在烧烤、登山等场景下饮用王老吉以预防上火，并非存在"治疗上火"的错误认知。因此王老吉集团根据广告调查的结果，重新设定广告策略，区别于传统饮料，以预防上火的凉茶作为自身定位，因而产生现在家喻户晓的"怕上火，喝王老吉"的广告语。

雀巢咖啡在刚进入中国市场时，依赖于自身原本的包装精美、高端品牌的产品路线难以生存，雀巢公司通过市场调查发现其存在诸如受众群体窄、速溶性差等问题，随后研发了雀巢速溶咖啡，凭借其丝滑口感、强速溶性、价格低等优势成功扩大了中国市场的占有率。

市场调查为广告策划明确思路和方向，盲目地进行广告策划，必然会脱离实际导致失败。

2. 广告创意表现与广告策划

广告创意表现的依据是广告策划，无论是创意方向、创意内容，还是表现方式，都围绕广告策划形成的广告战略来展开。不仅如此，广告创意表现中更要融入创造性的广告策略思维，确保创意表现的创新性和震撼力。

随着产品的高度同质化、市场发展的快速全球化，以及各种信息传播的海量扩大化，广告创意表现的方式和途径日趋艰难。消费者接收信息的形式更为便捷，如抖音、快手等短视频 App，打开软件后首先是开屏广告，刷视频过程中又会遇到信息流广告，而创作者发布的内容也会植入广告。消费者处在强大的信息轰炸下，不仅出现了信息过量导致的心理信息疲劳，还出现了审美疲劳。这就要求广告创意超越常规，将创意视域放到更为广阔的社会文化背景下，寻求创意的新方向。这也意味着广告创意必须具有以更强的广告策划思想为核心的创新性、创造性。

3. 广告媒介组合与广告策划

20 世纪 30 年代，电视媒介出现；50 年代，电子网络媒介出现；80 年代，各种户外电子媒介日新月异。21 世纪初期，移动媒体基于 4G 网络的发展得到革新，一批新媒体平台蓬勃涌现；在 21 世纪的当下，5G 及智能媒体得到发展，以人工智能、算法、大数据等技术为依托的智能平台更是层出不穷且融入了大众的生活。广告媒介的发展对媒介策略提出更高的要求。各种传播媒介如传统媒介（报纸、杂志），新媒体媒介（抖音、微博、微信等）的形式、内容不断创新，与其他媒介跨平台的协同联动，使广告的媒体形式达到空前的多样与繁复。

因此，同一目标消费群体，可接触的媒体已是应接不暇，这促使广告媒介组合策略愈加复杂，寻找恰当的媒介组合的技术难度、实施难度日益加大。媒介费用预算的快速增加、媒介组合形式的繁复多样，要求广告策划需更深入地介入媒介编排之中，以更加科学的策略，确保媒介组合的可靠性和有效性。

二、广告策划使广告活动更加科学规范

广告策划活动有其自身的规律性，是按照一定科学方法运作的工作程序，它是根据广告主的营销战

略和策略，在市场调查的基础上，进行研究分析，确定广告目标，以及广告接受对象和广告传播区域，科学制定广告战略和策略，拟定广告预算和广告效果控制的方案。广告策划对广告活动的影响具体如下。

1. 提升广告运动的目的性

广告策划将广告运动与营销的总体目标，与消费群体的消费欲望和社会营销环境结合起来，极大地提升了广告运营的价值和效率，保证了广告在营销过程中的目标价值实现。

2. 强化广告运动的创造性

广告策划本身就是一种创造性思维活动，其在广告运动中的核心地位的确定，本身就是对广告运动创造性的倾斜与强化。广告策划概念的形成，极大地改变了广告创意方法，给广告运动全程各环节都注入了创造性思维，这就从根本上提升并保证了广告运动的创造性。

3. 提高广告运动的精准性和成功率

广告调查经过大量数据筛查、严密分析、归纳总结得出调查结论，这个相对准确的结论应用于广告策划，而策划过程又受益于互联网能参考同类型案例和效果反馈，从而得到科学、成功率较高的策划方案，在实施过程中，又可以全程通过数据监控实时进行调整，以及时应对不确定性，让广告运动得到保障。

三、广告策划提升广告在市场运作中的作用与功能

1. 广告策划增强广告对市场营销的作用

广告策划使广告活动深入广告主的市场营销活动中，从对企业自身的关注发展到对消费者的关注，从把广告视作单一的传播工具发展到对市场营销中的各种沟通要素的整合，加强了企业与消费者的沟通，使广告对市场营销的作用更为强大。

2. 广告策划提升广告的竞争作用

广告策划的科学、规范运作，整体提升了广告行业的水准和传播的效率。广告策划特别强调对竞争因素的研究，人们不再是静态地、线性思维地研究广告传播规律，而是在一个动态的、充满多变性的竞争环境中思考广告传播的战略与策略。这种与消费环境同步对应的动态的广告战略思路，确保了广告在动态市场环境中的作用，提高了广告在营销中的竞争力。

3. 广告策划增强广告活动的效益性

广告是一种投资行为，其目的是追求投资效益的最大化。广告策划的系统规划、科学研究，总体提升了广告的投资效益，保证了广告投资的经济效益，其对社会总体消费环境、人文社会环境的关注和考虑，使广告的社会效益和心理效益有了极大提升。

思考与练习

1. 广告策划有哪些基本原则？
2. 广告策划的效益性体现在哪些方面？
3. 为什么说广告策划是广告运动的核心与灵魂？
4. 怎样理解广告策划提升了广告的作用与功能？

第二编　广告策划主体论

广告策划主体，指广告运动中的广告策划、创意、设计、执行人员，包括专业广告公司、媒体机构、企业以及其他有能力承担策划任务的人员。广告策划主体是广告策划活动的中枢和神经，是一切广告活动的策划创意者，也是广告活动的具体执行者。根据广告策划对象特征，广告策划可以由一个人独立完成，也可以由几个人协商完成，或是由企业、专家组成联合小组共同完成。广告策划主体论，即研究策划主体的知识、能力及思维特征，以及如何培养广告策划主体的思维能力和执行能力。

第四章　广告策划主体的综合素养、知识结构与能力结构

□本章教学要求与目标

教学要求：使学生对优秀的广告策划人有一定认识，了解优秀策划人应具备的素质、知识结构和能力结构，清楚如何养成、训练、学习该方面能力与知识。

教学目标：培养学生的持续学习能力与自我提升意识。

□本章教学框架图

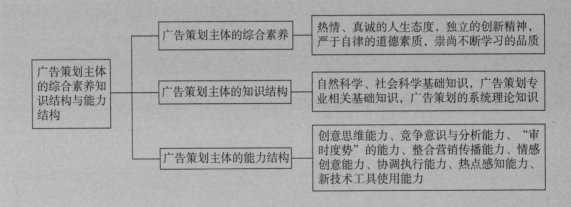

广告策划主体的综合素养知识结构与能力结构
- 广告策划主体的综合素养　——　热情、真诚的人生态度，独立的创新精神，严于自律的道德素质，崇尚不断学习的品质
- 广告策划主体的知识结构　——　自然科学、社会科学基础知识，广告策划专业相关基础知识，广告策划的系统理论知识
- 广告策划主体的能力结构　——　创意思维能力、竞争意识与分析能力、"审时度势"的能力、整合营销传播能力、情感创意能力、协调执行能力、热点感知能力、新技术工具使用能力

【本章图片】

第一节　广告策划主体的综合素养

党的二十大报告提出："教育是国之大计、党之大计。培养什么人、怎样培养人、为谁培养人是教育的根本问题。"在错综复杂的时代背景下，广告人才的培养应当使广告策划者具备复合型思维。广告大师詹姆斯·韦伯·扬在《怎样成为广告人》一书中说：广告策划者的特质包括拨动知觉和心弦、训练有素的直觉和最正常的常识，像冒险者一样具备创意的商业想象力。策划主持者以及以他为主的策划团队的素质与能力将直接关系到策划水平和效果。其中策划主持者更为重要，他担负着智力开发、集中智慧、方向引导、胜任委托的职责。

广告策划首先是一种思想活动，是对策划对象系统全面的分析和思考，在对策划对象资源深入研究的基础上，创造性地进行系统广告传播设计，最终形成可执行的策划方案。广告策划是一种具有挑战性、前瞻性、系统性的工作。广告策划者必须具有良好的心理素养和情感素养，应该掌握语言文字学、心理学、广告学、市场营销学、传播学、美学等学科的基础知识，无论是个人还是团队，广告策划主体都应该具有较高的综合素养、知识结构和能力结构，必须知识广博、思维敏捷、想象力丰富，并且洞晓市场、谙熟营销，具有创新精神；还需要整合多元知识信息，并将其融会贯通，全局化、系统化地去思考问题并解决问题。

孙黎在《策划家》一书中指出，一个真正的策划家必须具备多方面的素质：博学多识、兴趣广泛、感觉敏锐、性格坚毅、推理严密、分析细致、平衡感强、大胆细心、乐观主义、运筹有方……他必须具备谋略家的思考、艺术家的感觉、军事家的胆略、政治家的手腕、企业家的眼光、法官的审慎……他不断地用自己头脑中的奇思妙想改变现实，在商业舞台甚至在历史舞台上终将成为一个举足轻重的人物。同时他还指出："策划，一般均是从创意开始，经构想变成概念，生发成主题，主题再繁衍出各类行动计划。最后，这一计划在参与者中得以推行，策划才算大功告成。在这一过程中，要求策划家具备强烈的创新意识和卓越的创造能力，具备主动性、存疑性、洞察力、变通性、独立性、独创性、自信心、坚持力、宽容性、想象力、严密性、勇气等个人品质和素养。"

案例

小米品牌创始人雷军，能够让小米在2010年至今这极短的时间内占领市场，成为手机行业全球排名前五的公司，其成功与他本人作为战略决策者的个人品质密不可分。

一名策划者应具备独立思考的品质。他能保持对市场情况的独特见解，敢于和善于提出问题，解决问题时寻求多种解决办法，决不随波逐流。在面对近乎饱和的市场，他能勇于找到自身品牌定位，发展自身品牌。

灵活应变是策划者重要的能力。当雷军在手机行业初步获得成功时，面对竞争者的冲击，能根据自身的缺点改变品牌战略方向，有目的性地进行"补课"，使小米品牌不断突破瓶颈。在市场环境不断变化的情况下，顺势而为，及时观测"风向"并灵活做出调整，是战略家重要的能力。

想象力与高远的志向决定策划人的成就和价值。现如今的小米品牌已经不仅仅局限于手机行业，其目标"让每个人都能享受到科技的乐趣"，突破了商业领域范围，将格局着眼于为人类提供服务。

日本广告大师高桥宪则从另一个角度，提出成为一名广告策划人应具备的条件。

第一，动作要快，须有"即刻反应"的能力。

第二，须有卓越的"图形感觉"。

第三，须有丰富的"情报量"。

第四，须有思路清晰的"系统概念"。

第五，须有"战略构造"。

第六，须有"概念"。

第七，须有敏锐的"关联性"。

第八，须有丰富的"想象力"。

第九，须有丰富的"感性"。

第十，须有"多角度思考"的能力。

第十一，须能"同时进行多种工作"。主线与支线同时进行，即使在错综复杂的环境下，也能妥善地处理工作。

概而言之，广告策划主体必须具备以下综合素质。

一、热情、真诚的人生态度

广告策划是一个系统工程，也是一种合作的艺术。广告策划人不仅要与广告对象建立良好的合作关系，而且要与广告媒介建立真诚的合作关系，同时，还必须与广告策划团队的同事建立良好的友谊。

热情和真诚既是做人的态度，也是做事的态度。广告策划人承揽广告业务，虽然主要因素是广告策划人的策划能力，但在广告合作过程中，广告策划人的人生态度、价值取向，将直接决定合作是否顺利、是否长久。

二、独立的创新精神

党的二十大报告提出："要以满腔热忱对待一切新生事物，不断拓展认识的广度和深度，敢于说前人没有说过的新话，敢于干前人没有干过的事情，以新的理论指导新的实践。"广告策划主体代表企业需求，完成专业使命，因此，在广告策划过程中，应该始终坚持存疑性，敢于质疑，不盲从，敢于打破常规的观念；要做到理论联系实际，坚持各种调查研究，经过分析研究所获得的认识要敢于坚持、敢于创新并善于系统规划。创造性是广告策划的关键和保证。独立且有创造性的广告策划主体具有从别人的所有特点中找出空隙的能力，找到别人所没有提过的功能，具体表现在广告定位、广告语言、广告表现、广告媒体等方面。唯有如此，才能激发创新，提高效能。

三、严于自律的道德素质

王亚卓《广告策划实务与文案撰写》一书认为，广告人应具有的职业道德是：公正地传播广告信息；客观地向广告主反馈信息；有一定的社会文化责任感；对自己的组织和广告主具有忠诚精神。

广告策划是一个极其需要规范、需要自律、需要自重的行业。广告策划的主体，无论是个体还是团队，都是一定广告运动的智慧中心和业务先导。随着经济的发展，广告策划人在成长、成熟和发展的过程中，其自身的素质修养和自律程度直接影响着行业的发展和成熟。广告策划的主持者在遵循法律道德原则的同时，逐步自觉地建立自己的职业自律，以适应未来的竞争需求。

四、崇尚不断学习的品质

广告策划处于不断演化的进程中，这要求广告策划主体意识到，在把握历史经验知识的同时，也要在新时代中不断更新自身知识体系，拓宽视野，力求丰富知识结构。不能固步自封，应了解社会动态，知晓最新信息，洞察新技术带来的变化，古今结合以预测未来趋势。诸如在 3G 时代，普通人面对 4G 技术的畅想只停留在网速，而优秀的广告人能够把握其带来的直播、短视频、网购、共享经济等新风口热点。在 5G 时代，广告人应及时更新自我，保持前瞻意识，畅想与推测未来 AI 赋能、算法等带来的新变化。

优秀的广告策划主持者是成为一名"巧学者"和"善学者"。互联网发达的当下，实体图书和电子书也已成为"旧"媒介，各种新媒体平台生产的高质量文章、视频也已成为大众学习的途径，学习渠道的多元化已不可遏，如何把握和利用庞大的资源和渠道是策划者应思考的问题。保持对经济、政治、人文、自然等领域的涉猎，以保持创新能力的敏感度。广告策划主持者更应勤思考，擅长并乐于探索未知领域，面对复杂的问题能抓住关键，做出正确的判断。

第二节　广告策划主体的知识结构

广告策划是思想和智慧的结晶，广告策划者必须具有良好的知识结构和专业素养。美国广告大师詹姆斯·韦伯·扬说，据我所知，每一位真正有好创意的广告人士，常常具有两种显著的特性：第一，天底下任何话题都很难使他不感兴趣；第二，他广泛浏览各学科的一切书籍。[1] 他在《怎样成为广告人》中对广告人应掌握的知识进行了详尽的理论分析，认为广告人应具备以下几个方面的知识：陈述主张的知识、市场的知识、信息的知识、信息运送工具的知识、交易通路的知识、怎样知道广告发生功效的知识、特定情况（运用广告时的一些策略）的知识。现代社会，广告环境发生了变化，广告策划主体应具备的知识结构如下。

一、自然科学、社会科学基础知识

广告策划人应该具有自然及社会科学基础知识，包括心理学、社会学、文学、美学、艺术，以及医学、建筑、雕塑、工业学、计算机等领域的学科知识，并不断将这些学科知识转化为自己的基本素质，成为自身知识背景。广告策划的对象可能是社会生活的任何一个领域，既有可能是一种创新科学技术，也有可能是一种新的生活方式。对科学技术基础知识的了解，有助于我们深入了解策划对象，发现产品或服务的特殊价值，找到最佳的创意策划支点。

广告策划人还要了解国家法律、法规、财税等相关政策知识，掌握国家宏观经济的发展趋势。一方面，广告策划的内容必须符合国家的相关法律；另一方面，广告策划的对象企业也需要广告策划人提供相关法律、法规以及经济、政治、文化等发展分析的支持。

二、广告策划专业相关基础知识

不同于以往，当下合格的广告策划主体不仅要系统地掌握专业基础知识，如市场营销学、消费者心理学、传播学、广告学、战略管理、财务管理、艺术学、企业生产管理、现代企业经营管理等相关的知识，更要审时度势抓住新背景下广告策划的趋势，了解诸如统计学、大数据、计算机编程、电子商务、法律等方面的知识。尤其要精通市场营销学知识、广告信息传播学知识。同样，对专业知识的深耕精神，也是合格广告策划主体应有的品质。

---

① 汤迪龙. 怎样创作广告 [M]. 北京：中国友谊出版公司，1991：157.

广告策划主体在进行策划前，首先需要了解广告信息传播的基本常识，对广告传播的规律认真加以钻研，确信已经系统地把握其规律，并熟悉企业的管理运行和市场的基本规律，合适之后再予以实施。

三、广告策划的系统理论知识

广告策划有其独特的思维方式和运作流程。广告策划人应该全面了解各种广告策划理论，充分理解各种策划运作模式，以选择最适合策划对象的策划方式，建立最具表现力的策划工作机制。

中国传媒大学黄升民教授在《广告策划》中提出一套广告策划的战略分析模式[①]（图4-1）。

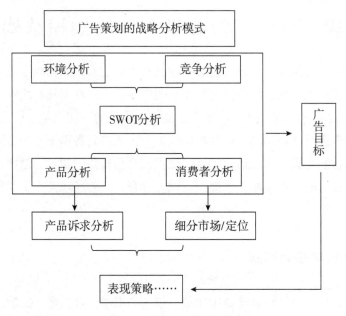

图 4-1　广告策划的战略分析模式

环境分析是大背景，对策划的影响是渗透性的，能够帮助我们规避威胁；竞争分析是认清自身所处市场位置的方法，挖掘自身的优势；SWOT分析即优势（Strengths）、劣势（Weaknesses）、机会（Opportunities）和威胁（Threats）；产品诉求分析即把握广告战略方向的重点；消费者分析和细分市场的选择，目的是了解消费者的购买力和生活形态，找到属于自身的消费者；广告的表现策略和媒体策略是承上启下的环节，在完成策略分析后，表现策略才能实施。

2021年电通广告公司更新自身的广告计划，并提出如图4-2所示的策略基本模型。

早在1972年，电通广告公司就已经研究出一套制订广告计划的系统方法，它首先从市场营销的大战略出发确定广告策略，然后进行创作、媒体组合，这套基本模型作用于确定广告的计划，能发挥高效率，深得广告界重视。

一个成功的广告人，心中应该对所有有价值的策划方式都非常熟悉，并可以得心应手地运用。

① 黄升民.广告策划[M].北京：中国传媒大学出版社，2018：10.

市场策略	品牌策略	传播策略	媒介策略
第一步：找出市场机会点	第二步：找出品牌机会点	第三步：找出传播机会点	第四步：找出更有效的传播手段
1M3C（理解市场Market，理解消费者Customer，理解竞争状况Competitor，理解自己的公司Company）	Fact Search（挖掘品牌与消费者关系）	Context Creation（with AISAS）	AISAS（in 5 situation）
5 force（影响行业获利的五个方面的力量即新的竞争品牌、供应商、替代品、客户、同行竞争者）	Brand LAddering（找出品牌价值）	corss switch	AISAS（评估体系）
SWOT（优势Strengths，劣势Weaknesses，机会Opportunities，威胁Threats）	Honeycomb（全市品牌定义）	NO Line	Triple media（with iWOMM）
STP（Segmentation市场细分，Targeting选择目标市场，Positioning市场定位）		SIPS	

图 4-2　电通广告公司的策略基本模型

第三节　广告策划主体的能力结构

奥美广告宋秩铭将广告策划人的能力概括为"敏锐的观察力，不凡的陈述力，聪明，具有抽象思维、想象力和活力"。王亚卓在《广告策划实务与文案撰写》一书中谈到怎样才是一个成功的广告人，她认为广告策划主体的基本能力应该有：观察与直觉能力；策划与选择能力；创新与审美能力；形象表现与文案写作能力。一名合格的、能够主持大型广告策划的人，首先应该是一个复合型的创造性人才。只有这样，才能准确地为企业把脉，做好广告策划。

一、创意思维能力

广告策划主体必须有自己完整且独立的创意思维，广告策划创意是建立在对企业或产品深入调查、分析、判断基础上的。一个成功的广告策划是建立在广告策划主体的创意能力和非常规思维基础之上的，缺少创新意识的广告策划是短命的。策划一个能引起公众注意的广告，让人们在不知不觉且心甘情愿的情形下接受策划者所发布的广告信息，就必须在策划构思和广告表现上不落俗套，表现出新奇，且具有一定的审美情趣。

在这样一个依靠脑力存活的行业里，创新思维能力将决定我们能在广告行业的行进程度，只有在把握和发现市场需求规律的前提下，不断突破一些陈旧框架和传统思维，不断开拓新型消费，引领潮流时尚，才有可能在今后的发展中立于不败之地。[①]

---

① 孙黎. 策划家 [M]. 北京：中国经济出版社，1996：45.

二、竞争意识与分析能力

广告策划主体要能够发现服务对象的优劣态势，并据此制定或采用合适的广告策略，从而提高市场竞争力。在广告策划中要全面仔细分析竞争对手的状况，做到知己知彼，可以扬长避短，甚至是化劣势为优势，从而赢得市场。

竞争意识与分析能力要建立在客观实际的基础上，实事求是地分析客观实际，是策划成功的基础。不同的广告策划是针对不同的对象的，因此也就有了不同的客观实际情况，无论是对象的本身，还是市场供求变化，或是打开市场的各种方法等，都应实事求是地进行调查分析，从而为广告策划提供决策性的信息。

三、"审时度势"的能力

"审时"是对策划所处环境、时局、格局等客观情况的判断；"度势"即分析环境、时局、格局对策划的有利因素，主动创造出一种机制，使这些有利因素进一步发展，从而推动策划顺利进行。审时度势，巧妙地借势、蓄势、造势、运势、追势，可以达到"四两拨千斤"。孙子说："善战者，求之于势，不责于人，故能择人而势。"社会热点客观存在且每天都在变化，如何把握"风向"则是能力的体现，运用得当则为顺风而行，事半功倍；运用不当则为逆风而行，事倍功半。

策划主体要善于捕捉策划时机，在时机点上推行策划活动，以使策划活动获得最大的成功。"兵者，机事也，以速为神。"掌握策划时机应该注意不可逆性、不确定性、均等性和可存储性。

四、整合营销传播能力

广告策划主体要善于选择和整合各种因素，使广告活动达到最佳效果。广告策划应将企业（商品或服务）的长远计划和短期计划、内在因素与外在因素结合起来，让广告活动的重点更为突出。在广告策划中根据服务对象生命周期的不同，采用不同的策划战略，兼顾眼前利益与长远利益，尤其是品牌战略策划，更应该注重各种因素的整合，从而降低成本，减少损耗，节约广告费，形成广告规模效应和累积效应，确保以最少的投入获得最大的经济效益和社会效益、近期效益和长远效益，使消费者对品牌产生信任，并建立长久的信任关系。

五、情感创意能力

广告策划主体要注意情感创意能力的培养，通过人类最基本的感情打动受众，以期通过情绪与情感的唤起而在情感与品牌之间建立积极的联系，这就是情感广告。

情感广告的创意元素有两大类：一类是人类的四大情感，包括爱情、亲情、友情和对社会或民族的大爱；另一类是人生价值观。广告策划创意要做的就是如何将这些元素与商品、品牌联系起来，并且能让消费者在看到广告的时候产生一种情感共鸣。

案例

南方黑芝麻糊广告

"黑芝麻糊哎……"

随着一阵亲切而悠长的吆喝声，一位大嫂的芝麻糊挑担晃悠悠地出现了。一个天真活泼的小男孩听见吆喝声便再也坐不住了。他很快就吃完了一碗香甜可口的黑芝麻糊，但意犹未尽，于是就一遍又一遍地添那碗边。大嫂忍不住笑了，又给孩子添了半勺黑芝麻糊……

这则广告播出后，生产南方黑芝麻糊的企业很快就从一个默默无闻的小厂，发展成一个全国著名的食品公司。同时，这则广告片荣获第三届全国优秀广告作品评选一等奖，并催生出一大批"文化怀旧"广告作品。

六、协调执行能力

一个称职的策划者必须具备计划（plan）、执行（do）、检查（cheek）、修正（advise）的管理能力。广告策划方案的调研、分析、策略规划、计划编制、运行测算、媒体安排以及后续执行，都需要策划主体有足够的协调指挥能力，才能与企业、媒体单位等协调展开，确保获得传播的效果。协调执行能力还表现在广告运动中，策划者不能只是充当"修鞋匠"的角色进行"事后策划"，而应该"事前策划""事中策划"，以及"全过程策划"。

七、热点感知能力

在移动互联网生态成长的"网生代"规模不断增加，他们习惯了网络环境中的社交习惯和表达逻辑，形成了"网生代"特有的思考和判断模式。广告策划是以消费者的心理和行为特征为依托，保持对热点的感知能力，才能帮助广告策划主体更好地了解大众"在关心什么""怎么想的"，以更深入地洞察消费者心智从而制定更精确的策略，因此训练"网感"看似是在关注事，实际上是关注关心这些事的人。只有真正关注他们所关心的，才能区别于以往，发现他们想要的和所需的。

八、新技术工具使用能力

新技术的发展促使广告策划工具发生变化，在带来便利的同时也对广告策划主体提出了新的能力要求。常见的诸如数据分析能力，要求广告策划主体需要对互联网常见的数据平台有一定了解，以方便后续设计策划思路，例如热点整合平台清博舆情、微热点、知微事件等；常见的电商营销平台如Dou+、蝉妈妈等；常用的设计平台如Canva可画等。

当下AI智能工具的兴起值得关注。广告策划主体同样需要了解一定的人工智能内容生成工具以提高效率，如常见的问答工具ChatGPT等。诸如具体应用在短视频行业，有学者提出中国短视频广告的智能创意模型（图4-3），包括识别、制作、完成、审查、竞投、优化6个阶段。

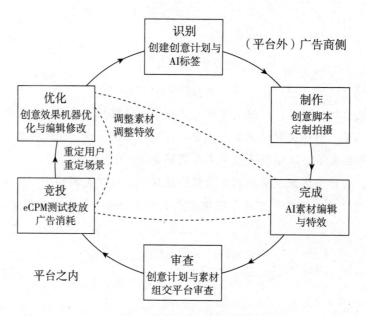

图 4-3　中国短视频广告的智能创意模型

在复合型人才刚需的当下，打破自身专业茧房与领域交叉，"技多不压身"已经是广告人的共识。

思考与练习

1. 广告策划主体包括哪些人?
2. 广告策划主体应掌握哪些能力?
3. 广告策划人应该掌握哪些基本知识?

第五章　广告策划主体思维能力

□本章教学要求与目标

　　教学要求：通过案例展示与实际演练，使学生了解思维的基本概念和形式，并能应用所学的思维过程和结构模型进行策划。

　　教学目标：培养学生作为广告策划主体的思维能力。

□本章教学框架图

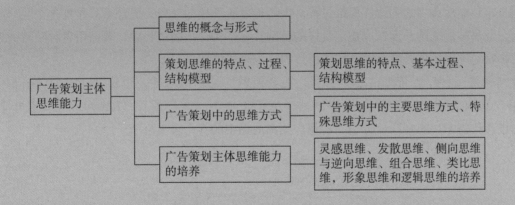

【本章图片】

第一节　思维的概念与形式

根据哲学、心理学、思维科学的解释，思维是人脑对客观事物的本质与规律间接的、概括的反应，它是人类在现实生存中、在大脑中对观察和感觉到的客观事物、现象等进行分析与综合、抽象与概括，并应用已有的知识、经验等进行判断和推理，从而认识事物的一般本质特征及规律性联系的心理过程。这个总的思维过程是经过分析、综合、比较、抽象、概括等一系列具体的过程而实现的。人类思维的基本形式或类型，主要划分为形象思维（或称直觉思维）、抽象思维（或称逻辑思维）、创造思维（或称灵感思维）三大类。

第二节　策划思维的特点、过程及结构模型

一、策划思维的特点

作为一个特定概念，策划思维相比广义的创造性思维，有其自身突出的属性，具体表现在利润性、竞争性和奇胜性。利润性是广告策划的根本目的，即为企业创造更持久、更丰厚的利润；竞争性即主体在客观现实中的相互比较，形成策划的优势；奇胜性既在众人所忽视或意料之外而又在情理之中，寻求和突出差异。

二、策划思维的基本过程

广告策划是一种非常典型的创造性思维过程。广告传播所承担的任务，已经不只是推进企业产品销售，更需要为企业品牌形象的长期发展奠定良好的基础。在广告策划的过程中，要运用各种独特的思维方式，全面而缜密地考虑各种因素，制订切实可行的广告策划计划。

AARRR 结构是一种广告策划的思维过程，因其模型的结构似漏斗，也称漏斗模型（图 5-1）。AARRR 即用户获取（Acquisition）、用户激活（Activation）、用户留存（Retention）、获得收益（Revenue）、推荐传播（Referral），分别对应用户生命周期中的 5 个重要环节。

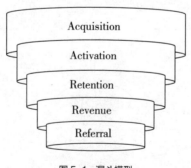

图 5-1　漏斗模型

用户获取：该阶段的目标是明确受众是谁，如何最大限度地将受众转化为产品的用户。

用户激活：新增用户如何经过沉淀转化为活跃用户。

用户留存：面对用户的流失，如何将用户留存或采用什么手段激励这些用户继续使用产品。

获得收益：如何盈利或盈利的模式是怎么样的。

推荐传播：基于社交网络，如何引起客户自发地对产品进行口碑传播。

在互联网时代，按照此结构进行各个环节的思考，是策划人重要的思维过程。

三、策划思维的结构模型

把策划思维结构与思维过程合为一体，并用图表达出来，就构成了策划思维模型。近年来，我国策划学科建设开始加快，涌现了一批学贯中西的策划理论家，他们创造的各种思维模式和思维方法均得到了成功的应用，在国内，典型的思维模型有：创意策划学专家陈放先生的东方太极奇门模型，商务策划专家史宪文先生的 OK 策划思维模型，营销策划专家刘秉君先生的三方营销思维模型，中国人民大学张利庠教授的联动优化框架模型，以及商务策划学科建设倡导者周培玉教授在《策划思维与创意方法》[①]一书中，总结出一种直观、形象的四维策划模型。

"四维策划模型"的核心思想是《孙子兵法》的著名论断："知己知彼，百战不殆"，"凡胜者，以正合，以奇胜"，同时吸收西方战略管理经验，运用数理技术方法进行定性、定量分析。"四维策划模型"将"知己、知彼、正合、奇胜"统一为一个整体，系统地运用主体、客体、资源和创新的方法解决策划问题。该模型的突出作用是，用系统观点对策划问题进行多时空、全方位的审视和分析，对策划的难易程度、是否可行一般能够给出明确的意见。

国外学者提出的典型思维模型有以下几种：迈克尔·波特（Michael Porter）于 20 世纪 80 年代初提出的波特五力分析模型，思纬市场研究公司提出的 Censydiam 用户动机分析模型，电通公司提出的 AISAS 模型等，还有麦肯锡芭芭拉·明托在《金字塔原理》中提出的金字塔原理模型。

1.波特五力分析模型（图 5-2）

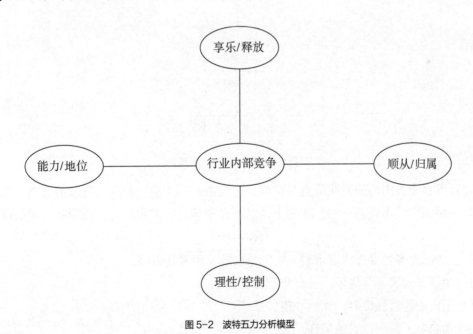

图 5-2　波特五力分析模型

该理论认为，行业中存在 5 种力量决定竞争规模与程度，综合影响行业吸引力及企业决策，即同行业竞争者的竞争力、潜在竞争者的威胁力、替代品的替代威胁力、供应商的议价能力与购买者的议价能力。

---

① 周培玉，万钧，刘秉军. 策划思维与创意方法 [M]. 北京：中国经济出版社，2007：101.

竞争战略从一定意义上讲是源于企业对决定产业吸引力的竞争规律的深刻理解。任何产业，无论是国内的或国际的，无论是生产产品的或提供服务的，竞争规律都将体现在这5种竞争的作用力上。因此，波特五力模型是企业制定竞争战略时经常使用的战略分析工具。

2. 用户动机分析理论模型

该模型首先由 Synovate（思纬）公司在市场调查领域开发，后来被广泛用于消费者研究领域[①]，该理论主要用于研究用户行为、态度或目标背后的动机。它认为用户的需求存在于个体和社会两方面，在不同层面的需求，用户会有不同的解决策略，通过研究用户采取的策略，可以洞察其内在动机。其主要内容如下。

两维度：用户的需求存在于社会和个体两个层面的维度，即自我－适应和释放－压抑。自我－适应维度表明人们在处理个体与社会关系时的态度。释放－压抑维度体现出个体在对抗自卑心理时的态度。当个人面对无法应对的问题时，会形成自卑。

水平方向维度可描述为：当人作为社会中的个体存在，在面临需求问题时的解决策略（图5-3）。在平常的生活和工作当中，我们时常在归属群体和做独立的自我之间进行权衡，二者经常是此消彼长的关系。

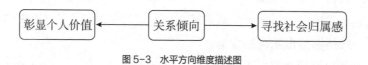

图5-3　水平方向维度描述图

垂直方向维度则描述的是人们作为个体存在，在面临需求问题时的解决策略（图5-4）。

图5-4　垂直方向维度描述图

释放往往是发自个人内心的自我肯定与相信，这时个人还会抱有积极、开放的心态。而压抑，往往是作为心理防御机制形式出现的，它意味着个体对于自身满足需求的能力的质疑和对周遭环境的不确定性导致的。

四策略：个体面对客观存在的需求时，可能采取的4种满足策略。

① 从集体中寻找归属感与快乐，从众和谐。

② 回到自己内心的理性世界，克制欲望。

③ 表达成功自我，得到他人的赞许。

④ 释放内心欲望，积极享受。

八动机：以上内容只是构成 Censydiam 消费动机分析模型的基础架构，为减少在人群行为动机上进行分析的系统误差，还需要在现有的框架上找出经两个相邻象限杂糅而成的行为动机，最终形成

① 阿德勒.超越自卑 [M].北京：经济日报出版社，1997：88-96.

Censydiam 消费动机分析模型（图 5-5）的完整架构。也就是基于以下 4 种满足策略延伸而来。

① 活力／探索：此类用户对世界充满好奇，渴望探索与挑战自我，喜欢从冒险与激情中寻找快乐。

② 沟通／融合：此类用户拥有开放的心态，愿意与他人分享欢乐，易于相处。

③ 舒适／安全：此类用户关注内心的平静、放松，希望自身被关注与关怀，会从往事中寻找美好，从而得到慰藉与依赖。

④ 独特／个性：此类用户理性且渴望得到关注，以获得优越感。

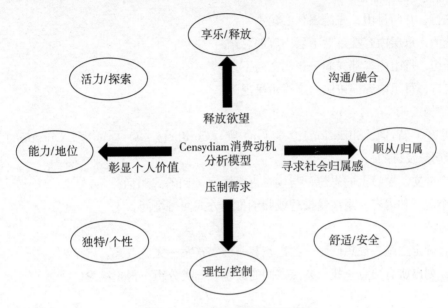

图 5-5　Censydiam 消费动机分析模型

3. AISAS 模型

该理论由美国广告学家 E.S. 刘易斯提出的 AIDMA 模型（图 5-6）演变而成。2005 年电通公司针对互联网购物模式的兴起而提出，适用于新背景下对消费者的行为进行分析。

商品内容首先引起用户注意，接着引发兴趣，进而产生搜索，最终形成购买行为，购买后会把产品分享给其他人，从而形成循环。

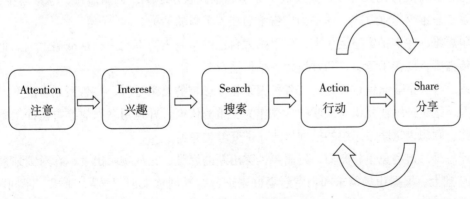

图 5-6　AIDMA 模型

4. 金字塔模型

金字塔模型（图 5-7）适用于思考、沟通以及提案场景。该理论形似金字塔遵循着先说结论，后说论据的逻辑。所有内容都可归纳为一个核心论点，而这个论点有无数论据支撑，同样这些论据也可称为一个独立论点，被下一级论据支撑。

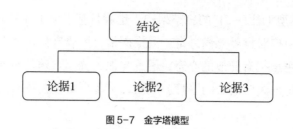

图 5-7　金字塔模型

（1）金字塔模型的四原则。

① 结论先行，开门见山，先抛出核心论点。

② 以下统上，每层内容都是对下层内容的总结。

③ 归类分组，每组内容都在同一逻辑范畴下。

④ 逻辑递进，每组内容都按照一定逻辑呈现。

（2）内部结构。

序言，用 S（背景，Situation）、C（冲突，Conflict）、Q（问题，Question）、A（答案，Answer）解释问题及目的。

纵向，各个分支、层级上的思想，与读者进行疑问／回答式对话。

横向，各个观点和内容，用演绎推理或归纳推理方式回答疑问。

（3）构建方法。

自上而下：确定主题→设想问题→给出答案→证实答案→完成方案。

自下而上：列出所有要点→找出要点之间的关系→归类分组→得出结论。

第三节　广告策划中的思维方式

一、广告策划中的主要思维方式

广告策划学科从自身的需要和特殊性出发，在逻辑思维、形象思维、辩证思维等人类一般性思维的基础上，在普遍思维规律的指导下，又发展了竞争思维、联系思维、创新思维、想象思维、超越思维、灵感思维、系统思维等思维方式，这些为广告策划注入了新的活力。

（1）竞争思维。在营销策略运用上，应以扩大自己的市场占有率为主，从战略上确立企业的竞争意识；在营销传播中，要善于竞争，巧妙设计各种传播策略。

（2）联系思维。企业营销过程是一个各种因素相互影响的复杂过程，广告策划者应努力搞清各种因素之间的联系，选定一组或几组有关联的信息作为决策的依据，并运用联系思维方法揭示事物之间的关联规律。类比、联想也是联系思维的推理形式，讲究触类旁通。

（3）创新思维。市场竞争越激烈，越需要推陈出新的思维。它从实际出发，在对策划素材进行仔细分析研究的基础上，根据市场需求和消费者喜好来进行。以创意来创"异"，追求"不同"，就能避开竞争，赢得市场。

（4）想象思维。所谓想象，就是破除旧有的思维定式，放开自己思维的翅膀，重新组合不同的元素，而形成新的意象的过程。重组的方法有很多，如移植、假设、连接、类比、破除、夸张等。

（5）超越思维。超越思维就是超出事物原有的范围去思考事物、对待事物、处置事物或改变事物的一种思维。

（6）灵感思维。当思想高度集中，达到饱和状态时，大脑有时会突然出现一个创意点，使问题迎刃而解，这种思维过程被称为"灵感"。

（7）系统思维。系统思维要求我们保持一种联系性，不能孤立地看待问题，创新的本质是形成新的系统，策划学实际上就是在多个学科整合的基础上发展起来的。策划中许多问题是多种思维方法综合使用后产生的结果。

二、广告策划中的特殊思维方式

特殊思维以发散思维和集中思维为主，两者形成了有机的配合，其中发散思维是其主导形式。

发散思维又称求异思维，它是一种推想，朝不同的方向和角度去思考问题。在发散过程中，可以把得到的各类信息重新组合，产生新的信息。发散思维包括很多方式，如辐射思维、旁通思维、关联思维、多维组合等，常用的两种形式是多向思维和逆向思维。

多向思维具有多面性、协同性和较强的兼容性，它与现代立体思维有内在的联系，是立体思维体系中的重要组成部分。多向思维由于多方面、多层次、多角度地揭示事物的复杂性，防止了把事物绝对化的弊端，帮助人们开阔视野和思路，从而更有效地开发人们的创造潜能。逆向思维是从相反的方向来考虑问题的思维方式，敢于标新立异，经常以离奇的想法让人觉得不可思议。

同样，发散思维中消极的一面。如果发散思维偏离了既定目标，完全脱离实际地空想与幻想，就不可能具体解决广告传播中的某个特定问题。这时，就要运用与之相对应的集中思维，在集中与统一的基础上达到某一正确的意识。一般是在发散思维提出许多方案的基础上，通过集中，最终采纳其中的最佳方案。发散思维与集中思维是一种辩证关系，两者相辅相成。

第四节　广告策划主体思维能力的培养

一、灵感思维的培养

灵感即在思考过程中突然迸发的"火花"，灵感具备突发性、易逝性和创新性等特点。灵感常常与直觉相关，指在对一个问题未经逐步分析，仅依据内因的感知迅速地对问题答案做出判断、猜想、设想，或者在对疑难问题百思不得其解时，突然对问题"顿悟"，甚至对未来事物的结果有"预感""预言"等现象。灵感的产生与背后存在的必然性积累相关。这种积累是指对事物的观察、思考、探索与发现。面对一时难以解决的问题时，可以先将问题暂时搁置，保持放松的状态，待创意产生时及时记录此刻想法，防止转瞬即逝。

二、发散思维的培养

发散思维指从一个目标出发，沿着各种不同的途径去思考，探求多种答案的思维，与聚合思维相对。发散思维包含4个要素：流畅性、灵活性、独创性和精致性，心理学家普遍认为发散思维的培养应紧紧围绕这4个要素来进行。

培养发散思维的典型方法是利用群体进行"脑力激荡法"（也称"头脑风暴法"）。这一经典方法是美国创造学家奥斯本提出的一种颇为有效的创造方法，它是一种以会议形式，在短时间内产生众多创意的团队合作方法。

三、侧向思维与逆向思维的培养

侧向思维即利用与问题无直接、无正面联系的信息来寻找解决问题途径的一种思考模式。它是一种根据间接的相关性，不按套路反向思考以解决问题的非常规思维。发散思维是以核心问题为中心对相关信息发散思考，侧向思维则是从相关信息入手，寻找与核心问题（或事物）之间隐藏的或者看似不相关的联系。

逆向思维是从正常思考路径的逆方向去寻找解决问题途径的思维方法。"反其道而行之"，我们要具备逆向思维的习惯和意识，尝试从不可能中寻找可能。

四、组合思维的培养

组合思维是通过将不同类型、不同性质的事物、信息或者功能进行搭配与联系，以产生新内容为创意的一种思维方式。由于问题的复杂程度不同，常常不能单独以某种方式去解决实际问题，因此组合思维的培养也是一种将信息组合的常用方法。运用组合思维要注意以下几个方面：一是考虑组合对象能否进行组合；二是组合要有一定的规律；三是要对组合方式进行优化。

五、类比思维的培养

类比思维主要是通过对两种或两种以上的客体进行比较、认知、推理与归纳而产生创造性设想的一种方法。常见的类比思维方法有直接类比法、象征类比法、因果类比法、综合类比法。

在运用类比思维方法时，要注重对类比点的把握并且充分利用联想和想象。

六、形象思维和逻辑思维的培养

形象思维是在对形象信息传递的客观形象体系进行感受、储存的基础上，结合主观的认识和情感进行识别（包括审美判断和科学判断等），并用一定的形式、手段和工具（包括文学语言、绘画线条色彩、音响节奏旋律及操作工具等）创造和描述形象（包括艺术形象和科学形象）的一种基本的思维方式。

逻辑思维是指人们在认识过程中借助概念、判断、推理等思维方式能动地反映客观现实的理性认识过程。

以上几种思维同属于人类的基本思维方式，在策划过程中，这些方法起同样的作用，而且这些方法之间的关系也非常密切，所以在关于策划思维的培养中，我们把这些方法看成一个不可分割的整体系统。

在培养方法上，必须明确这样几个指导方针。

（1）以上几种基本思维方式同等重要，没有高低之分，都是人类必不可少的基本思维方式，都能通过抽象、概括达到对事物的理性认识。他们之间只有思维材料（思维加工对象）、思维加工方法、思维加工缓存区（即工作记忆区）和思维加工机制有所不同，而没有高级思维和低级思维之分。

（2）以上几种基本思维方式之间应当结合而不应割裂和对立，就像时间与空间不可分割一样，工作时常常会运用多种思维方式。时间逻辑思维和空间结构思维是不可分割的两种思维方式，因此以上几种思维方式相互支持、相互依存、相互结合。

思考与练习

1. 广告策划思维有什么特征？
2. 有哪些思维的结构模型？
3. 如何培养广告策划思维能力？

第六章　广告策划主体执行能力

□本章教学要求与目标

　　教学要求：使学生了解作为广告策划主体在执行方面应具备的能力架构，并通过模拟提案现场训练学生的综合执行力。

　　教学目标：培养学生在执行层面的理解、创意、说明、设计等能力。

□本章教学框架图

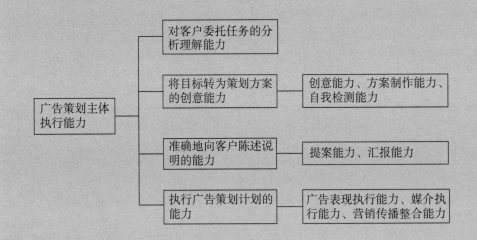

【本章图片】

第一节　对客户委托任务的分析理解能力

广告客户进行广告运作是带有一定的目的的，或促进产品销售，或推广品牌形象。因此，策划主体在接受客户委托时，首先应该明确广告目标，然后对其可行性进行分析和判断。

客户在进行委托时，会向策划主体提供产品或企业的相关资料，这些资料并非都是在策划活动中需要用到的，因此必须进行筛选；在某些情况下，客户会对策划主体有所保留，不能完全翔实地将产品或企业的信息告知策划者，在这种信息不完全的情况下，策划主体进行的策划就可能是偏颇的或者是无效的。因此，策划主体必须对客户提供的信息进行具体的核实和分析论证。

第二节　将目标转为策划方案的创意能力

一、创意能力

从广义上说，广告创意是对广告战略、广告策略和广告运作每个环节的创造性构想。严格地说，广告创意是表现广告主题能有效与受众沟通的艺术构想。[①] 对于一个广告创意者来说，不仅要有扎实的基础知识，还应该具有创造性地运用这些知识的能力。这一能力不是单一的，它在整体上表现为一种智能结构，其中包括以下几方面的能力。

1. 认知力

认知力是一种内在的获取信息的能力，包括感觉能力、知觉能力和综合观察能力。这3种能力有一种依次递进的关系，对刺激的接受是无组织、无界限的，但却是具体直观的。

2. 记忆力

记忆力是一种储存和检索信息的能力。思维在创新过程中所加工重组的一切信号都必须首先储存在大脑中，只有储存足够多的信息，才可能灵活高效地组合成新的信号。

3. 求同和求异思维能力

创新既然是指用旧知识来处理新情境，那么，只要能对新情境作适当的归类，也就是把新情境概括到已处理过的某类情境中去，就能拿处理该类旧情境的方法来处理新情境，问题即可解决。可见，在新情境中找出其与旧情境的共同点是解决问题的第一步。

（1）思维中的求同。所谓求同，也就是说要从不同的事物中找出共同点来。Timberland品牌的谐音是"踢不烂"，主要针对青年人市场。2021年该品牌根据"踢不烂"这个关键词，从自身和受众群体挖掘"踢不烂"的共同点，设计一则广告"踢不烂的你"，以唤醒自身和受众群体不服输的人生态度，成功走进受众心中，将自身品牌赋予和受众群体一样的品质。

（2）思维中的求异。思维中的求异就是从多维角度去进行分析概括，打破原来的惯性思维，寻求不同的或者相反的解决方法。

求异思维运用得当，常常能达到出乎意料的广告效果。沃尔沃汽车品牌主打"安全性能"为受众所记忆，而在2022年沃尔沃却反其道而行之，拍摄了一场飙车戏，尝试用沃尔沃去撞车，然后在广告结

---

① 饶德江. 广告策划与创意 [M]. 武汉：武汉大学出版社，2003：223.

尾告诉观众，该车型过于安全，导致"车祸"场面无法上演，利用求异思维反向营销突显车型的优秀性能，这个大胆的行为博得了很多人的眼球。

二、方案制作能力

策划主体的方案制作能力，即以广告目标为指导，对广告策划的每一部分做出分析和评估，并制订出相应的实施计划，最后形成一个纲领式的总结文件的能力，简而言之，就是创作广告策划书的能力。这些能力包括对材料的综合研究和总结能力、对策略的准确概括能力、畅达的文字表达能力，严谨的逻辑论述能力，以及高超的组织结构能力。

方案不单纯是文字的呈现，适当地应用图片、图表、视频等形式也有助于用直观的方法去呈现所阐述的内容和意图。

三、自我检测能力

所谓自我检测能力，是指对广告策划方案的自我评估能力。具体包括广告目标是否切合实际、是趋于保守或是过于浮夸、广告创意是否具有吸引力、是否反映了消费者的需求、有没有煽动力等。对策划方案的自我检测应该运用广告调查作为有利的辅助手段，以对具体广告作品的事前效果预测作为基础，进行层层反馈和调整，以达到期望的效果。

第三节　准确地向客户陈述说明的能力

策划主体要将策划意图准确地向客户陈述说明，因此，策划主体应具备两种能力，即提案能力和汇报能力。

一、提案能力

广告提案就是一份具体的报告，是借助视听媒介进行口头表达的方式，力求透过理性思考与逻辑辩证，将一个概念转化成可被具体评估或操作的报告。提案可以传达大量的信息，可以提供具有劝服力的建议。因此常常需要具备口头表达和引导听众注意力的能力。

二、汇报能力

汇报是指将策划意图或策划方案的内容准确地告知客户，让客户及时了解策划活动的进展，以便客户及时准确地提出意见和指正。它不同于提案的地方在于，提案是说服客户的一种方式，带有强烈的说服性，而汇报一般是在已经说服客户并拿到广告策划的委托书之后的情况下，跟客户进行有效沟通的方式，带有更多的陈述性。汇报活动要求策划主体除拥有良好的语言表达能力外，更重要的是拥有很好的沟通理解能力，能针对客户对策划活动提出的意见进行判断或有效理解并吸收客户的建议。

第四节　执行广告策划计划的能力

一、广告表现执行能力

广告表现执行能力主要是指广告表现策略制定的能力。广告表现策略的制定是从广告战略到广告创意，再到广告制作过程的过渡环节。因此，制定广告表现策略，是广告科学化运作的基本要求，它对广告战略的创意演绎起着决定性的作用。下面以图示（图6-1）的方式简要说明。

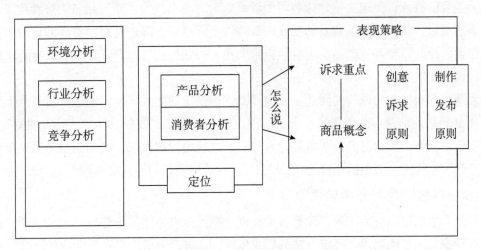

图6-1　广告表现策略图

广告表现策略的制定包括几部分内容：第一，完成对诉求点的提炼；第二，形成诉求的表现概念；第三，决定诉求（创意）原则；第四，决定制作表现的原则。

因此，对诉求点的把握能力，对诉求表现概念的把握能力，以及对诉求（创意）原则和制作表现原则的确定能力，是广告执行表现能力的重要体现。

1. 对诉求点的把握能力

对诉求点的准确把握，就是要处理好以下几个问题。

第一，向谁诉求？是年轻人？家庭主妇？还是中产阶级家庭？不同的目标对象有不同的生活方式。即使是同一个商品，其特性所带来的价值和方便性也会因为消费对象的不同而各有差异。

第二，诉求什么？是商品的外形？轻便度？还是新型功能？必须充分了解商品的特性以及该商品消费者的立场、状况，然后在此基础上考虑诉求的主题。

第三，如何诉求？如何突出对城市生活与现代化生活的满足感？如何利用消费者心理？如何运用多种沟通手段？等等。因此，必须考虑表达、创作的吸引力问题，必须考虑如何通过文字、图像、声音等向消费者诉求该商品的特征，以吸引更多消费者。

2. 对诉求表现概念的把握能力

对诉求概念的把握涉及3个方面：一是卖点的提炼，二是商品概念的确立，三是表现概念的确立。下面进行简单的介绍。

（1）卖点的提炼。

卖点是商品自身所具有的能打动消费者的机能、特征和设计等富有魅力的东西，主要体现为商品、服务的质量，品牌个性之中可为使用者带来便利和满足感的东西。

对于一个品类的产品或者是一个品牌的产品来说，该产品的优点或特点可能有很多，但并不是每一个优点都具有营销价值。所以，在挖掘产品的销售重点时，应该在罗列了产品的诸多优点和特点之后，进行进一步的研究，从中捕捉到对产品来说真正有营销价值的优点或特点，将其作为广告的诉求点提出来。

诉求点有时会被看作品牌的价值主张。在广告中，有关品牌价值主张的信息应该作为核心信息诉求。其后是诉求策略，应该将品牌的价值主张具体化，让消费者明确、清晰地识别并记住品牌的利益点与个性。

（2）商品概念的确立。

商品概念是指为制造畅销品所想出的与消费者建立联系的好主意。虽然在诉求点的基础上，广告赋予了产品引人注目的特点，但这并不意味着消费者就会为之动心。为了使产品与消费者建立起良好的联系，在提炼诉求点时，就应该从消费者的角度来看待这个诉求点，描述其对消费者的作用和价值，进而使信息的表达得到提升，使其从产品的角度转换到消费者的立场，与消费者建立起紧密的联系。

（3）表现概念的确立。

表现概念解决的是"如何说"的问题。从商品概念所设定的要求出发，通过一次思维上的转变，从陈述商品的用处转移到消费者的购买机会上来。表现概念侧重于"如何具体地表达会更好"这一角度，在考虑多种因素后，结合消费者的购买机会，再精彩、凝练地提炼出来。换句话说，表现概念要解决的问题就是：考虑和选择一个合适的场合（信息场景），然后把信息巧妙且极具吸引力地表达出来。

3. 对诉求（创意）原则的确定能力

诉求（创意）原则可以分为3种：理性诉求原则、感性诉求原则、情理结合诉求原则。根据对诉求点和对诉求表现概念的准确把握，确定合适的诉求原则，是进行有效广告不可或缺的环节。

4. 对制作表现原则的确定能力

广告的制作过程是将广告创意以符合特定媒体语言进行再创造，完成特定的信息编排与效果传达的创意执行过程。在这一过程中，如何把握创意的表现，使之符合广告运动主要环节的策略要求，是至关重要的，也是策划主体需要进行准确把握的。制作表现原则因发布媒体特性的不同而有所不同。

二、媒介执行能力

1. 界定媒介目标的能力

媒介目标是指根据企业的广告目标而制定的具体的广告媒介传播目标。它有以下几种。

（1）市场销售目标和营销策略相对应的媒介传播目标。

媒介对象以品牌的既有消费者为主，媒介以传播量为目标，传播量要达到足以让消费者能够维持对品牌的认知和记忆。

（2）以建立和加深品牌理解度为目的的媒介目标。

传播目的以知名度为主，则媒介目标设定为：使媒介的传播达到广泛的高到达率，要尽量覆盖目标消费群可能接触到的媒介，使目标群体至少达到最低的有效接触频次。

传播目的以理解度为主，则媒介目标设定为：着重加强目标消费者的有效接触率，也就是说，增加广告对目标群体的有效接触频次，使他们通过一次又一次的广告接触，不断加深对广告的印象，以及对广告信息内容的理解。

（3）以建立和维护品牌形象为目的的媒介目标。

品牌形象是一个长期的战略工程，媒介为了支持这一目标，往往从策略角度考虑如何长期持续出现在公众视野，并会选择固定时段，在相应的时间、适当的机会出现在公众视野，以使媒介风格与品牌产生形象上的直接联想。

对媒介目标的准确界定，是广告策划主体进行媒介执行的前提，因此界定媒介目标的能力，也是媒介执行力的基础。

2. 媒介的评估和选择能力

实际上，界定了媒介目标，媒介评估常常紧随其后。所谓媒介评估，就是根据媒介目标，通过调查研究分析的方法，对媒介进行评价和判定，它一般包括对媒介覆盖率、视听域、接触率、广告成本和广告效应的考察。在评估的基础上，对媒介进行选择。

媒介的评估和选择能力，就是对媒介进行有效评估和正确选择的能力。在媒介执行能力中，媒介的评估和选择能力往往具有决定性的意义，因为它是有效实现媒介目标的保证。

3. 媒介组合和排期能力

媒介排期是媒介执行的最后计划阶段。传统媒介时期，媒介排期方法大致可以分为以下几种：一是持续式排期，指广告在整个活动期间持续发布，没有什么变动；二是起伏式排期，它是指有广告期和无广告期交替出现；三是脉冲式排期，是持续式排期和起伏式排期的结合体；四是集中式排期，指在同一媒介的黄金时段每隔一定时间（如半小时）播放一次广告，一般针对广播和电视而言；五是路障式排期，它是集中式排期的变种，即在几家媒介（一般指广播或电视）买下相同时段播出广告。

在新媒介环境下，媒介排期随着不同媒介的特质日趋复杂，除了传统媒介的以"周期性时间"产生记忆为主的排期方式之外，新媒体营销的媒介排期还趋向于根据受众媒介接触习惯细分以达到广告诉求的精准，因而更加关注时序策略（提前、同步和延迟）和时点、时机（节假日、季节、重大事件等）策略，以恰当的时机高效地占据消费者心智。例如淘宝双十一的营销活动，常常牢牢抓紧节日点，采用提前预热的策略，待活动时间点一过，热度和广告频次便迅速下降，悄无声息地结束营销活动。

对媒介组合和排期的准确把握，能有效地到达媒介目标，因此，卓越的媒介组合和排期能力有利于实现广告传播效果的最大化。

三、营销传播整合能力

1. 将广告与营销要素整合的能力

营销要素分为营销可控要素和非可控要素。营销可控要素是指企业可以直接控制的营销要素，包括产品（Product）、价格（Price）、渠道（Passage）、促销（Promotion），即4P。营销非可控要素是指与企业营销活动相关联，又无法为企业所控制的外部因素，即通常所说的环境因素，主要包括社会政治、经济、文化等因素。

现代广告要明晰与其他营销要素的关系，并与之进行营销传播整合。广告要传达产品或服务的基本信息，根据产品或服务的特征及其生命周期来确定广告策略，同时也要将广告作为建立品牌的长期投资；广告的投入影响产品或服务的价格，而产品或服务的销售状况又反过来影响广告投入的多少；广告对分销渠道发挥着很大的作用，现代营销中分销商对广告也抱有前所未有的参与态度；要以广告来整合其他营销要素的对外传播形象，使营销的诸要素以一个统一的面貌和声音出现在消费者面前，达到最优的传播效果。

因此，广告策划主体在进行广告策划时，必须具有对营销要素进行有效整合的能力，使得广告传播效果最大化。

2. 将广告与营销推广要素整合的能力

营销推广要素主要包括广告、销售促进、公共关系和人员推销。在现代复杂的市场环境下，单纯依靠广告进行营销推广的时代已经过去。要想达到理想的营销推广效果，就必须实现广告与营销推广要素的整合，将广告纳入营销与营销传播大系统内进行审视，这是现代营销提出的要求，也是我们进行整合营销传播的基础和前提。因此，广告策划主体必须具备将广告与营销推广要素整合的能力，这样才能适应现代广告和现代营销的需要。

案例

七喜推广"不含咖啡因"策略

在《营销战》一书中，杰克·特劳特提到，饮料行业的竞争异常激烈，除了市场霸主可口可乐和它的死对头百事可乐之外，还有皇冠可乐、装珀博士可乐等其他品牌。所以，对于七喜这样一个新品牌，想要在"可乐大战"中杀出一条血路，真可谓是难上加难。

既然可乐之路行不通，那就反其道而行之。可以说，七喜公司开了个好头，1968 年，它就将柠檬汽水定位在"非可乐"产品上，想要以七喜汽水来挑战可口可乐和百事可乐。这一策略果然获得了成功，七喜汽水的销售在第一年就上升了 15%。

然而十年之后，七喜失去了"焦点"。它发动了一场雄心勃勃的战役，打出了自欺欺人的广告语"美国看好七喜牌汽水"。真的是这样的吗？结果七喜的实际销售情况和它的广告宣传语正好相反，它在软饮料市场中的份额下降了 10%。正如特劳特在《大品牌大麻烦》一书中所说的："成功往往导致狂妄自大，狂妄自大则往往导致失败。"

七喜甚至还在广告中加入了歌舞，殊不知这正是可乐类饮料的强项。七喜难道能比可口可乐和百事可乐跳得更精彩吗？只有七喜的决策者们相信。这也验证了"效仿者永远无法比领导者做得更好"这一定律。

1980 年，在七喜汽水表现不尽如人意的情况下，七喜公司请来特劳特出谋划策。

经调查研究，特劳特指出：

第一，七喜汽水应该铭记"是什么使其获得成功"。在由可口可乐和百事可乐两大巨头引领的"可乐大战"中，七喜汽水是凭借"非可乐"的定位获得成功的。然而，成功之后七喜汽水失去了"焦点"，不再宣传自己"非可乐"的定位，这正是导致七喜汽水市场份额减少的原因。

消费者的大脑是靠不住的，随着时间的推移，七喜汽水在消费者头脑里的"非可乐"形象开始模糊，加之七喜也在效仿可乐类饮料载歌载舞的广告策略，这就更加促使消费者逐渐淡忘了七喜汽水的"非可乐"定位。

所以，七喜汽水应该重新回到"非可乐"的定位上来。重点推广自己"不含咖啡因"的特点，停止那些效仿领先者的广告策略。

第二，七喜应该重点推广自己"不含咖啡因"的特点，并告诉消费者，尤其是人们"可乐中的咖啡因到底是什么，有什么特殊功效"，进而强调七喜品牌在消费者心目中"非可乐"的定位——七喜汽水是柠檬汽水，是比可口可乐、百事可乐更健康的替代品。

事实上，七喜汽水已经成功地发动了一场侧翼战，占据了消费者头脑中"非可乐"类饮料的第一位。现在，它所需要的是发动一场进攻战，一场直指敌人弱点的进攻战，而非自欺欺人的宣传"我们很成功"。

根据进攻战原则，首先要考虑的重点应该是领先者在市场中的强势。可乐类饮料的强势是什么？当然是它的口味，即可乐果的味道。

其次要找到领先者强势中的弱点，并攻击此弱点。可乐的强势在于它的口味，而口味来自配方。只要看一下可乐罐上的说明就不难发现，可乐里含有碳酸水、白砂糖、焦糖色、磷酸、天然香料和咖啡因等。

现在，不用说你也会猜得到，什么是可乐强势中的弱势，那就是咖啡因。

那么究竟什么是咖啡因？字典里为咖啡因下了这样的定义："一种味苦、结晶体的生物碱，多含在咖啡、茶叶和可乐果中；是一种兴奋剂。"

最后，要在尽可能狭窄的阵地上发起进攻。七喜汽水应该针对可乐类含咖啡因这一弱点，对其进行正面进攻。

第三，根据孩子的消费方式和特点，特劳特还提出针对家长的广告策略。

特劳特研究了饮料类的主要消费者孩子的消费方式。通常在孩子的消费方式中，购买者和消费者是分离的，大多数情形是父母去超市买回一堆饮料放在冰箱里，孩子想喝就到冰箱里去拿。在这里，孩子是消费者，家长才是购买者。

据此，特劳特向七喜公司提出了针对家长的"不含咖啡因"策略，并为其提供了这样的电视广告样板："您不能给孩子喝咖啡，那么，您为什么给孩子喝同样含有咖啡因的可乐呢？让您的孩子喝非可乐饮料吧，喝不含咖啡因的软饮料，七喜是您明智的选择。"（当时，这样的对比性广告在美国并不算违法，而且相当普遍。）

试想，家长知道真相后，怎么能再容忍自己的孩子喝含咖啡因的可乐？

也许，该广告播出后，有些孩子会自己去买可乐，但是至少他们的父母再也不想给自己的孩子买任何一种含咖啡因的可乐了。这时，家长的头脑里出现了空白，而"不含咖啡因"的七喜汽水正好为家长弥补了这一空白。七喜为家长提供了可乐之外的选择，那就是"不含咖啡因"的七喜牌柠檬汽水。

毫无疑问，这是一个经典的营销广告案例。然而这一建议最初因七喜公司一位经理的反对而被搁置。不过幸好1982年七喜公司最终还是采用了特劳特的"不含咖啡因"营销策略，因为这时的七喜公司又丧失了一定的市场份额。

虽然七喜公司后来又犯了一些战略上的错误，例如推出了"不含咖啡因"的可乐，放弃了"非可乐"的定位，但是，没有人怀疑，正是"不含咖啡因"的策略让七喜汽水一举成为美国饮料市场中继可口可乐、百事可乐之后的第三大品牌。

思考与练习

1. 如何培养广告策划主体的执行能力？
2. 分析七喜汽水策划案体现了广告策划主体的哪些能力？
3. 对照本章中提出的几种知识能力，分析自己的知识结构，制定自己的知识完善方案。

第七章 广告策划的环境资源

□**本章教学要求与目标**

　　教学要求：使学生了解直接和间接影响广告活动观念、方式、原则和策略的各种外部因素。

　　教学目标：培养学生利用社会资源、经济资源等外部资源进行广告策划的能力。

□**本章教学框架图**

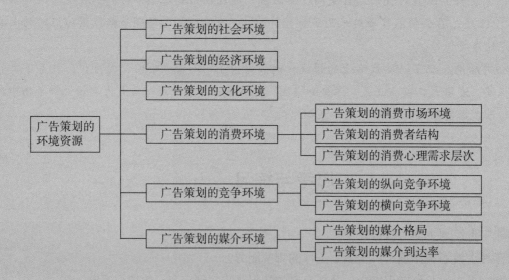

【本章图片】

　　所谓广告策划的环境资源，是指直接和间接影响广告活动观念、方式、原则和策略的各种外部因素的总和。广告系统是处在社会、经济、文化等更大社会系统中的一个子系统，并沟通了这些不同的社会系统，所以它的运行必定受到这些大系统的影响和制约，或者说，有些因素甚至直接影响和决定着广告系统存在的方式。一般而言，广告策划活动只有顺应环境的要求，才有获得成功的可能。反之，则易于导致失败。显而易见，影响广告活动的内外因素是多方面的，这里所说的广告策划的环境资源，主要是指对广告活动有重大影响的一些外部因素。具体包括广告策划的社会环境、经济环境、消费环境、竞争环境及媒介环境。

第一节　广告策划的社会环境

　　社会环境是任何一个社会组织得以生存和发展的重要外部条件。只有适应社会环境的变化，广告策划才能成功。社会环境不仅制约着广告的制作和发布，还影响着公众对广告作品的喜爱和接受程度，是广告策划运作的土壤。社会环境是一种客观的存在，对社会环境的调查与分析，是制定广告战略与策略的重要依据。因此，在策划一则广告之前，必须准确地了解社会环境，尤其是政治环境。

　　政治环境包括政策法律环境、政治导向环境，乃至国际环境，它们都属于不规则的环境系统。政治环境的变化常常给企业带来灾难或生机，即使政治环境相对稳定，倘若政治气候出现细微波动，某一政治性事件的发生和处理，都会给产品的销售环境乃至企业自下而上的环境带来微妙的影响。考察政治环境，首先应进行政策法律环境调查，也称为政治和法律环境调查。政策法律环境对于企业准确判断经营环境、制定广告战略，是至关重要的。法律的制定和政策的出台，都直接影响企业的经营决策和广告活动的开展。需要随时了解掌握其变化，对政策法律环境进行分析，包括熟知政府颁布的任何一项新的法律、规定、条例、办法，了解这些法律政策出台前的背景，并注意跟踪了解、掌握有关法律的实施细则、解释与说明等。另外，一些地方性法规以及半官方组织（如消费者协会）的典型案例裁决，亦不容忽视。

　　CTR 数据报告显示，2021 年，我国上半年广告市场的整体增量达到 23%，医疗健康广告投放量位列排名前十，并继续保持持续增长的趋势，整体涨幅超过 30%。相较于传统的电视媒体、平面媒体中医疗广告，医疗行业广告投放预算普遍向数字营销迁移，以互联网媒介形式投放的广告迅速增长。新媒体环境下，医疗广告的种类也更加多样，搜索引擎广告、社交媒体平台广告、在线视频广告、电商类广告等新型广告投放形式层出不穷。互联网广告投放高精准性、实时性、交互性以及多样化的广告形式特征，使其成为医疗广告主在推广品牌、产品和服务时的首选。但同时由于互联网广告投放的隐蔽性、虚拟性、实时快速传播等特征，导致我国互联网医疗广告市场非法销售医疗产品的行为屡有发生。在国家市场监督管理总局通报的违法广告案例中可以看出，违法医疗广告在通报案例中占比过半，其中不乏知名产品和企业。对此，2020 年 3 月我国开始施行《药品、医疗器械、保健食品、特殊医学用途配方食品广告审查管理暂行办法》，对医药行业的广告审查和管理进行了更详细的说明和界定，确保互联网医疗广告市场的规范性。

　　在国家加强医药保健品行业广告监管的大政策背景下，不仅医疗医药行业的广告市场萎缩，我国电视行业也面临着相当大的增收压力。医疗医药广告是一些电视台普通时段的主要广告，一旦这些广告被禁，势必影响到这些电视台的收入。政策法律环境对广告活动的影响是直接和致命的，开展广告策划首先要了解的就是相关的政策法规。其次，要考察当前的政治导向进行广告策划，紧跟导向尤为重要。这也是必须遵循的。

案例

2021 年的"7·20"郑州特大暴雨发生后，党和政府马上号召全国人民积极投入救灾活动中去。鸿星尔克公司迅速对这一形势做出反应，向灾区捐赠 5000 万元物资，不仅引起了广大电视观众的强烈反响，还树立了具有社会责任感的企业形象。

另外，必须经常关注国际形势的变化，透过国内外权威报刊了解新闻背景及前瞻，分析某些突发事件的前因后果，逐步认识、把握国际环境变化的一些不确定因素。党的二十大报告指出："要坚持对外开放的基本国策，坚定奉行互利共赢的开放战略，不断以中国新发展为世界提供新机遇，推动建设开放型世界经济，更好惠及各国人民。"在全球经济一体化的大背景下，广告策划的全球化战略也越来越重要。特别是对于一些跨国企业来说，国家之间关系的变化将直接影响到企业的发展。

第二节　广告策划的经济环境

广告是商品经济发展到一定程度的产物，并与商品经济的发达程度成正比。现代广告业是知识密集、技术密集、人才密集的高新技术产业，是直接服务于市场经济的产业。因此，广告策划活动在社会大的经济环境下进行，必须考察一系列经济指标。

首先是国内生产总值（Gross Domestic Product，GDP）。国内生产总值是对同一经济体系内生产的商品和服务的全部价值进行测量的一个标准。一般来说，在一个 GDP 较高，尤其是人均 GDP 较高的经济体系中，消费者的整体收入水平较高、购买力较强，对高档商品和品质优良的产品要求也较高。所以广告策划在推介产品时，拥有较大的弹性空间，而且容易使消费者采取购买行动。如近年我国房地产广告、汽车广告等支出不断攀升，实际上就反映了我国消费者的一些消费变化和需求动向。相反，在一个 GDP 或人均 GDP 较低的经济体系中，奢侈型的消费行为必然较少，受经济水平的制约，进行广告投入的风险相对增加，因此，大投入、高端定位的广告策划一般不会推行。

其次，还应考虑经济制度和经济发展阶段等因素。处在不同的经济发展阶段，市场需求也会不同。因此，要对目标市场所处的经济发展阶段有所认识。国际上对世界各国的经济发展阶段流行的有传统社会阶段、起飞前的准备阶段、起飞阶段、迈向成熟阶段和大众消费阶段 5 个阶段的说法。随着改革开放的深入，从总体上看，我国目前还处在起飞阶段。但由于我国幅员辽阔，特别是东西部地区经济发展不平衡，对此也要进行具体分析，不同地区的广告战略应有所差异。在经济发展的成熟阶段，各个生产部门分工细化，而且生产部门之间联系紧密，广告策划应更加侧重对市场进行细分，找准目标市场。

再次，商业周期也对广告策划有一定的影响。在经济繁荣期，绝大多数产品的市场销售会呈现旺销局面；而在经济衰退期，多数产品的市场销售会呈现疲软局面。科学技术的发展，新技术与新产品的开发，使得产品的更新换代周期在不断缩短，一种产品在市场上的生命周期也在不断缩短。在商业活动衰退时，许多企业通过实行加大投入的广告策划，希望通过这种努力摆脱经济颓势。与此相似，有调查显示，在衰退期仍然保持广告投入的企业，后来都比那些砍掉了广告投入的企业运行得好。

案例

宝洁公司的洗发水产品畅销不衰的秘诀就是不断增加产品品种，采用注重包装、降低价格等广告策划手段来延长产品寿命，它成功地以不同的价格、不同的定位向各消费层次推销产品。宝洁旗下的洗发水品牌会通过广告宣传和市场推广活动来不断增强产品的知名度和认可度。这些活动能够进一步建立品牌形象，吸引消费者的关注，增加产品销量。即使产品进入了衰退期，产品精心设计的广告和宣传活动可以激发消费者的购买欲望，促使他们继续使用宝洁洗发水。进而通过长期的市场存在、持续的产品创新和质量保证，获得消费者的信赖，并为品牌保持市场地位提供竞争优势。

最后是某一经济体系中总体价格水平对广告策划的影响。广告策划的一个重要部分就是价格战略，即对产品价格进行定位。在一个整体价格水平较高的经济体系中，产品的生产、流通成本相对较高，因此对产品价格的定位也就相应较高；反之，产品价格的定位则较低。而在同一经济体系中，广告策划的价格战略也应随着产品成本价格的波动产生相应的变化。

第三节　广告策划的文化环境

世界各民族由于地理位置、种族渊源、宗教信仰、经济发展水平等差异形成了各自不同的文化。每个消费者都在某种文化环境中生活，其思想意识必然会受不同文化的熏陶。这些文化因素若能够在广告中有所体现，并引起消费者的认同，就能决定消费者的购买行动。开展广告策划活动应根据文化环境进行相应的调整。

文化不同，人们对某一现象的理解也就不同。以中美文化为例，我们可以用强语境文化和弱语境文化理论来解释。语境是围绕某件事情的信息，与这一事件的意义有关。在强语境文化中，人们更注重关系与信息而非时间安排，信息可以自由迅速地传播。在弱语境文化中，每件事都被划分开来，信息传播相对缓慢，人们重视办事程序。中国是强语境文化国家，中国人在家庭成员、朋友、同事和客户之间有广泛的关系网。在日常交际中，他们不寻求细节，因为在此之前他们已经通过高语境信息网获得了这种信息。而美国是弱语境文化国家，美国人将其私人关系、工作和其他日常生活的方方面面区分开来，因此美国人在交际时需要关于交际主题的详细背景信息。

例如，麦当劳在美国的广告要提供详细的信息，它在文字上主要是对食物的描述：为什么好吃，为什么有营养，为什么独特。正如一则电视广告显示的那样："两个牛肉馅饼、特制沙司、莴苣、奶酪、泡菜、洋葱、圆面包上有芝麻粒。"如果这种广告出现在中国，注定会失败，广告会显得毫无意义，不能吸引任何潜在的消费者。在中国，广告常会加入一些有趣的情节、歌曲甚至魔法，很少显示营养表或菜单。几年前，麦当劳的广告可能会单调地描述食品本身，这是因为在培育市场的初期，应向中国消费者介绍这个品牌的快餐。一旦中国消费者对这种西式快餐熟悉了，麦当劳就立即改变了广告策略。麦当劳叔叔用"M"玩着魔术，小朋友们专注地看着他，广告最后，麦当劳叔叔说："小朋友们，欢迎光临麦当劳！"这是第一次在广告中提到"麦当劳"这个词。没有对食物的描述，没有强调吸引人的价格，也没有营养成分的说明，事实上，整个广告都看不到麦当劳的食品。在强语境文化中，过于详细的广告会显得重复多余，缺乏艺术感。

文化差异影响着广告策划的成败。我国传统文化博大精深，源远流长，在广告策划文案诉求方式中大多以亲情故事情节做广告，讲究感性诉求。从营养品到食品类、手机、牙膏、洗衣机、洗衣粉等，大多以教育性、娱乐性为文化艺术宣传形式，反映了大众一种共同的文化观念：强调整体与家庭亲情。这种吸引消费者情感方面的文化诉求方式是我国传统文化观念的突出特点。而中国和西方文化存在差异，西方广告主要反映的是以自我为中心的文化观念，强调个体的独立和个性的张扬。从文化美学角度分析广告的创意差异，可以发现，西方的广告策划主要运用广告艺术的"反说法"和"艺术异现法"，而中国的广告策划往往使用正面虚设为主的手法，不善于正话反说、直话曲说、言此意彼的方法。

第四节　广告策划的消费环境

消费环境是广告策划进行实战演练的战场，通俗地说，消费环境就是检验广告策划能否成功地把商品推销出去的试金石，只有了解消费环境才能保证整个广告策划的质量。党的二十大报告提出："增强消费对经济发展的基础性作用和投资对优化供给结构发挥着关键作用。"为了避免主观决策与消费环境相左而带来的损失，通常在策划整个广告前，要通过市场调查找出每种商品的消费环境，以此来决定商品的广告定位。在这一阶段，中心是分析市场构造，决定市场决策方针及市场目标，包括3个主要因素：一是消费市场环境分析，找出市场空隙，决定广告目标，以防止销售政策偏差，避免浪费时间和资金；二是消费者结构调查分析，确定是以全部消费者为对象，还是以某种特定地区、特定阶层为对象；三是分析消费者心理，确定市场目标，了解是否有可能增大消费量、是否有新的消费机会、是否有可能开拓新的消费需要等。

一、广告策划的消费市场环境

市场因素对广告策划来说至关重要，只有找准适合它生存的市场环境才能发展壮大，只有对市场产品状况有了精准的分析和认识，才能制定出准确的广告市场策略。市场是一个庞大复杂的机体，受经济规律的制约而不断出现千变万化的消费倾向。广告策划人只有把消费市场作为一种信息库，不断地通过市场调查和了解，分析、研究第一手资料，不断地印证某一类商品在消费者心目中的地位和信誉，才能正确地向客户进行说明，产生优秀的广告策划创意，提供优秀的广告方案。

消费市场调查的内容应根据企业内部经营活动的状况及外部经营环境、经营条件变化，因地、因时、因人制宜地加以确定。一般说来，它包括对消费品从生产领域到消费领域过程中所发生的有关情况的资料系统地搜集、整理、汇总、分析。消费市场调查主要是对消费市场需求和消费市场容量进行调查，了解市场需求的商品数量、结构和时间地点。具体包括以下方面。

（1）该商品的购买力及其投向。

（2）消费者对于该商品的消费习惯、消费心理、购买动机的现状及变化趋势。

（3）城乡居民对该商品的消费层次、消费结构的状况。

（4）该商品的生产布局、现有企业数量、生产能力、生产技术设备、原材料供应、产品数量和质量。

（5）该商品的市场总需求量及饱和点、目前已满足的需求量、本企业经销商的市场占有率等。

消费市场是最终产生消费行为的终端，同时也是一只无形的巨手，它可以操纵客户商品的顺逆运行。作为广告策划人，在收集与产品相关的消费市场的数据之后，便应展开消费市场定位，即把产品宣传的对象定位在最有利的目标市场上。通过整合市场，寻找消费市场空隙，找出符合产品特性的基本顾客类型，确定目标受众。可根据消费市场的地域特点、文化背景、经济发展水平等不同特点，进行消费市场的细致划分，进而策划和创作相应的广告策划，才能有效影响目标公众。

宝洁号称"没有打不响的品牌"，这源自宝洁成功的市场细分理念。以洗发水为例，宝洁有飘柔、潘婷、海飞丝、沙宣四大品牌，每种品牌各具特色，占领各自的市场。海飞丝的特色在于"头屑去无踪，秀发更出众"；飘柔突出"飘逸柔顺"；潘婷强调"营养头发，更健康更亮泽"；沙宣则强调"保湿"。4 种品牌市场个性鲜明，消费群体需求划分明确，消费者可根据自己的需要对号入座，想去头屑自然选择海飞丝而不是飘柔。这种细分，避开了自己生产的同类商品之间的竞争，有力地占领了消费市场。与此同时，4 种产品几乎覆盖了各种需求的消费者，其他产品若不能提供新的卖点，就只能附和宝洁的产品，在竞争中也处于弱势。

在中国这样一个幅员辽阔的国家开展广告策划，还要特别注意地域差别所产生的消费市场间隙。在中国，北方和南方的消费者在饮食口味、文化传统和生活方式上存在差异。可口可乐为了迎合这一市场间隙，开展了一系列针对不同地域的定向广告活动。在南方地区，可口可乐强调了其与夏日和热带气候的联想，广告展示阳光明媚的海滩和游泳池，以及人们戴着草帽和太阳镜，享受畅饮可乐的场景。这样的广告传达了清凉和解暑的感觉，吸引了南方地区消费者。而在北方地区，可口可乐的广告内容则侧重于给人提供温暖和享受的感觉。他们的广告会展示雪景和冰峰，人们围坐在一起喝可乐取暖。这样的广告传达了可口可乐与冬季和家庭团聚的联想，吸引了北方地区消费者。

这种差异化的广告策略旨在满足不同地域消费者的需求和文化背景，帮助可口可乐在中国市场建立更强的品牌认知和消费者忠诚度。这种地域差异所产生的消费市场间隙的广告案例显示出品牌对细分市场的理解和灵活性，以及对消费者偏好和文化差异的敏感度。

二、广告策划的消费者结构

广告策划活动中对消费市场的考察往往是与对消费者的考察相结合的。归根结底，对企业来说，广告的主要效果还是体现在与其产品销售或消费有关的大部分人身上。如果消费者本身发生了变化，如人口年龄构成变动，体力劳动和脑力劳动构成变动等，都将引起产品销售的变动。

消费者结构的成分包括如下内容。

（1）不同性别、年龄的消费者，如幼儿、少年、青年、壮年、老年男性和女性。

（2）不同经济状况的消费者，如高收入、低收入、中等收入的人。

（3）不同婚姻状况的消费者，如已婚和未婚的人。

（4）不同职业身份的消费者，如学生、教师、职员、公务员、科技人员、企业老板、农民等。

（5）不同体形的消费者，如胖或瘦的人及孕妇。

（6）不同受教育程度的消费者，如中专教育水平、大专教育水平、本科教育水平、硕士教育水平的人。

（7）不同购买角色的消费者，如一位担任领导职务的妇女，在工作单位需要购买商品时，她是决策者；在为丈夫购买商品时，她有可能是决定人，也可能是参谋；在为孩子购买商品时，她是生活用品的主要决策者。

（8）不同相关群体的消费者，相关群体主要是指消费者的社会关系，包括家庭、学校、朋友、邻居、同事和社会团体等。相关群体对消费者影响很大，能为消费者提供相似的生活方式，引起仿效行为，促使群体成员行为的"一致化"。例如，几个一起去健身的女性朋友会选择同一个品牌的运动服，在同一间办公室的同事会在同一家餐厅买午餐等。

当然，这些分类还可以根据不同指标进行进一步的细分，而人的身份也不特定局限于某一种。对于广告策划来说，最关键的是要对以上细分的成分进行组合，找准产品所针对的特殊消费者结构，在诉求内容、诉求方式、信息构建及媒体选择等方面都要有所考虑。

案例

Dior 真我香水，其消费者结构就是注重自我时尚形象塑造、中高收入的青年女性。这一群女性消费者独立性强，认为女性应该靠自己的收入满足消费欲望而不是依靠男性，并且把给自己购买最好的女性用品当作一种实现个人价值的重要方式。为了体现该消费者结构的特点，Dior 真我香水选择了奥斯卡青年影后迪亚兹·塞隆做品牌代言人，将广告投放在高端时尚杂志和电视媒体上，尤其在电视广告片中，塞隆将一身锦衣华服、珠宝首饰层层褪去，展露瘦削的身材，并说出"有了真我香水，其他装饰都是多余"的广告词，体现了 Dior 真我香水特立独行的时尚女性形象，以及追求高级时尚的品牌内涵，正好对应追求与众不同的高端消费的青年女性的消费者结构。

Dior 真我香水广告策划的成功案例说明，抓住消费者结构并不是简单地锁定目标消费者。广告策划真正要把握住的是特殊的消费者结构的价值追求。只要把握到位了，广告的定位、文案创意等都会迎刃而解，广告策划也就成功了一半。

案例

江小白利用包装容量为年轻人发声，说出了他们的心里话。2015 年，江小白在长沙制作了一条情怀视频，江小白版《友情岁月》。调动全湖南的媒体来进行传播，24 小时突破了 100 万，彻底引爆了区域市场。江小白定位将白酒卖给年轻人，面向新青年群体，主张简单、纯粹的生活态度。年轻人酒龄不长，很多都是初体验，喝不了很多。因此跟传统白酒动辄 400～500ml 大容量不同。江小白主销产品是 100ml 的小瓶包装，喝一瓶下去比较轻松，年轻人觉得自己很给力，可以喝完一整瓶白酒。传统白酒给年轻人的印象是"辣、冲、烈、重口味"，年轻人难以接受。江小白在口感上追求的是"简单、纯粹、轻口味"，减轻辛辣刺激感，走国际酒威士忌、白兰地、朗姆酒的路线，年轻人更易入口。年轻人搞不定高度酒，江小白以 40 度为主要品种（也有 25 度的），远低于传统白酒一般在 45 度以上，动辄都是 50 多度的高度酒。江小白以单一高粱作为原料，不同于传统白酒采用多种粮食酿造的工艺，口感更稳定，也有利于年轻人 DIY，创造更多时尚的喝法。年轻人收入不高，消费能力有限。江小白主销表达瓶 S 系列 100ml，终端零售价 20 元左右一瓶，买起来没压力。江小白的目标客户群是 80/90 后的年轻人，其中 90 后年轻人是核心目标群体。传统白酒大都以宴会、商务、政务为主要的饮用场景。江小白聚焦于"小聚、小饮、小时刻、小心情"4 种年轻人的饮酒新场景。"小白"最早是网络用语，意指初学者，水平一般。这一略带自嘲的称谓在年轻人中认可度高。年轻人初入社会，大多是小白。"江小白"的拟人化称谓加上文艺青年 IP 形象，容易跟年轻人拉近距离，产生共鸣。

江小白广告策划成功的关键不仅在于对消费者结构进行了准确的把握，更重要的是它围绕消费者结构创造出了属于该群体自身的文化，进而提升产品的品牌价值。该案例给我们的另一个启示是：即使消费者结构没有改变，但是随着时代变迁，该群体所追求的价值目标也发生了变化。针对这种改变，广告策划应该适时地对广告所表现的价值内容进行拓展和丰富，使之更适应产品的目标消费者。

三、广告策划的消费心理需求层次

在最终采取购买行动之前，消费者往往要在内心进行一番复杂的心理活动。而广告的作用就是对消费者的这种心理活动进行干预，使其有利于产生购买行为。在广告界有一条黄金法则"只有适合消费者心理需求的产品才能卖得出去"。产品要想被人们所需要并销售出去，在企业思考各种销售可能性之前，就必须首先以消费者的心理需求为核心进行开发设计。如果产品本身与消费者的心理需求不一致的话，那么，广告的格调再高也发挥不了太大的作用。因此，广告策划必须洞察消费者心理并设法引导它。

消费者购买的心理需求包括习俗、同步、求名、偏爱、经济、好奇、便利、美观等。其中有理性的部分，也有非理性的部分。但是，不管消费者的心理需求是理性的也好，非理性的也好，其关键都在于"需要"和"欲望"。按照马斯洛的需要层次理论，消费者的需要可以分为5个层次：生理需要、安全需要、社会需要、自尊需要、自我实现的需要。这5种需要由低级逐渐向高级发展。

(1) 生理需要。这是消费者最基本的需要，但是满足生理需要并不只限于求生存，还要使人体各器官感觉轻松、舒适、快乐。例如，吃饭不仅是要吃饱，而且还要求色、香、味、形。

(2) 安全需要。这是消费者在生理需要的基础上产生的一种生理和心理兼而有之的需要。它包含身体健康、生活舒适、财产免遭损失、免遭恐惧与危险等内容，如工作要求得到劳动保护，食品要求卫生、有营养等。

(3) 社会需要。这是消费者对人与人之间进行交往的需要，如聚餐、郊游等。

(4) 自尊需要。这是建立在社会需要基础上的一种心理模式，如追求气派、威望，在他人面前显示自己的才华、地位，表现为购买名牌服装、高档家具、高档家用电器，结交名人等。

(5) 自我实现的需要。这是一种创造的需要，有自我实现需要的人，似乎都在竭尽所能，使个人成长，发挥个人潜能，实现个人理想。

消费者的需要是从低层次逐步向高层次发展的，是由消费者的生活环境，主要是购买力所限制和决定的。我们分析消费者的需要，有助于了解消费者心理与消费者行为之间的联系，有助于进行科学的广告策划。

消费者的欲望不受任何限制，具有突然扩张性，任何微小的刺激都有可能点燃欲望之火。所以，广告策划还应适时地引发消费者的需要，经常地刺激消费者的欲望。例如，广告策划可以不强调产品方面的价值，而是着重在消费者的心理上激起一种特殊的美好感觉。

案例

可口可乐并非强调它是一种解渴的饮料。如果可口可乐强调解渴与好喝（如美味之类的话），这与其他饮料又有什么区别呢？众所周知，多年以来，可口可乐强调的是"心旷神怡，万事如意"。正是这种激动人心的口号，使可口可乐在产品定位上取得极大的成功，广受消费者的喜爱，再加上可口可乐公司在全世界各地推行的正确的市场策略，从而使可口可乐行销全世界，被人们誉为"世界性饮料"。为了在消费者的心理层次上激起其对可口可乐更强烈的亲切感，从1988年下半年开始，可口可乐公司在全世界一百多个国家和地区推出可口可乐广告新主题："You can't beat the feeling"（挡不住的感觉），进一步促使千万消费者，主要是青少年消费者，通过消费可口可乐来实现广告中激情澎湃的心理体验。

第五节 广告策划的竞争环境

几乎一切产品或服务都有竞争者，分析竞争环境的目的是寻求个体间的竞争优势。某次广告策划活动理所当然会服务于特定的客户。要为这一客户的市场策略作出决策，不可避免地要从客户的视角出发来捕捉竞争对手，并通过确认竞争者之间的竞争优势或劣势，判断其各自的市场竞争行为的原则，并以此来决定客户本身的市场反应策略。

一、广告策划的纵向竞争环境

纵向竞争环境是指宏观的竞争环境，整个市场竞争环境如何，是否稳定、公平，都将影响到广告策划活动。在自由竞争的市场经济中，广告是在激烈的竞争环境下展开的，这种竞争背景导致成功的广告策划很少见。第一，竞争导致广告的噪声非常高，并形成一道屏障。一则新广告想被人注意到实属不易。第二，企业无时无刻不在绞尽脑汁寻找新的创意和有效的广告策划。企业间的竞争导致几乎所有吸引注意力的创意模式都被试过了，甚至可能被滥用了。第三，人类的局限性也决定了创意艺术家不可能使每个广告策划都获得巨大的成功。第四，一旦某企业策划出一种新的成功广告，其他企业会马上模仿该创意的亮点，使该广告的效果被分散、稀释。

日益激烈的竞争环境促使广告策划必须不断创新，抢占先机，找到新的刺激销售增长点、新的创意表现方式和新的广告发布方式等。而在竞争环境比较稳定的情况下，通常是特殊时期或短期内，人们能够较为准确地预测未来市场的动向和产品销售额，这期间广告策划也相应地可以保持稳定或不变。

另外，竞争环境的公平与否也对广告策划产生影响。广告策划时常处于无法策划或只能策划一点点的窘迫境地。广告策划没有得到足够重视，策划活动自然不好开展。随着我国市场经济体制不断完善，目前这种情况正在逐步得到改善。

二、广告策划的横向竞争环境

横向竞争强调的是同一行业内部生产的不同产品之间的竞争，这种竞争往往是你死我活的。在一个行业内部，竞争的局面是由众多参与者的相互作用而形成的，这些参与者包括直接竞争对手、进入者、替代者、消费者、销售商等。这些市场参与者中任何一方的战略调整和实力变化，都会引发一个行业的更多调整和变化，从而使市场格局发生变化。我们可以运用美国哈佛大学教授迈克尔·波特在《竞争战略》一书中提出的"五种竞争力量模型"来帮助我们系统地分析市场上的主要竞争力量，从而较为全面地把握广告策划的横向竞争环境。"五种竞争力量模型"中所指的5种竞争力量分别是新进入者、替代品的威胁、买方讨价还价的能力、供应商讨价还价的能力以及现有竞争者之间的竞争。

对于市场内新的参与者，我们通常称为进入者。它会带来新的生产能力，这便可能造成价格暴跌或营销费用飞涨，从而降低平均利润率，迫使广告策划做出整体调整。此外，进入市场的次序对制定某些市场决策也是非常重要的，新的竞争者若要进入一个市场，就必须在广告策划中强化在市场的某个局部建立并显示出压倒现有竞争者的优势。

而所谓的识别替代产品，就是去寻找那些与本产业产品具有同样功能的其他类别的产品。消费者的可支配收入通常是有限的，加上商品选择的丰富性，这便往往导致产品之间严重的交叉替代。替代品的品牌影响力、价格优势、产品更新或差别化以及竞争强度等因素，都会给广告策划带来影响。

买方在参与企业的竞争中，会不断以其消费选择向企业施加压力，买方在消费决策中最为关注的要素，通常也是企业进行广告策划时所必须落实的内容，如价格、品质、品牌等。

在考虑买卖双方时，不仅要考虑制造商和终端消费者，还要考虑中间的销售渠道可能产生的新的竞争。当零售商可以影响消费者的购买决定时，他就能拥有比制造商更有效的议价能力，从而对制造商形成新的威胁。20世纪90年代初，大型零售商开始与生产销售链条后端的生产商合作，使用商店自有商标组织生产，对产品质量进行控制，并可以自行定价。

案例

沃尔玛、家乐福等大型零售商都在食品、日用消费品等领域生产了自己品牌的产品,利用已经建立的销售网络销售物美价廉的产品,与其他同类产品争夺消费者。而如今随着互联网技术的发展,以抖音和淘宝为代表的互联网社交、电商平台成为连接生产商和零售商的重要一环,以苏宁等传统零售行业的巨头也不得不积极拥抱互联网,依托新兴零售渠道探寻新的发展。

增加同类产品的新品种或不断完善现有产品的企业,往往是行业内最直接的竞争对手。行业内现有企业之间的竞争常常采用价格竞争、广告投放、产品介绍、增加对消费者的服务内容等手段争夺市场地位,这些都能纳入广告策划的范围。我们最为关注的应是对现有竞争对手的分析。对竞争对手进行监控,可以使我们熟悉竞争对手的长处和短处,并且对它们的潜力、目标、当前和未来的战略作出判断。这样我们就能通过广告策划努力挖掘自身产品的优点,努力在竞争对手相对薄弱的环节获得突破,建立竞争优势。

第六节 广告策划的媒介环境

对媒介环境展开分析,实质上是根据广告策划的战略要求,对广告媒介进行选择和搭配的策略。其目的在于用最低的投入,取得最大的广告效益,因此在选择媒介时,应对媒介的社会威望、受众范围、受众对象、有效目标、受众群体做详细了解,这样才能使媒介应用得当。现代广告策划是经过周密策划的全方位的信息传播。否则,只是纸上谈兵、画饼充饥。媒介环境的重要价值体现在其覆盖范围、受众数量以及影响力和由此带来的受众反应等功能上。从某种意义上讲,媒介集中反应和表现了广告策划的定位策略和创意策略,是整体营销计划的实现过程。

一、广告策划的媒介格局

随着社会的进步及科学技术的应用,媒介家族在不断增加新成员,从而使广告策划的可操作性得到了极大的加强。由于受众接收信息的广泛性在不断拓展,使得传统的媒介如报纸、电视、广播等的局限性越来越大。除此之外,随着互联网、大数据等数字化技术的应用,诸如门户网站、搜索引擎、社交平台和移动应用程序等渠道进行投放,具有广阔的受众范围和高度个性化的广告大量涌现,在发挥自我优势的前提下,极大地丰富了广告策划的空间,增加了受众接收信息的机会;同时也导致了媒介之间争夺广告客户的激烈竞争。在这种竞争下,媒介格局中的各种媒介在媒介市场上的市场占有率不断被刷新。此外,每种广告媒介都不可避免地有其存在的优势和劣势(见表7-1)。

表7-1 主要广告媒介比较分析表

媒介	优势	劣势
报纸(NP)	弹性大,时效好,能覆盖地区性市场,普及且受人信赖	寿命短,印刷质量不好,非订户的读者不多
电视(TV)	集视听为一体,动作感强,效果好,吸引力、接触性高	绝对成本高,容易受干扰,时间短,不宜选择目标受众
直邮(DM)	可以选择目标受众,具有弹性,亲切、竞争性强、针对性强	相对成本高,不容易引起受众重视

媒介	优势	劣势
广播 (RADIO)	普及，且有地区、人口的选择性，成本较低	只有听觉传达，缺少形象力、吸引力、时间短，不易选择目标受众
杂志 (MAG)	地区与人口的选择性高，信用可靠，质量高，持续时间长，非订户的读者多	购买广告版面媒介的前置时间长，刊物发行没保障
户外广告	弹性高，可以重复展露，成本低，竞争少	无法选择目标受众，创意受到限制
网络媒体	便捷，可以随时随地获取，互动性强，形式多样，实时传播信息	容易出现虚假信息和谣言，隐私问题，导致用户注意力分散，形成媒介认知偏差

对一个独立广告策划活动来说，对当下的媒介格局进行分析，认识各种媒介的优势和劣势，目的在于根据广告策划的目标进行合理的媒介组合，使各媒介进行互补，从而全面、完整地传达广告信息。

房地产常用的广告媒体一般为户外媒体、印刷媒体、大众传播媒体和网络媒体四大块，因为户外媒体位置固定，比较偏重于楼盘周围的区域性客源；印刷媒体可以定向派发，针对性和灵活性都较强；大众传播媒体则覆盖面广，客源层多；网络媒体可以进行即时反馈和数据分析，实现跨平台传播以及精准定位和效果跟踪等。四者各有利弊，为了更好地发挥媒体的效率，使有限的广告经费收到最大的经济效益，应该在不同时期对不同类型的媒体，在综合比较的基础上，加以合理的筛选、组合，以取长补短，以优补拙。

二、广告策划的媒介到达率

这里所说的媒介到达率并不是指千人到达率等简单的衡量媒介覆盖率的数据，而是广告有效到达目标群体的概率。一个具有良好创意的广告，投放到一个覆盖率高的媒介，就一定能收到好的效果吗？未必。因为现在是讲究个性消费的时代，每个目标群体都有其特定的生活方式及习惯。就电视媒体而言，每个目标群体对每个电视频道、节目都有着不同程度的曝光率；换言之，每个电视频道都有不同层次的消费群体，有不同的渗透率。这也是为什么现在电视台要走频道专业化、栏目个性化道路的原因。

"广告要做给买家看"，广告策划在选择广告媒体时，首先就应在确定目标群体的基础上根据目标群体接触媒体的习惯及喜好，有针对性地选择频道，甚至具体到某个节目，选择合适的媒体及传递方式，使广告信息能够有效地到达目标群体。如购买高级化妆品的女性，她们经常喜欢收看时尚和娱乐节目，购买汽车的高收入群体，他们喜欢的是财经频道。

思考与练习

1. 广告策划包括哪些环境因素？
2. 如何理解广告策划的消费环境？
3. 如何理解广告策划的文化环境？

第三编　广告策划客体论

　　广告策划客体是指广告策划的对象与环境因素。广告活动是一项建立在商品经济社会物质基础之上的社会活动，最终的广告作品也可以看作一种反映当下社会现实的文化产品。同样，广告策划也是一个客观见之于主观的过程，离不开现实中客观物质条件的制约。这些客观物质条件不仅勾勒出了广告策划活动的界限，也为广告策划打造了立足的现实基础，它们构成了广告策划的客体，具体包括国家、体制、市场、时代观念、企业、产品等。能否充分发掘这些客体的资源，使这些资源实现优化配置、合理组合，是决定广告策划活动成败的重要因素。

第八章　广告策划的对象资源

□**本章教学要求与目标**

　　教学要求：帮助学生理解产品资源、企业资源的特点，洞察资源的优势与劣势、机遇与风险，从而更好地了解和把握广告策划目标需求。

　　教学目标：培养学生合理运用对象资源以实现目标策略的能力，提高广告传播的针对性和传播效果。

□**本章教学框架图**

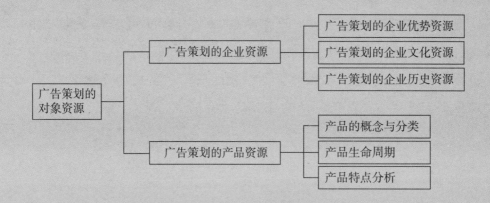

【本章图片】

所谓广告策划的对象资源，是指广告策划活动所要宣传或推介的对象，包括企业、产品或者服务等。广告策划的基本任务之一，是要对消费者产生有利于促销的引导。要完成这个任务，广告策划者做的第一件事，就是对广告策划的对象资源进行分析和评估，分析企业、产品或者服务目前的各种情况和整体市场状态，判断其有哪些特质可以通过广告策划和广告创意、广告构思等技术环节的运作，生成新的信息，以使企业、产品或服务以崭新的形象触动消费者的心灵。

第一节　广告策划的企业资源

进行广告策划时，除了考虑策划的目标外，还必须考虑企业的资源状况。所谓企业资源是指企业可控的内部因素，包括财务状况、产品线及竞争地位、设备状况、市场营销能力、研究与开发能力、人员的数量及素质、组织结构、企业过去确定的目标和曾经采用过的战略等。企业资源是企业经营的基础，是进行广告策划的出发点、依据和条件，是竞争取胜的根本。对企业资源进行分析，其目的在于掌握企业目前的状况，明确企业的优点和弱点，以使广告策划的目标能够实现。广告策划除了讲求广告对产品销售的效果外，还要讲求对树立产品和企业形象的效果，既讲求近期可见的效果，也追求远期潜在的效果。

一、广告策划的企业优势资源

广告策划能够发现企业的优势和劣势，据此采用恰当的广告策略，提高市场竞争力。在策划时可以分析外部环境中的竞争对手状况，知道在什么条件下可以与对手展开竞争攻势，什么条件下不可以展开竞争攻势；如果广告产品与竞争对手产品相比总是具有某些优势或差异，经过广告策划可以使产品扬长避短，化劣势为优势，从而获得竞争的主动权。

在这里，广告策划与企业在市场上的竞争战略产生了高度重合，实际上，广告策划就是服从于企业战略的一个部分。广告策划要想最大限度地利用企业优势，就必须配合企业战略方案开展广告活动，使企业获得市场上的有利地位。确定企业采用何种战略，最常采用的是一套系统的信息整理方法SWOT（Strength, Weakness, Opportunity, Threat）分析法。SWOT分析法是从外部环境分析中发现机会与威胁，从内部环境分析中把握企业的优势与劣势从而制定战略方案的过程。从外部环境中发现的机会因素、威胁因素和从企业内部环境分析中找出的优势因素、劣势因素可以构成4个象限的矩阵（图8-1）。这4个矩阵代表企业的4种战略选择，也代表4种可能的广告策划方案。

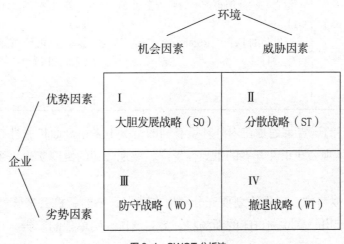

图8-1　SWOT分析法

第 I 区间是今后在市场上能预测的机会因素与企业优势一致的情况。这种战略就是大胆发展战略（SO），即依靠企业内部的优势去抓外部机会。在这种情况下，广告策划应充分利用机会因素，最大限度地利用企业优势。

第 II 区间是市场的威胁因素与企业优势一致的情况，企业采取分散战略（ST），即及时利用企业的优势去避免或减轻外在威胁的打击。在这种情况下，广告策划可以最大限度地展现企业优势，去克服威胁因素。

第 III 区间是虽然在市场上有企业发展的机会，但是企业本身条件处于劣势的情况。企业可以采取防守战略（WO），即利用外部机会来改进内部劣势。在这种情况下，广告策划可以采取避开企业的劣势条件，最大限度地利用优势因素。

第 IV 区间是在市场上存在威胁因素，而且企业的条件也处于劣势的情况。这是企业最不利的状态。这时企业可以采取撤退战略（WT），即直接克服内部劣势和避免外部威胁，将劣势和威胁弱化，广告策划也可告一段落。

下面，我们以一个美国汤料食品公司的 SWOT 分析表（表 8-1）来具体说明如何围绕企业战略发挥企业优势的广告策划。

表 8-1　美国汤料食品公司的 SWOT 分析表

SW	OT	
优势	机会	威胁
	机会一（O） ①西欧的联合 ②用户选购商品时对健康的关切 ③亚洲自由市场经济的兴起 ④对汤料的需求每年增长 10%	威胁一（T） ①食品销售收入每年仅增长 1%，ConAgra's Ban-quet 牌食品以 27.4% 的市场份额居于领先地位 ②不稳定的亚洲经济 ③罐头盒不能被生物降解 ④美元贬值
优势一（S） ①流动比率增长到 2.52 ②盈利率上升到 6.94 ③员工士气高涨 ④拥有新的计算机信息 ⑤市场分额提高到 24%	SO 战略 ①收购欧洲的食品公司（S1、S5、O1） ②在墨西哥建生产厂（S2、S5、O5） ③开发新的健康汤料（S3、O2） ④组建在亚洲销售汤料的合资企业（S1、S5、O3）	ST 战略 ①开发新的微波炉加热食品（S1、S5、T2） ②开发新的可生物降解的汤料包装（S1、T4）
弱点一（W） ①法律诉讼尚未了结 ②工厂设备利用率已下降到 74% ③缺少一个战略管理系统 ④研究开发支出增加了 31% ⑤对经销商的激励不够有效	WO 战略 ①建立在欧洲销售汤料的合资企业（W3、O1） ②开发新的 PepperidgeFarm 产品（W1、O2、O4）	WT 战略 ①停止在欧洲的不利业务（W3、T3、T5） ②多元化经营，进入非汤料食品市场（W5、T1）

服从该公司 SO 战略的广告策划是在内外环境有利的情况下采用全面扩张性战略，在欧洲市场进行品牌的推广，在广告中体现公司正在开展的世界性生产，展现公司的雄厚实力，企业形象定位于公司帮助新兴国家发展经济。

而在该公司的 WO 战略中，广告策划要充分利用在欧洲开拓的新机会来弥补企业内部不良因素造成的影响，因地制宜，推出一款欧洲口味的新汤料，为它制作一则单独的广告，在广告中告诉消费者这是"来自欧洲的新选择"，掀起一轮新的购买热潮。

在该公司的 ST 战略中，相应的广告策划要调动企业内部的积极性，主动出击，克服外部环境的威胁。在广告中强调产品的方便性，制作以环保为主题的公益广告，并将公司新产品的可降解包装与环保主题相结合，树立与此相呼应的世界性环保形象。

在公司的 WT 战略中，广告策划转入保守阶段。在保持一定的广告投放量以维持旧有品牌的基础上，为进入新的食品市场做推广准备。

二、广告策划的企业文化资源

企业文化是西方企业界进入 20 世纪 80 年代最热门的话题，短短几年间，"企业文化热"就像旋风般席卷了全球，我国也不例外。哈佛《企业管理百科全书》这样定义企业文化："企业是社会的一个器官，是经济、技术和心理的复合体。这个复合体之魂，就是企业文化。它外化为企业形象，内化为企业行为。"这个概括很具有代表性。一般认为，企业文化包含企业的价值观、信念、传统、宗旨和习惯，集中到一点就是企业的经营灵魂和价值取向，它对内有强大的感召力，对外有巨大的辐射力。

企业要生存和发展，需要一个合适的文化环境。纵观中外企业的发展史，企业的成功与企业对文化价值的追求有着密切关系。优良的企业文化是企业长盛不衰的重要因素，它一旦形成，就具有自己的独立性和延续性，成为企业最宝贵的精神财富。

企业文化的兴起，对广告策划活动提出了具有时代性的挑战：广告策划如何为传播企业文化服务，如何为塑造企业价值观和整体形象服务。这一问题不仅关系到广告的成败，也关系到企业的发展。

对于广告策划来说，要做到有目的、有意识地实现广告与企业文化的结合，既要充分反映或创造出企业文化的价值追求，也要使它被广大消费者所接受。虽然企业文化是企业全体职工在长期的生产经营实践中所形成的一种共同传统和价值观，但它如果不被消费者所接受，不被社会所承认，它就没有存在的价值。

因而，广告策划最重要的目标，就是要使更多的消费者接受或认可具有自身特点的企业文化价值。可是对于消费者来说，他们都处在多元文化结构的影响之下，除了受现代文化浪潮的冲击外，还受到本国民族文化、社会文化和家庭传统文化的影响，要消费者接受企业文化的价值不是一件容易的事情。为此，广告策划不但要彻底消除不文明、不道德的广告行为，还必须通过广告与企业文化的结合，通过文化的暗示沟通企业与消费者的感情，充分表现出对消费者的尊重与关心，并从物质和精神上最大限度地满足消费者的利益及需要。

要实现广告策划的这一重要目标，就广告创意或广告制作来说，还必须在广告中突出渲染一种代表企业具有个性的、独特的文化气氛，其目的是使公众自然而然地被其所吸引，从而树立起企业在公众中的形象。广告内容不仅要显示商品本身的特点，更重要、更关键的是展示一种企业文化、标示一种期盼、表达一种精神、奉送一份温馨、提供一种满足。

案例

小米的品牌口号是"为发烧而生"，这一口号表达了小米始终致力于为科技爱好者和发烧友提供高品质、高性能的产品理念。小米公司成立于 2010 年，由雷军等创办，起初主要以智能手机为核心产品。小米在进入市场时，面临着竞争激烈的智能手机市场，但他们通过创新的商业模式和出色的产品推出策略，成功打破了传统手机厂商的格局。小米以用户需求为导向，在产品设计、功能定位和价格策略上注重满足用户期待。他们的产品不仅具备高端配置和性能，还以低廉的价格销售，致力于为消费者提供性价比更高的选择。这种独特的定位和价值观，深受发烧友和科技爱好者的喜爱和追捧。

日本企业在中国的广告策划中，更加刻意追求获得中华民族文化的认同感。如三家日本汽车公司的广告语："车到山前必有路，有路必有丰田车"；"有朋远方来，喜乘三菱牌"；"古有千里马，今有日产车"。三家汽车厂商都巧妙地运用了中国人非常熟悉的俗语，增强了广告的文化内涵，使广告更具有感染力和渗透力。

总而言之，广告策划人员应该悉心研究广告与企业文化的结合，研究用广告手段去扩展企业文化的新途径，以进一步强化广告对顾客的影响力、说服力，增强企业文化对社会的辐射力。

三、广告策划的企业历史资源

对于已经有经营历史的企业来说，无论该企业的历史有多长，它都已经不同程度地接触到了市场与顾客。为了使广告策划更加有利于企业的生存与发展，对经营历史给予全面检讨是非常必要的，具体包括以下几方面。

（1）产品或品牌的有关历史背景，产品所属门类的成果记录。

（2）过去的广告主题与广告预算，以及过去使用的媒介或广告费支配方式。

（3）专利或技术历史。

（4）显著的政治或法律影响。

（5）品牌面临的问题和机遇，以及其他可能影响品牌的事件或活动。此外有关市场营销的数据也可作为广告策划过程的依据。

根据经验效益（或称经验曲线）分析法，企业的历史越悠久，广告策划投入的成本就越低。如图 8-2 所示，从经验曲线上可以看出，企业过去的经验对把握企业内部环境起着重要的作用，企业对各种可能出现的事件经历得越多，经验积累就越多，可利用的资源也就越多。在寻找企业机会、规避企业威胁时，投入的成本也较低。经验曲线表明：经验越少，单位成本越高；经验越丰富，单位成本越低。

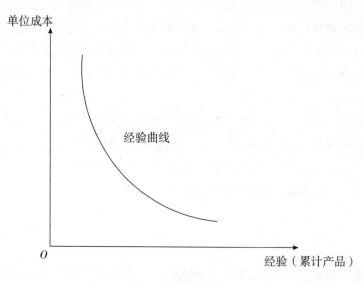

图 8-2　经验效益分析法

通常，一个具有悠久历史的企业都会被消费者认为非常有信誉，有丰富的品牌内涵，围绕产品和消费者，会有很多有趣的故事。这些关于企业的历史和传统的内容，正好可以激发消费者的好奇心，并使他们对企业及其产品或者服务产生信赖感。所以，广告策划要善于运用企业历史，选择主题表达企业在长期的发展历史过程中积淀下来的传统。

案例

北美洲的奔驰轿车在新近推出的"下一代E级"广告中运用了主题化传统法。为将这种新型豪华车纳入奔驰传统系列，在进行广告宣传时，在画册连续的两页内展示了6辆古董车（放在新车的右边），且都出现在各个时代著名男女影星的黑白照片背景下，这些影星包括宾·克罗斯比、尤尔·布林纳、马琳·迪特里希、加利·库柏、埃罗尔·弗林和克拉克·盖博。这种用古典衬托出的奢华高贵，加上好莱坞明星的号召力，让北美洲的消费者心驰神往。

第二节　广告策划的产品资源

广告最终是为了促进企业的产品销售。因此，产品信息资源的收集与分析是广告策划的前提和基础。广告策划的产品资源主要包括产品概念与分类、产品生命周期、产品特点分析等。

一、产品的概念与分类

菲利普·科特勒给产品下的定义是：能够提供给市场以满足需要和欲望的任何东西。在他看来，产品在市场上包括有形商品（如汽车、书籍）、服务（如理发）、人（如体育明星）、地点（如上海）、组织（如联合国）和创意（如促销活动）。

由此看来，产品的概念是很广的，它不仅是能够满足人们物质和生理需求的某种实体，而且还能够满足人们的精神和心理等方面的需求。现代广告策划不能只对产品进行物质性研究，而是要对产品能够满足人们所有的需求，包括生理和心理、物质和精神等全方位的需求进行整体研究。

现代产品概念也可称为整体产品概念，包括核心产品、有形产品、延伸产品3个层次。

1. 核心产品

核心产品是指向消费者提供的基本效用或利益，也可称为实质产品，是产品的核心内容。例如，洗衣粉能够帮助人们去除衣服污渍，让衣服干净如新；咖啡厅提供的基本效用是咖啡和休息。

2. 有形产品

有形产品即产品的基本形式。核心产品推向市场必须借助商标、价格、包装、厂牌、式样等元素将核心产品实体化，便于消费者认知和识别。例如，洗衣粉的价格、包装、品牌等构成其产品的基本形式；咖啡厅里必须有各种口味的咖啡、桌椅、灯光或优雅美妙的音乐才能构成其特殊的环境氛围。广告策划若能将产品的实质效用和外观识别系统有效整合，就能赢得消费者的认可，从而获得巨大成功。

3. 延伸产品

延伸产品是一种无形产品。例如，咖啡厅提供的独具风味的咖啡、人性化的环境设计、体贴周到的服务等构成其无形产品。消费者在购买有形产品时还会享受到各项配套服务。这些服务能给消费者带来更大的需求满足。当今的竞争主要发生在这些产品的无形层次上。舒尔茨秉承星巴克始终如一的原则：可以创新，可以重新发掘企业的全部潜在价值，但星巴克新鲜烘焙原颗咖啡豆的原则永远不变。这是星巴克的精神遗产。正是这种精神遗产，成就了今天它在全球市场的龙头地位。正如李维特所说，现代竞争并不在于各家公司在其工厂中生产了什么，而在于它们能为其产品增加些什么内容，诸如包装、服务、广告、客户咨询、融资、送货、仓储以及人们所重视的其他价值。

在进行广告策划时，充分挖掘这些附加的、无形的元素，提出一种可贵、独特的精神价值诉求，能让广告乃至营销获得成功。

以上 3 个层次是整体产品的全部内容。进行广告策划时应注意把握产品的整体性，进行产品信息资源的全面整合，以利于广告策划的有效实施。

二、产品生命周期

正像人类要经历从出生到死亡的各个生命阶段一样，产品也会经历生命周期。产品处于不同的生命周期给广告策划提出了不同的挑战。了解产品生命周期对广告策划的开展十分重要。产品生命周期分为 4 个阶段：引入期、成长期、成熟期和衰退期。

1. 引入期

引入期是指新开发的产品开始投入市场试销的阶段。当企业向市场推出某种新产品时，因为没人知道这种产品，企业不得不刺激消费者的初级需求。吸引消费者、建立广泛的经销网络、刺激需求等活动都会让企业付出高昂的代价。为新产品花费大量经费建立市场主导地位，抢占尽可能大的市场份额是这一时期广告策划的主要目标。引入期企业的产品销售几乎没有利润可言。

2. 成长期

成长期的产品市场份额迅速扩大，被越来越多的消费者所认识和接受，重复消费的人增多。产品生产规模的扩大、产量的增加使这一时期的产品成本下降，广告费支出所占比例也有所下降，企业因此获得大量利润。在这一时期，企业会保持相对稳定的广告预算和媒体广告投放，以继续保持产品和品牌在市场上的发育成长过程。因此，这个时期的广告策划会从介绍产品转向形象建立（通过举行公关活动以产生社会影响力，通过新闻软文的炒作赢得传播曝光度），以品牌形象的塑造来进一步提高企业产品在社会上的声誉。

3. 成熟期

产品进入成熟期后，市场逐渐饱和，消费人数很难再增加，企业销量趋于稳定。在这个时期，同类产品在市场上大量出现，竞争进入白热化。为了对抗竞争，维持产品的市场地位，营销费用增加，企业利润下降。这一阶段企业开始加强促销力度，强调自己品牌的优势。此时的广告策划以维持品牌为主，在巩固原有市场的基础上努力开拓新市场，展开竞争性广告宣传，以维持产品的市场份额。

4. 衰退期

衰退期是产品销售量下降趋势明显和利润不断下降的时期。产品的过时、技术革新或新的消费形态的出现，使产品不再适应市场的需要，消费者减少。这时企业可能停止所有的促销活动，甚至停止产品的生产；或用少量的广告维持，让产品逐步自行消亡。

三、产品特点分析

产品特点分析包括产品的物质特点和产品的形象特点。产品的物质特点是产品信息资源的重要组成部分。广告策划活动的开展必须以产品的物质特点为依据提出有效的广告诉求。产品的物质特点包括用料、功能、质量、构造、包装等方面。比如用料，分析广告产品所使用的原材料以及原材料的产地、性质、特点等，并挖掘其优势在广告中加以表现，有时能获得巨大的成功。

产品的形象特点是由产品的物质特点和附加服务等一系列的产品因素共同树立起来的。由此构成的产品品质一旦在消费者心目中形成某种印象就具有了特定的精神性特质。分析产品的市场形象并在广告策划和创意中加强塑造独特的产品形象，对现今的产品营销推广显得尤为重要。

思考与练习

1. 营销策划与广告策划有什么关系？请以具体案例进行分析。
2. 广告策划的企业资源包括哪些内容？
3. 以实例分析和论证产品生命周期对策划战略的影响。
4. 挑选一个自己感兴趣的企业品牌进行 SWOT 分析。

第四编　广告策划过程论

广告策划是一个非常复杂的过程。广告大师伯恩巴克坚定地相信"广告是一种艺术",而奥格威却认为"广告是一种科学"。两人的结论针锋相对,其根本原因就是广告是一个系统而复杂的工程,广告运动涉及很多学科的知识。它们都只强调了广告运动过程的某些方面。在广告策划的前期如广告调查、广告资讯分析,以及广告策划的后期如媒介计划、广告执行控制过程中,科学的因素显然比艺术的因素重要得多;而在广告策划的中期,即广告创意及广告表现过程中,艺术的因素又比科学的因素重要得多。广告策划过程是一个科学性与艺术性相结合的过程,科学与艺术在广告策划中水乳交融,相得益彰。

广告策划的过程包括广告运动的全部环节。广告策划有时是对广告运动进行全程策划,有时只需要对广告的某一个环节进行策划。无论是哪一种策划,广告策划都是一个系统完整的过程。本编将对广告策划的主要环节进行系统分析。

第九章　广告资讯分析——调查、研究、决策

□**本章教学要求与目标**

教学要求：使学生了解广告信息的基本收集、整理、分析方法，熟练掌握广告资讯分析的步骤，从而进行科学的广告决策。

教学目标：培养学生的调查、研究、决策能力。

□**本章教学框架图**

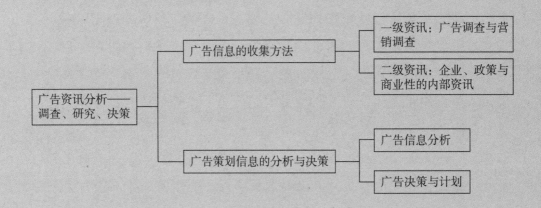

【本章图片】

广告调查的方法，是指在进行市场调查中，用以发掘资料来源、搜集整理资料信息、实现市场调查目的，进而确定广告策划的各种途径和方法。调查研究是广告策划与创意的基础，属于准备阶段，离开了扎实可靠的调查研究工作，广告运作便成为无源之水，一切无从开展。对信息的收集、调查和研究，是广告资讯分析的依据，是广告活动实施不可缺少的前提：现代广告策划的所有环节，都是从市场调查开始的。

第一节　广告信息的收集方法

为了建立与目标消费者的联系，让消费者加深对自己品牌的认同感，最终达到提高销量的目的，企业每年都会花上大笔的资金用于广告投放和促销等活动。众所周知，广告费是十分昂贵的，若在还未透彻地了解谁是自己的顾客，他们的需求、喜好以及他们接触媒体的状况等信息的情况下，广告主就投放广告，无疑具有很大的盲目性。

广告调查的目的就在于可以为广告活动的开展指引方向，给广告决策乃至营销决策提供有力的依据。

广告需要收集的信息包括一级资讯和二级资讯。一级资讯的获得主要依靠广告调查和营销调查；二级资讯是为某种目的而已经被某些机构所收集了的信息。二级资讯的获得比一级资讯要来得快，且成本相对较低，调研人员通常从收集二级资讯开始他们的调查工作，并以此作为广告活动开展的重要依据。

一、一级资讯：广告调查与营销调查

一级资讯是通过直接与消费者接触而获得的，能很直接地反映消费者的需求和市场的反馈效果。获得一级资讯的方法主要是广告调查和营销调查。

首先我们要区别营销调查和广告调查的概念。营销调查是系统地设计、收集和分析与企业特定的营销组合变量有关的信息。曾有调查人员提出用 3R 来概括营销调查的作用：吸纳新顾客（recruiting）、保持老顾客（retaining）、夺回失去的顾客（regaining）。通过研究分析不同的细分市场，企业可以设计、生产适当的产品，并推出良好的服务吸引新顾客；运用顾客满意度调查则有助于建立与顾客个人的良好关系，从而保住现有顾客；在调查中可以发现，某些蛛丝马迹是造成顾客在产品使用或享受服务方面不满意的因素，针对这些作出改进可以赢回老顾客。有效的营销调查应该能够通过整合企业的产品、价格、分销和传播等要素，为企业选择哪种广告媒体能提升其品牌形象提供判断，同时，它还能使广告主判断以往营销活动的效果。

广告调查的目的在于帮助广告公司制定或评估广告战略。它通过对消费群体基本情况、产品情况、市场情况和广告媒体情况进行调查，以便获取相关广告资料，确定广告目标，编制广告策划与计划，同时也为检测广告效果提供依据，是营销调查的一个分支。

实际上，营销调查就是企业为了实现特定的营销目标以多种方式进行的调查；而广告调查则是广告公司为达到某种广告目标而展开的调查。营销调查所获得的数据和资料是广告公司开展广告活动策划不可或缺的参照，但专门的广告调查也不应当被忽视。通过调查，广告人员可以了解自己的广告受众群体，需要相应地采取哪些行动。另外，依据广告调查的信息，广告主还可以决定是否继续投放广告，何时撤下已经无法引起产品销量增长的广告，以及评估广告公司的表现。当然，作出正确的抉择还得依靠正确地运用广告调查。

广告调查要有效地反映市场的真实状况，其判断依据是调查的信度、效度、可靠性和意义性。信度是指测量结果的一致性，指的是调查的方法在一段时间内得出的结果应保持基本一致；效度是一个测验有效性的指标，它说明调查的结果在多大程度上反映了该调查所要达到的目的，也就是调查问卷打算调查的问题；可靠性是定性数据使用的一个术语，它是指一个人在同一心理测量中，几次测量结果的一致性，它反映测试所提供结果的一致程度，具体到广告调查，它是指在知道数据是如何收集起来的情况下，你是否相信这些数据？在多大程度上相信这些数据？意义性要考虑的问题是：某项调查究竟有什么实际意义？这要求广告专业人员必须认真考虑自己在数据和理解力方面存在的固有的局限性。

案例

2008 年 3 月，可口可乐推出"原叶茶"系列茶饮料，在产品推广入市之前的整个调查活动就是由广告调查和营销调查相结合而进行的。首先，可口可乐"原叶茶"瞄准的就是茶饮料市场上的空白点——原叶茶（区别于冰红茶、绿茶等之外的一种 100% 用真正茶叶泡制的茶饮料），尽可能争取新的客户；接着，通过对市场销售的情况、渠道辐射状况、消费者的评价等信息进行分析，以判断"原叶茶"市场的成长空间和下一步的发展策略；最后，对于消费者反馈的意见和不足之处进行改进，以达到挽回顾客的效果。以上就是可口可乐"原叶茶"营销调查的 3 个阶段，而在这 3 个阶段中都少不了广告调查。广告调查是营销调查中的重要一环，在"原叶茶"推入市场之前、之中、之后广告公司和企业主所进行的一切与广告活动相关的调查活动都属于广告调查的范畴。

1. 广告调查的实施

在对本企业的发展形式进行分析和问题界定以后，就该开始正式的广告调查了。正式调查的方法有两种：定性调查和定量调查。

（1）定性调查。

定性调查是对消费者做深入漫谈式的调研，目的在于判定问题的性质，而非简单的"是"或"否"的回答。通过定性调查，可以获得对市场、消费者和产品的总体印象，可以帮助识别企业产品的目标受众，了解他们的需求、欲望和动机。定性调查的方法主要有以下几种。

① 投射法。投射法发端于心理医生的临床诊断方法，依赖于对潜意识或被压抑的思想的解释。后来，这种技术为营销调查所借鉴，目的在于使消费者得以在不知不觉、下意识的状态下反映出自己的感觉、态度、兴趣、观念、需求和动机。最常用的投射技巧有联想试验、完成句子或图片、对话填空以及编故事。需要强调的是因为这些技巧的可靠性、效度以及效用很难把握，所以这种技术要求调查人员具备很丰富的经验。

② 小组讨论法。调查人员邀请 6 名以上（控制在 12 名以内）的目标顾客参加小组座谈，就企业的产品、服务或营销状况等展开讨论，借此对品牌产生新的认识。这是一种头脑风暴法。

座谈会时间一般以 1 小时或稍长为宜，在主持人的引导下进行讨论。随着讨论的进行，问题逐渐集中到预定品牌的细节问题上。即便采用几个访谈小组，他们所代表的也只是目标受众中很小的一个群体，这就造成了小组讨论的局限性。虽然参加小组讨论的人并不能绝对代表真实的人口样本，但却仍有利于解决以下几个问题：提供候选代言人的可行性资料；判定视觉元素和战略的效果；区别哪些因素不够清楚、哪些承诺不太可信。小组讨论反馈有助于设计正式调查的问题，在全面调查之后，小组讨论还可以充实原始数据。

③ 深度访谈法。在进行深度访谈时，问题的设计要周密，而结构则应松散些，这有助于访问挖掘受访者更深层的感受。深度访谈法也要求调研人员小心对待、合理控制。例如，先灵制药公司在进行调

查时，目的在于希望从医生那里发现他们在开处方时最看重药的哪种属性。因此在运用深度访谈法时，医生会把哪种属性与哪种品牌联系起来。

（2）定量调查。

定量调查的目的是获得大量有关具体的市场形势的确切数据。收集定量信息的基本方法有 3 种：观察法、试验法和访问调查法。

① 观察法。观察法是调查者到现场进行直接观察的一种方法。大多数观察法调查都是由大型独立营销调查公司来操作的，如 A.C. 尼尔森公司。调查人员通过观察法监测人们的行为，如站在马路边上统计经过某一路牌的人流量，通过连接在电视机上的仪器统计电视观众数目，或到超市观察消费者对某一产品的反应。

观察法一般是单向进行的，调查人员在调查对象毫不知情的状态下收集数据，所以了解的情况颇为真实。但这种调查方法也有一些局限性，它难以把握某种现象的本质，有时需进行长时间的观察才能求得结果，受时间和空间等条件的限制。

现代科学技术极大地丰富了观察法，使之能更准确地帮助企业收集他们所需的数据资料。例如，附在每件包装商品上的统一产品编码，调查人员只需利用扫描器阅读条形码，便可获得大量信息，诸如产品类别，其销售情况。条形码的使用为店铺和生产厂家提供了涉及价格、店内推广、优惠券以及广告冲击力方面的售点信息，精确而有效。

案例

在美国，A.C. 尼尔森公司的扫描跟踪调查每周都将从 3000 家装有条形码扫描设备的超市收集来的关于包装商品销售状况、市场份额和零售价格的信息提供给客户。另外，它还利用家庭样本进行电子扫描，通过与 40000 户家庭相连的条形码扫描仪向客户提供包装商品购买方面的资料。这样一来，营销人员所获得的资料就可靠得多。他们利用所获得的可靠信息，可以有效地制订出评估备选营销计划、媒介载体和促销活动的经验性模式。

摄像机也影响着观察技术的发展，美国纽约的调查公司——环境销售公司就运用保安摄像头来记录消费者在店内的购买习惯。公司分析人员通过分析人们在购买某一物品上花费的时间和他们阅读标志的方式，来判断包装和陈列的效果。

② 试验法。通过现场比较测试的方式，调查人员可以判断广告效果，并据此决定广告活动的开展形式和力度。这种方法一般在新产品上市之前实施。在运用试验法这种调查方法时，调查人员必须进行严格的监控，以便准确地判断结果的变量。然而这种方法依然比较难以实施，且费用过高，因为每个营销变量都不是那么容易控制的。

③ 访问调查法。这是一种全面的调查方法。调查人员可以通过人员面访、电话访问、邮寄调查、问卷调查、网络调查的形式来获得有关目标顾客的态度、想法或动机方面的信息。其中网络调查越来越多地应用于广告调查活动中。网络调查是指企业利用互联网调查了解广告信息的一种调查方法，有着成本低廉、范围更广泛、周期短、针对性强、操作方便等独特优势。它是随着网络发展而衍生的新型调查方法，是对传统调查方法极为重要的补充。访问调查法是收集初级信息最常用的一种方法。但在实施访问调查时，也有一些难以克服的缺陷，比如在进行电话访问时，选取的被访者不具有代表性。在进行问卷调查时，问卷所反映信息的准确性、回收率等都无法得到保证。

20 世纪的广告大师们非常看重这样一种调查方法。大卫·奥格威、霍普金斯等大师都将与消费者进行面对面接触和交谈作为寻求广告灵感的重要来源。

2. 广告的测定

（1）事前测试。

广告的投放需要花费大量的资金，若不在投放以前把握其有效性，广告会面临很大的失败风险，为之投入的花销也可能付之东流。所以，大多数组织都会在发布广告之前事先对自己的信息进行测试。

面对不同类型的广告，有一些不同的测试方法。

① 直接沟通法。通过与目标顾客的直接沟通，可以推导出消费者的全部反应。比如测试平面广告时，调查人员可能会直接向目标消费者提问：这则广告表达了什么？是否让你对本公司的产品产生了兴趣或新的认识？广告可信吗？你是否喜欢这些广告？

专门用于事前测试广播和电视广告的方法，主要是通过对比来获得目标顾客的态度变化的方法，如向调查对象播放被试广告的录像带，地点大多选在购物中心，播放之前和之后均向消费者提出一些问题；或把被试广告与其他非竞争性的广告放在一起播放，以此来判断广告的效果，测定调查对象的理解变化与态度变化等。

还有一些测试方法适合平面广告的测试，如小组访谈法、优点排序法、模拟杂志法、对比法和直邮测试法等。

② 模拟杂志法。在看上去与真正的杂志无异的仿真杂志中插入受试广告，然后设法让目标受众像平时一样阅读杂志。阅读完后，调查人员向目标受众提出有关杂志内容和广告的问题，如对广告的回忆度和对广告及产品的感觉等。

③ 剧场测试法。在大型购物中心或小型影剧院向被调查者播放受试广告，参加测试的观众利用一种电子仪器表示他们对所放映广告的好恶。这种测试形式在美国已经非常普及，并有大量丰富的数据来判断这种方法的效度。尽管通过大量数据得来的分析结果很大程度上肯定了剧场测试的有效性，但我们仍不能忽视这种测试的缺陷——调查人员往往难以判断受试者表现的是他们对广告的真实感受还是对被广告的产品的真实感受，这样就需要经验丰富的资深调查人员对调查结果进行解析。

④ 对比法。让调查对象就同一组中的每一则广告作出比较，从而获得他们对广告的感知。

⑤ 中心点投射测试法。在购物中心这类中心公共场所向调查对象播放受试广告，播放之前和之后均向调查对象提出一些问题，获得他们对受试广告的感受。

还有一些利用科技手段所实施的方法可以获得有用的信息。

眼球动向跟踪系统：运用这种系统要求目标受试者戴上一副护目镜似的仪器，这种仪器可以测量瞳孔的缩放状态、眼球运动方向以及目光在广告各部分停留的时间。

心理电流测量仪：皮肤电流反应是对汗腺微弱变化的一种测量，这种仪器通过测量人体的皮肤电流反应来获得可能引起某种兴奋感的刺激点。一般来说，广告越让人紧张，效果也就越好。

大脑活动分析仪器：通过扫描大脑的活动，获得受试者对广告活动的反应。

（2）事后测试。

在广告活动启动以后和运行期间对广告进行评估。事后测试比事前测试更费时，花费也更大，但它是在真实的市场状态下对广告进行的测试，所获得的信息更真实。事后测试一般包括回忆度测试、认知测试、态度测试、购买行动测试。

① 回忆度测试。这是一种最普及的事后测试方法。调查人员从目标市场中挑选一批自愿受试者，要求他们在指定测试时段内收看特定频道节目或指定杂志（有时是仿真杂志）。事后，测试公司给这些受试者一一打电话，询问他们能回忆起多少广告内容，其中伴随着一些具体的问题，例如，你是否看到过一则洗发水广告？若看过的话，你还能记得它的品牌吗？

不经提示，让目标受试者自己回忆广告信息的方法是纯粹回忆测试法。在调查期间，调查者还可以运用辅助回忆法进行测试。调查人员要唤起调查对象的记忆，向他们展示特定的广告，然后问他们过去是通过什么途径接触到这些广告的。

② 认知测试。一般采用直接采访目标受试者的方法。调查人员向他们展示目标广告，然后询问他们是否记得这则广告，是否记得这则广告的品牌名称以及阅读了多少内容。

③ 态度测试。态度测试可以帮助判断目标广告是否为本企业及其品牌或产品树立了有利的形象。如果该广告让消费者产生了良好的印象，那么消费者的购买几率就大一些。

④ 购买行动测试。统一产品编码的运用使得调查公司可以很方便地跟踪消费个体的购买行为信息。如将商店的扫描数据与装在家用电视机上的仪器结合起来，可使调查人员了解家庭个体在购买品牌和接触电视广告方面的信息。调查人员一般利用这些复杂的测量来判断广告和促销活动对消费者的实际购买产生的影响。

二、二级资讯：企业、政策与商业性的内部资讯

在开展营销调查和广告调查获得一级资讯之前，调查人员往往先利用二级资讯。如前所述，二级资讯是本企业或专门的营销机构已经收集了的信息，这种信息是现成的，且资源非常丰富，相比一级资讯，它来得更快捷、更便宜。

广告调查一般可以从以下4个渠道寻找二级资讯：企业内部资讯、政策内部资讯、商业性内部资讯以及专业出版物内部资讯。

1. 企业内部资讯

调查人员可以从自己的企业内部获得一些最有价值的数据。企业记录往往是宝贵的二级资讯，如产品发货数字、公司收入、保修卡记录、广告费支出、销售费用、顾客反应以及与销售人员的会议记录等，这些都是非常有用的内部信息。在企业内部可以得到的信息通常还包括战略营销计划、旧的调查报告、顾客服务记录、各种按地区或顾客类型以及产品品种划分的销售数据。所有这些数据都会给广告主带来大量可供广告活动抉择的丰富信息，如企业广告活动效力、消费者品位与偏好变化等。

2. 政策内部资讯

广告人员可以通过政府组织获得自己所关心的因素的数据；另外，他们还可以通过政策走向获得人口与住房动向、交通、消费支出以及休闲娱乐活动方面的信息。与广告相关的政策性内部资讯如下。

① 人口普查：通过人口普查，广告人员可以获得全国各省、市、县的人口资料，其中还包括年龄、性别、收入、婚姻状况等信息。

② 住房普查：按住房大小、居住人口、燃气类型、大家电数目和种类等信息可以帮助广告人员获得更多有用的信息。

③ 服务型行业普查：服务型行业普查按类别和地理区域对服务供应商实施调查，说明其销售情况、员工人数和经营单位数。

④ 交通状况普查：调查信息为小轿车、卡车和公共汽车这3种交通运输形式的使用状况。

⑤ 零售业普查：提供包括零售网点数目、零售总额和雇员人数在内的零售业详细信息。

⑥ 商业性全面调查：提供普通商业指标、房地产活动、商业价格、个人消费支出以及收入和雇员方面的信息。

3. 商业性内部资讯

专门的商业性数据公司可以为企业和广告人员提供各种有用的数据。这些公司多半着重调查有关普通消费者方面的信息。

案例

A.C. 尼尔森公司的调查人员从 1600 家日用品零售店、750 家药店和 150 家大众商品零售店中收集产品库存周转方面的数据；另外，零售价格、店内陈列以及地方性广告方面的信息也在他们收集之列。通过收集这些信息形成了 A.C. 尼尔森公司零售指数信息资源系统，它按照店铺类别和地理区域提供数据。

从这类公司获取信息的成本高于从政府渠道获取信息的成本，但与收集一级资讯相比，从商业性服务公司获取信息的成本仍然要低一些。

4. 专业出版物内部资讯

专业出版物是另一个获得重要二级资讯的渠道。刊登有营销和广告专业人员发表的、与行业动向有关或调查新发现的丰富信息的专业出版物可以为广告人员提供可供广告策划开展的有用数据。《广告时代》《广告周刊》《广告周刊亚洲版》《福布斯》《财富》等都是有用的营销或广告方面的专业出版物。另外，网络的发达为广告人员收集信息提供了又一渠道，广告主在寻找各种二级数据时，互联网可以成为他们最好的朋友。

第二节　广告策划信息的分析与决策

掌握了丰富的一级资讯和二级资讯以后，就该着手对得到的资料进行解读和分析了。广告调查获得的资讯尽管丰富但却零散，因此需要根据特定的营销目的和广告目的对所获得的数据进行深入解读。广告人员根据真实、完整的信息分析结果，才能制定可以有效打动目标消费者的广告策略。

一、广告信息分析

广告信息分析是基于广告调查的分析，应围绕企业的营销战略，针对企业内部环境和外部环境进行分析。

1. 企业内部环境分析

企业内部环境即企业本身的全部状况，包括企业的历史、技术水平、生产能力、管理水平、人员素质、新产品开发能力、现有产品的营销情况及企业文化等多个方面。广告环境对广告活动的开展影响巨大。对广告环境的分析，不仅要了解市场环境的现状，还要进行前景预测，要考虑到会影响广告策划活动开展的各种不可控因素。

（1）产品分析。

产品的供求关系直接影响企业产品的价格，产品的价格反过来又影响消费者的需求。在制定广告战略时，必须对产品的市场需求进行分析研究，力求调动、开发消费者的需求潜力，只有这样，才能把握市场发展的趋势。对产品的分析一方面要注意收集产品、劳务或竞争对手产品的相关资料，比如产品的性质、特征说明，产品的质量及形象介绍，主要产品情况，同类产品情况，近似产品情况，竞争对手产品的成本、品质、价格等。另一方面还要分析产品的供求关系和企业的产品方案，其中包括企业的产品政策、产品规划和生产经营计划、新产品开发计划和产品组合。产品策略的分析也是一个重要方面，其中包括产品的发展战略、市场扩展战略和市场渗透战略。

（2）企业文化分析。

麦道公司总裁说："作为公司的最高统帅，他们唯一的任务就是塑造本公司的文化。"企业文化是由企业的理念、精神、信仰、个性等多种因素形成的一种文化。作为广告战略的制定者，在对内部环境进行分析时，应该注意对企业文化的分析。在广告活动中，努力使广告迎合目标消费者的文化心理，使消费者在这种熟悉的文化氛围中能体会到归属感与温馨感，产生情感共鸣，这样目标消费者就会牢记本产品的广告，并对产品及其品牌产生认同感。每一个成功的企业都有其为人称道的企业文化，并致力于将企业文化融入产品之中。

案例

耐克将"体育、抗压、洒脱自由的运动员精神"当作自己的企业文化，并不断地通过专业而潮流的产品设计，通过"Just do it"的个性化口号的传播，通过专业打造品牌形象将生产线转包的方式，将该企业的文化内核植入消费者心中——穿耐克就是穿运动精神。

第二次世界大战之后，日本为了推动企业的发展，建立了以忠诚为核心的价值观念体系，正是这种企业文化模式，提高了日本企业的民族凝聚力。欧洲管理论坛基金会主席加瑞利博士认为，企业的成功不能仅用战略、产品或组织机构来解释，还要归功于企业发展的公司文化。也就是说，还要归功于全体职工所共同拥有的一套价值观念。

2. 企业外部环境分析

企业外部环境包括自然环境、政治环境、经济环境、技术环境、社会环境、市场环境、消费群体、竞争对手状况等。下面择要简述之。

（1）自然环境。

了解自然环境对广告活动的开展具有重要的意义。春季五颜六色，夏季清爽宜人，秋季格调雅致，冬季温暖贴心；不同气候地区的人们可能形成不同的心理，北方人喜大气，江南人则尚婉约，而这种心理因素或多或少会影响到他们的消费习惯。自然环境的影响有时比较隐蔽，但不应被忽视。

（2）政治环境。

政治环境是指国家的政治形势以及政策、方针、法令和法规。开展广告活动一定要熟知国家的现行政策法规，保证自己的广告活动在法律允许的范围内进行。

（3）经济环境。

经济环境包括工农业生产情况、自然资源情况、产业结构情况、国家投资情况、国内生产总值、消费水平等。不同的地区由于经济发展水平不一样，消费者的消费心理和消费习惯也呈现出很大的差异性。

（4）竞争对手状况。

知己知彼，百战不殆。对竞争对手状况的了解十分必要，这主要包括竞争对手的产品情况、竞争对手的信誉、竞争对手的广告宣传手段及策略、竞争对手的数目、竞争对手的媒体战略和广告表现战略。

在现今异常激烈的市场竞争状态下，每一个市场的开发都会马上吸引来大批的竞争者。同类产品有不同的品牌参与竞争。因此，无论是市场的领先者还是市场的跟进者，或是市场的挑战者，都需要了解和分析每一个存在的或潜在的竞争对手，从而制定出最有利于自己的战略决策。

除此以外，还有包括文化教育、宗教信仰、人口状况在内的社会环境、市场环境、消费者群体环境等。这些因素都不同程度地影响着广告战略的制定。

二、广告决策与计划

广告人员需要依据调查得来的信息和环境分析作出相应的决策，其中包括广告目标、广告定位、广告创意与表现、广告媒介选择、广告执行控制方法等，进而制作广告宣传计划，撰写《广告项目策划书》，为全面开展广告宣传实施制订计划。广告决策主要解决"做什么广告""为什么做广告""如何做广告"及"广告要达到的效果"等问题。

这一阶段的重要工作是对所得到的资料数据建立一个体系，按照重要程度或新旧程度分门别类。提出独特的卖点是最重要的一环。卖点是推销人员对顾客介绍商品的诉求点，是说服顾客选择你的产品的关键。卖点必须与消费者的利益紧密相连，并且是在与其他商品比较后，形成能给消费者更强烈印象的诉求点。在这一阶段得到的产品概念和定位或商品强有力的卖点，为走向下一个阶段迈出了关键的一步。卖点的确定帮助广告人员找到创作的方向。

思考与练习

1. 广告策划如何收集资料信息？

2. 广告策划的二级资讯包括哪些内容？

3. 影响广告分析与决策的关键因素有哪些？

第十章　广告目标确定和广告主题策划

□本章教学要求与目标

　　教学要求：使学生掌握广告目标的概念、作用，理解广告目标的金字塔体系，了解影响广告目标确定的因素并掌握确定广告目标的方式。

　　教学目标：加深学生对广告策划的整体理解，掌握确定广告目标的方法，为广告策划工作提供帮助。

□本章教学框架图

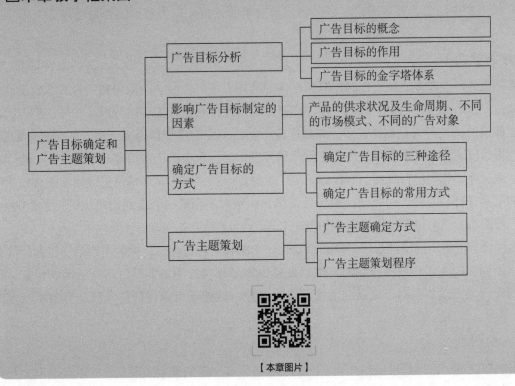

【本章图片】

第一节　广告目标分析

一、广告目标的概念

　　广告目标是指广告要达到什么目的，是进行广告策划时首先要解决的问题。广告目标是企业营销目标之一，它的确定必须同企业的整体营销目标一致。企业总体目标的实现，是以广告以及其他目标的实现为基础的。因此，广告目标既与广告调查分析中所确认的问题密切相关，又受到企业总体目标以及营销目标的制约与影响。

　　企业所确定的广告目标不是一成不变的。企业作为一个开放系统，无时无刻不在与外界环境进行物质与能量的交换，而其外界环境又经常处于客观的变化之中。正如党的二十大报告提出："必须坚持系统观念。万事万物是相互联系、相互依存的。只有用普遍联系的、全面系统的、发展变化的观点观察事物，才能把握事物发展规律。"因此，企业的总体经营目标也不可能固定不变，它必须为适应外界的变化进行不同程度的调整。企业广告目标的确定要与企业的总体目标随时保持一致，但也会因为各种情况的变化而作一些改变。例如，一种新产品刚刚投入市场时，为了尽可能开拓市场，广告便是以创牌为目标的，等到产品在市场上逐渐地走向成熟，同类产品的竞争对手充斥市场时，其广告目标就必须相应进行调整，从创牌的目标过渡到保牌的目标。

二、广告目标的作用

　　确定广告目标是广告规划的核心环节，企业在开展广告活动时，就以此来确定广告如何为本企业的利益服务，投入多少经费，如何确定广告主题以及效果的评价。广告目标的作用可以分为以下几个方面。

1. 协调宗旨作用

　　广告活动涉及的环节较多，从广告的预算到媒体的选择，从广告时空的策划到广告文本的设计，缺一不可。因此，广告活动与其他企业活动一样，需要靠协调来维系全部工作的开展。并且，广告活动的开展从头到尾涉及的机构与人员也比较多，如果广告活动由企业的广告部门来开展，则需要计划部门、财务部门、销售部门、公共关系部门的协助才能顺利开展。况且企业的广告活动规模比较大，除了涉及上述部门外，还必须同各类广告机构、广告公司、广告制作单位、广告媒介单位进行相互配合，才能保证广告活动的顺利进行。有时，还须同政府有关部门、竞争对手企业、公众利益组织进行关系的协调。由此可见，广告活动的整个运作过程都离不开协调工作。

　　那么，为保证广告活动的协调运转，就必须确定一个明确广告目标，以此为主线来连接和指导各方面的工作，当不同部门在工作中有分歧时，也以此目标为基础与准则来调整。广告活动的计划、行动都以此为准则进行，出现偏差时，也以此为宗旨进行调整，这样就可以保证广告活动有条不紊地开展下去。

2. 决策准则作用

　　广告工作本身就是一系列的决策和行动，决策过程必须有一定的准则来限制，并以此准则来判断决策的正确与否，广告目标的确定为广告决策提供了这一准则。广告目标是整个广告活动的核心，整个广告的策划工作，都将以广告目标为中心，确定出一整套目标体系，如媒介选择目标、广告主题目标、广告效果评价目标等。每确定一个具体的目标，就是对一个具体的工作步骤进行一次决策。而每一项决策又是以总体的广告目标为准则，如果缺少这一准则，决策便难以顺利进行；如果这一准则错误，将导致整个决策的全盘错误。所以，正确的广告目标，是保证整个广告活动正确、有效开展的先决条件。

3. 评价依据作用

对广告活动效果的评价，是广告活动的终结，是广告管理活动从低水平向高水平转变的标志，企业往往可以通过对广告活动效果的评价，总结经验，吸取教训。而进行效果评价必须有一定的依据，广告目标是广告活动要达到的最终目的，对广告效果的评价，就是以是否完成广告目标的要求为依据。如果没有一个明确的广告目标，就无法评价广告活动达到了什么效果。

广告目标的协调宗旨作用、决策准则作用、评价依据作用是紧密相连的。协调宗旨作用是从横向的方面控制广告活动的开展；而决策准则作用是从纵向的方面控制广告活动的进行；评价依据作用，是对广告的总体效果进行有效的控制。所以，广告目标的作用贯穿于广告活动的始终，指导广告活动各个环节工作的顺利开展。

三、广告目标的金字塔体系

1. 广告目标与广告金字塔

在确定广告目标之前，必须知道广告能够做什么。多数广告活动都鼓励潜在消费者采取一定的行动，但就此将销售的目标加于广告并不现实。因为实际销售成果的获得由很多营销因素构成，广告只是其中的一个部分。这就要求我们在确定广告目标的时候，应当根据实际可以完成的任务进行确定。

从不同的角度或不同的方面着眼，广告目标可进行不同的分类。

按目标的不同层次可分为总目标和分目标，总目标是全局性和总体性的广告目标，而分目标则是总目标的具体的地区目标和阶段目标。小米的品牌宣言是"为发烧而生"，意思是用热爱者的要求去做产品，做出让广大消费者为之惊叹的产品。其全局目标是"让每个人都能享受科技的乐趣"，提高品牌的知名度和记忆度，并提升产品销量，以推动品牌走向成熟。另外，小米在不同阶段有不同的阶段目标，在电视剧《安家》热播期间，小米的阶段目标是：增加曝光度以培育品牌知名度和认可度，最后小米手机作为该剧的植入式广告取得了高频率的曝光度而达到了该阶段"重点记忆品牌"的阶段目标。

按目标的重要程度可分为主要目标和次要目标，主要目标是涉及广告运作全局的、长期的战略目标，次要目标是在主要目标的实现过程中附带的目标。

此外，还可以从时间上分为长远目标与短期目标，从内容上可以分为商品目标、企业目标、观念目标等。比如，联想的全局目标和长期目标是"做世界顶级的计算机生产商"，而短期目标则根据企业发展的阶段而向前推进，先做"中国顶级"，再做"亚洲顶级"，最后才一步一步地走向"世界顶级"。每一个短期目标都是全局目标得以实现的重要积累。

概而言之，广告目标大体上可以分为行动目标和传播目标。在确定目标时，必须牢记这条简单的格言——"营销是卖，广告是讲"。换句话说，广告目标主要是传播目标，即传播效果的获得。

从广告所能达到的效果而言，我们可以借用广告金字塔来作为目标确定指南（图10-1）。

广告金字塔很形象地描绘了广告对于大批受众的作用过程，从中可以看出，在宣传一个新品牌、推出一个新产品的时候，与知晓产品的大量人数相比，最终被打动并采取行动的人数实际上很少。

假设你要宣传一个新品牌，那么很显然潜在的顾客或者说目标市场的消费者对于此品牌的产品一无所知。要达到营销目标，促使目标消费者能够采取行动，广告的目标一般必须经过知晓、理解、信服、欲望直到行动这几个步骤。要想使广告一开始就能达到促进购买的效果，几乎是不太可能的。

图10-1　广告金字塔

因此，广告的首要目标就应该是创造品牌的知名度，让消费者记住你的公司、产品、服务或者品牌。下一个任务就是要促进理解，即传递充分的产品信息，使目标消费者认识到产品的功用、形象、位置和某种特点。随后广告就要传递足够的信息让人信服，即说服一定数量的人相信产品的价值，期望得到这个产品。最后，在期望得到这个产品的人中又有一部分人采取了行动。

广告金字塔的作用表现在3个方面：时间、资金和人。广告结果的体现需要时间，特别是较为昂贵或购买频率低的产品。经过一段时间，随着企业不断发布广告，知晓产品的人会越来越多。了解产品、信任产品、期望产品的人越多，最终采取行动购买产品的人也越多。

案例

小米是一家专注于智能硬件和电子产品研发的移动互联网公司，也是一家专注于高端智能手机、互联网电视以及智能家居生态链的创新型科技公司，是继苹果、三星、华为之后第4家拥有手机芯片自研能力的科技公司。

小米公司从零起步到千亿元营业额仅花费了短短7年时间。

小米通过开设论坛稳定消费者。利用微博庞大的关注人群做快速的、有感染力的宣传，通过点赞、转发激发新用户"直销"品牌。

让上述"知晓"人群知道小米公司是"和用户交朋友，做用户心中最酷的公司"，小米的产品是"感动人心、价格厚道"的好产品。

让2/3的"知情"人群相信小米是聚焦用户需求的产品，它配置高、价格低。

在"信服"人群中，激发2/3的人产生购买欲望。

促使2/3的"期望"人群光顾小米经销店试用产品。

这些广告目标在时间和程度上都很具体，像营销目标一样进行了量化，从理论上讲，在第一年的年底，消费者态度调查可以表明有多少人知道小米手机、多少人了解品牌的主要性能等。因此，可以测定广告的效果。

当然，广告金字塔只是表明了大多数消费者购买商品之前的一个认知和行动的过程，针对消费者个体而言，并不是每一位消费者都会经历知晓、理解、信服、欲望、行动这 5 个阶段，比如一些冲动型消费者也许只经历行动——感觉——认知的过程；针对产品而言，也并不是每种产品都会让消费者经历这 5 个阶段，一些大件消费品、贵重物品，需要消费者仔细斟酌，经历 5 个阶段是很正常的，但是一些日常用品或一次性用品，就不会让消费者如此花费心思了。

2. 广告目标的金字塔体系

可以用来衡量广告目标的传播反应指标大致有以下几个。

（1）注意率。注意率等于某地看到或者听到广告的人数与某地被调查的人数之比，表明某地接触到广告的人口比率，但并不等同于理解了广告内容的人口比率。

（2）认知率。认知率即理解了广告内容的人数与看到或听到广告的人数之比，表明看懂广告内容的人口比率，如果看到或听到广告却不明白广告的内容，不仅不会鼓励购买，反而会使消费者对企业和产品产生反感。

（3）接受率。接受率即认可广告诉求和广告内容的人数与理解了广告内容的人数之比。接受率是消费者对广告的认可程度，理解了广告内容但对内容不认同或者反感，是不会导致购买行为的。

（4）回忆率。回忆率即能够回忆起广告诉求和广告内容的人数与认可广告内容的人数之比。回忆率是消费者对广告内容的记忆程度。虽然相信广告的商品，但是在对它产生需求时，却想不起该产品的信息或没有记忆，则很难引起下一阶段的反应。

（5）意向率。意向率即产生强烈拥有该产品的心理冲动的人数与能够回忆起广告诉求和广告内容的人数之比。意向率指保留了广告记忆、有购买欲望或意向的人数比率。

（6）购买率。购买率即购买产品的人数与产生强烈拥有该产品的心理冲动的人数之比。

（7）满意率。满意率即使用产品满意的人数与购买产品的人数之比。

上述指标是用来衡量和表征广告传播的 7 个反应阶段的，这 7 个反应阶段代表大多数产品在营销中广告起作用的 7 个步骤，符合人类作为信息接收者的行为规律。如果把每一个反应指标都作为一个广告目标，那么它们相互影响、相互制约形成一个广告目标体系。从量化的目标体系来看，从注意率到理解率直至满意率，广告传播效果是递减的，形成了广告传播目标的倒金字塔（图 10-2）。

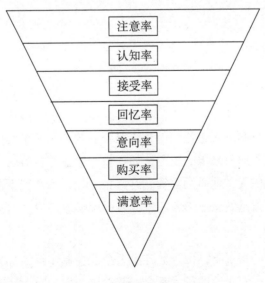

图 10-2　广告传播目标的倒金字塔

第二节 影响广告目标确定的因素

广告目标受多种因素影响，要科学、合理地确定广告目标，需要系统地分析各种与广告目标有关的因素。这些因素如下。

针对企业不同的经营战略，要确定不同的广告目标。如扩大市场占有率、与竞争对手相抗衡、建立良好的商品形象、建立良好的企业形象等。在不同经营战略的统领下，各种经营环节的策略和目标是不同的，它们都将直接影响广告在这个系统中应起的作用。若奥克斯空调的经营目标是挑战格力、美的等一线品牌来扩大市场占有率，那么它的广告目标应该是通过对促销信息的传播而达到提升终端市场占有率。而假如奥克斯空调的经营目标是品牌形象提升，从二线空调生产商跻身一线品牌的行列，那么奥克斯空调的广告目标则变更为通过品牌形象信息的传播，提升品牌的内涵价值。同时，经营战略也决定了广告的长期目标与短期目标。如商品促销广告通常能在短期内见效，而建立商品或企业形象，一般需要较长的时间才能见效。

一、产品的供求状况及生命周期

产品处于不同的供求状况下，广告目标是不同的。在产品供不应求的条件下，应把广告目标定在建立或进一步巩固企业与品牌形象上；同时，这也是带动系列产品销售的极好时机。虽然现代市场已经发展成为一个普遍供过于求的市场，但是供不应求的产品同样存在，比如劳斯莱斯轿车。因为劳斯莱斯轿车专业的客户评估认证体系而提升了其价值层次，使得消费者对劳斯莱斯轿车不仅仅是一种喜爱，而存在着一种尊敬。所以劳斯莱斯轿车的广告目标就是在消费者心中植入"劳斯莱斯只给有资格拥有劳斯莱斯的人"这样独特的产品价值感。供过于求的情况往往比较复杂，其原因有多个方面，包括宏观方面、企业自身、商品方面、渠道方面、促销方面等。在这种情况下，应先确定产品滞销的原因，然后确定广告目标。在供求平衡的情况下，广告一般以考虑其他影响因素为主。

在产品生命周期的不同阶段，广告目标也是不同的。在成长期，广告目标是传播产品信息，对产品进行准确定位，塑造品牌形象；在成熟期，广告目标是保证产品的位置不被夺走，保证已有的市场份额；在衰退期，广告是一种维持性的工作，广告的目标是尽量延缓商品销售量的下降幅度，为企业进行产品的更新换代赢得时机。

二、不同的市场模式

1. 纯粹的市场模式

这是指：第一，一个行业只有一家企业，而且这家企业的产品又是其他企业产品所不能替代的，如自来水、电力等；第二，垄断了原料来源的企业，如钢铁、铝业等；第三，拥有专利权的企业及声誉极高、技术精湛的企业，如航空航天、地质勘察等。这些企业在很多情况下是不需要做广告的，即便做广告，其目标也比较特殊，大多数是做企业形象广告或者品牌形象广告。

2. 寡头垄断的市场模式

这是指在存在大量消费者的情况下，由少数几家大企业控制了绝大部分产品的生产量和销售量。在这种竞争激烈的条件下，任何一家企业的行为都会对其他企业发生重大影响，一家企业行为发生变化必然迫使其他几家企业作出相应的反应。这种模式下主要竞争手段是非价格的竞争，如质量、性能、功能及服务等。

案例

在饮料行业中的可乐市场，基本上是由"可口可乐"和"百事可乐"这两家公司所垄断的。这两家公司在不断的相互竞争中提升自己的品质和品牌内涵，最后取得双赢的发展，也促使可乐饮料市场不断地进行开发和升级。它们的竞争不是价格竞争，而是一种精神的竞争。在非价格竞争中，广告是一种极其重要的手段。两家可乐公司就是通过广告创意将企业的不同精神传达给不同消费者，从而进行可乐市场的切割和占有。因此，如何针对竞争对手及消费者的情况认真确定广告目标，如何通过广告为品牌确立理想的定位，就显得特别重要。

3. 垄断性竞争的市场模式

这是指在一个行业中有许多企业生产或销售同类商品，每个企业的产量或销量只占市场供给量的一小部分。在这种情况下，虽然同行企业很多，但每一个企业无论是在产品价格和质量上，还是在服务方式或企业的地理位置上，都存在着这样那样的差别。虽然这些企业的产品或服务有很大的替代性，但是由于这类行业进出容易、消费数量大，所以价格竞争对企业的影响并不会很大。在这种情况下，广告对于企业扩大市场占有率、维持老顾客、发掘潜在顾客方面有重要作用。在这种市场条件下，还没有明显的"领导者"，所以，市场定位的空隙很大，具有分散性的特点。因此，广告在提高企业或产品的知名度、建立熟悉感、让更多的消费者认知方面，具有十分重要的作用。

三、不同的广告对象

广告的目标受众并不一定是最终消费者，而广告的出发点和落脚点却都是最终消费者。因此，最终消费者行为分析是确定广告目标的基石。

企业、产品、服务在市场上面对的顾客群可以分为三大类，EON 顾客群体分类模型图如图 10-3 所示。

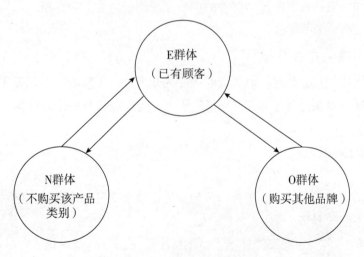

图 10-3　EON 顾客群体分类模型图

E 群体是现在购买本品牌的顾客，他们中的一些人是品牌忠诚者，只购买本品牌；更多的是品牌认可者，同时也购买其他品牌。O 群体是那些购买其他品牌但不购买本品牌的人，其中一些人是某品牌的忠诚者，另一些人则可能购买其他不同的品牌，但都不购买本品牌。N 群体是不购买该产品类别的人群，他们不仅不购买该品牌，而且也不购买该类别的产品。

正因如此，当我们面对 E 群体时，广告目标应该是采用新技术、新手段以及价格竞争策略，以巩固、增加需求份额，建立品牌忠诚度；当我们面对 O 群体时，广告目标应该是建立品牌认可度及忠诚度；当我们面对 N 群体时，应当开发适合他们的新产品，以此吸引他们，达到扩大市场占有率的目的。

第三节　确定广告目标的方式

一、确定广告目标的3种途径

1. 以产品销售情况来确定广告目标

广告主可以根据产品的销售情况（产品的销售数量或销售金额）来确定广告目标，但这种确定目标的方式必须建立在广告是能够促使产品销量增加的唯一方式这个大前提下。这种广告目标确定方式的优点在于比较简单、容易，而不足之处则是在某些特定情况下难以据此来确定目标。比如，某一空调企业计划在 9 月于某一地区投入 160 万元的广告费，如果销售额增加 8%~13%，该企业将继续提升销售额作为广告目标而进行促销型广告投放；如果销售量增加 13%~20%，该企业则可能凭借经验断定已经达到最高销售高峰而会逐步缩小该市场的广告投放规模。

2. 以消费者的消费行为来确定广告目标

在无法根据产品销售情况来确定广告目标的情况下，广告主可以选择根据消费者的消费行为来确定广告目标，传播不同的广告诉求。由于可以根据消费者消费行为的不同来作为衡量广告效果的依据，那么，由广告效果所产生的消费者消费行为差异也可作为广告主确定广告目标的依据。在日用品市场，高端消费者注重品质和品牌，中端消费者注重价格和品牌，而低端消费者则只重视价格。那么，就有必要根据目标消费群的消费需求来确定广告目标。就宝洁公司的产品线而言，针对高端消费者的广告作品则强调品质和形象，比如沙宣；针对中端消费者的广告作品则强调功效和形象，比如潘婷；针对低端消费者的广告作品则强调价格，如飘柔。

3. 以传播效果来确定广告目标

以传播效果来确定广告目标就是以消费者对产品的知名度、了解程度、偏爱程度或其他心理效果作为测定广告效果的依据。由此而测定的结果便是广告主确定广告目标的主要依据。

二、确定广告目标的常用方式

广告目标的确定虽然说从整体上有销售、行为及传播效果 3 种基本途径，但对如何表达广告目标并测定其效果则有几种不同的看法。

早在 20 世纪 20 年代，广告专家就提出了 AIDMA 理论。这一理论认为，从广告被刊登出来到引起媒体受众注意并最终诱使其产生购买行为，一般要经历 5 个阶段：引起注意（Attenion）、提起兴趣（Interest）、激起欲望（Desire）、促使记忆加深印象（Memory）及产生购买行为（Action）等。后来有些社会学家又提出分级模式，认为消费者在实施购买之前要经过知晓、感兴趣、评价、试用和采用 5 个阶段。随后，美国著名社会心理学家罗伯特·赖维奇和盖瑞·斯坦纳又提出了"6 级模式"，即消费者达到交易行为要经过知晓、认识、喜欢、偏爱、确信和购买 6 个阶段。

1961 年，美国广告专家 R.H. 科利为美国广告协会撰写了《制定广告目标以测定广告效果》一文，提出了 DACMAR 广告目标模式，至今影响深远。

科利认为，广告活动是一项在特定时期内向特定目标市场传播信息的工作或任务。因此 DAGMAR 模式主张用广告传播效果作为广告目标及测定广告的基础，以传播效果作为衡量广告是否合理的基础。由此，广告效果可以被细分为 5 个部分，即不知晓、知晓、了解、信任和行动（这也是根据消费者从知晓到行动的改变来界定的），相应形成 5 个广告目标。通过将上述 5 个广告目标用百分比加以显化，就可有效地衡量广告策划活动的效果。

案例

美国爱克姆制鞋公司采用 DAGMAR 模式，对其休闲鞋上市前的第一年广告目标拟定如下。

（1）通过广告宣传使每年 1000 万名年龄在 15～49 岁的女式休闲鞋消费者中的 25% 知晓爱克姆品牌；

（2）努力使知晓爱克姆品牌的消费者中的 50% 了解爱克姆休闲鞋是高档鞋，只有档次较高的零售商店才销售；

（3）使了解爱克姆休闲鞋的消费者中的 50% 相信该品牌高质高价，穿着轻便舒适，款式新颖；

（4）促使相信爱克姆休闲鞋的消费者中的 50% 试买一双；

（5）促使有意购买爱克姆休闲鞋的消费者中的 50% 真正采取行动完成交易行为。

由此可见，上述广告目标已明确化、具体化、数量化，这不仅为广告策划指明了方向，也为广告效果测定提供了有效的依据。

第四节　广告主题策划

一、广告主题确定方式

所谓广告主题就是一则广告要向消费者传达的主要信息或核心概念。广告主题要突出产品或企业所能给予消费者的利益。广告主题要因不同性质的产品、市场需要的变化以及消费者的差异而精心谋划，有所侧重。确定广告主题的方式以下几种。

1. 以产品的不同性质确定主题

不同性质的产品都有其特定的销售对象，因此必须把不同产品的目标市场同多种多样的消费者利益结合起来考虑。在做生产资料、工业用品和中、高档耐用生活消费品的广告时，其广告主题应放在突出产品的可靠性上，其重点应是宣传产品的性能、质量、商标的权威性，以及企业向消费者提供售后服务的能力（包括服务网点的多少、服务队伍的大小、服务技术的高低等）。

徐州重工集团的广告主题是"徐工徐工，助您成功"，海尔集团强调服务的广告主题则是"真诚到永远"等。在做日用消费品，特别是化妆品、服装和时尚产品广告时，则应以宣传产品的社会价值为主题。以国内运动品牌为例，李宁的广告主题是"一切皆有可能"，安踏的广告主题则是"永不止步"和"越磨砺，越光芒"，361° 运动品牌的广告主题是"多一度热情"。这些品牌的广告主题所强调的都是一种运动不止的精神和激情。

2. 以消费心理确定主题

要深入地研究、掌握消费者的消费心理，善于去激发它、满足它。首先要向消费者宣传产品的独特之处，避免选用竞争对手以前采用过的主题。要想引起消费者的兴趣，就必须强调说明该产品的独特之处。例如，要在宣传中强调产品或者服务的这些特点与消费者的关系，对他们有何益处，比竞争企业的同类产品又有什么长处，等等。人们常常要买的不是产品本身，而是产品给其带来的信念感受和价值标准。在确定广告主题时，要从消费心理上牢牢抓住消费者。

海尔集团的"真诚到永远"抓住的就是消费者希望家电产品售后服务良好的心理，华为手机抓住的就是年轻人追求时尚潮流的心理，而小米手机抓住的则是中低端消费者追求高性价比、个性化的心理。只要产品成功地抓住了消费者诸多心理中的一点，那么这一点就会成为产品进行市场区隔的保护伞。

3. 以商标作为宣传主题

这种宣传对消费者的满足往往并非实体的满足，而是心理上、感情上的满足。商标是一个企业或一种产品的质量、特点的重要标志。每当有众多的同类产品同时出现在消费者面前任其选购的时候，消费者在一时还并不清楚每种产品的质量时，往往会凭着对商标的信任来选购产品。这时，商标就对产品的销售起了很重要的作用。因此，企业必须用自己的高质量去创名牌，同时也要利用广告的形式对本企业商标进行宣传。消费者对某种产品的商标信得过了，就会形成购买习惯，并得到心理上的满足。

在选择广告主题时，广告策划者还要注意广告主题最好只强调一种消费利益，这样针对性强，易于吸引潜在消费者的注意力。这样就能使广告主题明确。所以，广告主题应从整体计划考虑，而不是一次设计，一成不变。缺乏新的主题，不仅不能吸引新顾客，而且还会失去老顾客。

二、广告主题策划程序

广告主题是根据广告目标所提炼的能够达到广告诉求目标的最直接的表达，是广告运作的中心和灵魂。广告主题的策划像一根红线贯穿在整个广告运动之中，它对整个广告活动具有统率作用。

1. 认识广告主题构成要素

广告主题由三大要素构成，即广告目标、信息个性和消费心理。提炼广告主题，必须以广告目标为依据，针对要达成的广告目标而提出广告诉求。广告目标融入广告活动并获得其实现的可能性，必须借助于广告主题。只有将广告目标融入广告主题，成为广告主题的构成要素时，广告目标才能与广告效果产生真正的联系。在这个意义上，广告主题应该能够反映广告目标，因而必须包含这个要素。

信息个性是指广告所宣传的产品、企业或观念与众不同的特点，是跟其他同类产品相比较而突出显示的区别性特点。信息个性也就是广告诉求焦点，是提出广告主题的依据。信息个性可以从自然特点所显示的个性或者是由社会特点而显示的个性这两个方面去识别和挖掘。由自然特点所显示的个性，包括原料的品质、产地、历史、制造方法、技术、设备、工艺水平、卫生条件、生产规模、产品形状、视觉印象、听觉印象、触觉印象、使用寿命、用途、用法、方便程度、节约程度、包装、用户评价、服务情况、构造、品质、保险范围、价值情况等。由社会特点而显示的个性，包括商品的经历、用户的构成、社会的评价、同类产品竞争状况、消费者对产品的态度、使用上的意趣、所代表的地位与身份象征，以及企业的规模、历史、声誉等。

在消费心理要素方面，广告主题必须选择适应消费者心理的诉求方式。广告整体只有融入了消费者的心理因素，才能使广告诉求适应消费者的心理诉求，才能使广告宣传深入人们的生活，使消费者从广告主题中切身体会到广告产品跟他们的利益密切相关，由此使广告主题与消费者产生心理共鸣，产生诉求力量。

广告主题策划的第一步就是确认广告主题这三大构成要素，从广告目标、信息个性、消费心理3个方面来提炼广告主题，力求使广告主题不仅符合广告目标的要求，而且符合人们的消费心理，便于接受，同时具有明确而独特的信息个性。

2. 挖掘各要素的融合点

在确定广告主题的三大构成要素之后，要注意挖掘各要素之间的融合点，即寻找共同点。所谓共同的东西，是指各种要素中所表现出的基本观念的交叉点。因为每个要素的特点可能有很多，但它们分别是从企业观念、商品观念和消费者观念中抽取出来的，各个要素的特点具有抽象性。而企业、商品和消费者之间又存在着必然的联系，这样就能从各个构成要素中提炼出它们抽象性观念的交叉点，只要找出这种交叉点，就能找出可以将它们融合为一体的基本观念，这一基本观念即构成广告的中心思想，广告的主题也由此而得到确定。

3. 正确处理企业与消费者利益的关系

挖掘广告主题必须把消费者作为中心角色，只有使广告主题符合消费者某一方面的心理需求，才能打动消费者，获得广告效果。但是，在广告主题的确定过程中，又必须在实质上优先考虑企业的销售利益。从表面看来，一种产品既要为企业盈利，又要能够为消费者带来实际利益，这看起来似乎矛盾，实则统一，因为只有满足了消费者的利益需求，才能扩大企业销售，使企业获利。明确这一点就可以在确定广告主题时，正确处理企业与消费者的利益关系。进行广告整体策划时一定要注意消费者的切身利益，一定要明确可给消费者带来哪些物质方面或精神方面的利益。

4. 广告主题的调整

广告主题初步确定后，需要动用策划小组共同的智慧对其进行评价和调整。一旦确定，就不能轻易改变，这是基本原则。但是当客观情况发生变化时，必须根据已经变化的情况对广告主题作出适当的调整。这种调整可以增加广告主题的适应性，而不会损害广告主题的稳定性。在遇到重大的社会事件和政治事件时，企业应该因势利导地进行广告主题的适当调整，而这种灵活的调整往往能够收到意想不到的效果。

另外，广告主题的三大构成要素也是可能变化的。产品定位发生变化，广告目标必然也会变化；消费者对广告产生的情感也可能发生变化，有时"情有独钟"，但不能保证"从一而终"，这时消费心理因素随之变化，消费者关心的点发生转移。诸如上述这些构成要素的变化，必然会打破广告主题三大构成要素的和谐统一，因而这时也需要对广告主题进行适当调整。

案例

小红书是一个以生活为区块，以客户自主为链条的类似区块链的社交消费软件。以用户原创内容业务吸引相似爱好的消费者为宣传手段，通过用户自主分享和推广，为小红书吸引了一大批粉丝，体现了众包时代的宣传优势。小红书以自营及第三方电商平台为盈利手段，使其能在短时间内瓜分淘宝、天猫、京东的市场，并填充了海外购物攻略的市场空白，为用户提供保税服务，实现与用户的双赢。

小红书能在淘宝、天猫、京东等购物平台的激烈角逐中占领一席之地，最主要的因素来自它兼具分享与购物的功能的创新。在小红书上，用户在消费物品之外，更注重消费体验的分享，让口碑成为品牌升级的驱动力，也让内容"种草"成为流行。

5. 防止两种错误倾向

在广告主题策划中容易出现两种失误：一种是广告主题的同一化，另一种是广告主题的分散化。

广告主题的同一化是指广告主题没有显著性和独到之处，这种失误不仅在同类产品广告中出现，而且也在不同类产品的广告中出现。广告主题策划者或者进行仿效，或者只作一般化的考虑，致使所确定的广告主题与其他广告主题差别甚微，没有特色，不能给人们留下独特的印象，因而消费者在购买时选择商品也无意比较鉴别。

广告主题的分散化是指广告主题策划过程中一直不能形成一种集中的、明确的中心思想，一个广告主题所体现的主张太多，品牌个性不集中，结果传播的信息量太大，消费者不易接收，有时还会对消费者产生误导。产生这种失误的原因主要有两个：一个是策划者对于信息个性把握不准，或根本就没有掌握诉求焦点；另一个是策划者水平有限，无力对构成要素的融合点进行挖掘。对于上述可能发生的两种失误，广告主题策划者应提高警惕。

感性消费产品如化妆品、服饰产品、文化用品的广告主题尤其要注意避免广告主题的分散化。以"完美日记"和"至本"为例，"完美日记"的广告主题是色彩和彩妆，而"至本"的广告主题则是护肤，这样两种品牌都获得了不俗的成绩。但是试想一下，如果这两者都既做彩妆又做护肤，消费者就会对其专业度产生怀疑，而最后导致品牌个性的丧失。

思考与练习

1. 怎样确定广告目标?
2. 影响广告策划目标的因素有哪些?
3. 如何确定广告主题?

第十一章 广告创意设计：文案与表现

□本章教学要求与目标

　　教学要求：通过对经典文案的系统性分析，使学生能把握广告文案写作的要求和注意事项，以及如何选择合适的广告表现形式。

　　教学目标：培养学生独立完成广告文案的写作能力。

□本章教学框架图

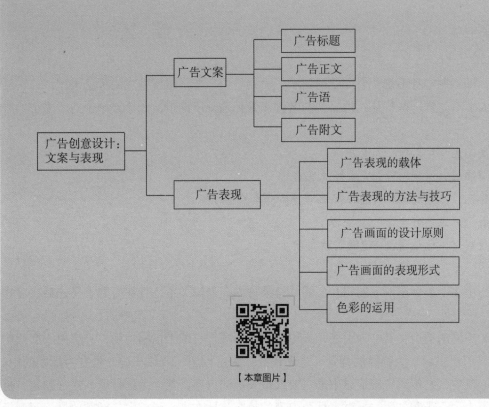

【本章图片】

广告策划的焦点是形成生动、形象、具体的广告作品，广告创意设计是广告运动中最具现实意义的一项工作。广告作品的构成要素有文字、音响、图画等。这些因素只有通过媒介传播，我们才能看到鲜活的广告，实现传播目的。

第一节　广告文案

广告文案又称广告文稿，即广告作品中的语言、文字部分。在不同的媒体广告作品中，其存在形式有所不同：印刷型广告，用印刷文字；电子型广告，用语言和音像文字；招贴海报和路牌广告，用书写文字。

广告文案一般由广告标题、广告正文、广告语和广告附文4个部分组成，但并不是每一个广告都需要全部具有这4个部分的内容，在绝大多数情况下，只由其中的一个或几个要素构成，甚至几个要素合而为一。所以，在创作广告文案时，不存在固定的写作模式，而是灵活多变的。

一、广告标题

广告标题是整个广告文案乃至整个广告作品的总题目。它是整个广告最重要的内容，将广告中最重要、最吸引人的信息进行富于创意性的表现，以吸引受众对广告的注意力，从而关注广告正文。广告大师奥格威通过多年的广告实践指出："65%的人只注意广告标题。"

人们在进行无目的的阅读时，对报纸、杂志、互联网等选择性、主动性强的媒介，标题的关注率相当高。因此，广告标题在广告文案中起着重要的作用，这些作用表现为提供信息、诱导阅读、促使联想、唤起购买。

1.标题的结构形式

（1）简式结构。

所谓简式结构，即标题本身不是一个完整的句子，而只是由一个词组所构成的标题类型。这种结构类型的广告标题，大多有这样一些特征：用品牌的名称作为标题，用词组、成语或单个句子来描绘产品的特性等。

单词式：为发烧而生（小米手机）

词组式：三千烦恼丝，健康新开始（潘婷洗发水）

成语式：得意非凡，三星海霸（三星海霸豪华型面包车广告）

句子式：小红书，记录美好生活的小秘密

　　　　巴黎欧莱雅，你值得拥有（欧莱雅集团）

（2）复式结构。

复式结构标题指由多个单标题形成的相互之间具有某种内在逻辑关系，且在排列上呈先后次序排列的标题结构。

复式结构有3种不同的类型：其一为引题，又称肩题或眉题，它位于正题之前，一般用于交代广告信息的背景或原因，引出主题，为其提供背景、悬念；其二为主标题，或称正题，是复合标题的中心，在位置上也居于中心位置，它传达广告信息中最主要或最关键的内容；其三为副标题，或称副题，是附加的小标题，在位置上居于正题之后，是对主标题内容的补充或旨在进一步扩大主标题效果，起到标题与正文之间的过渡作用。其组合一般有以下3种形式。

第一，正题＋副题。

例如：

999 感冒灵胶囊颗粒 (正题)

中西结合，全面治疗感冒，疗效不打折 (副题)

第二，引题＋正题。

例如：

友邦分红养老保险 (引题)

养老多有收获，分享丰收硕果 (正题)

第三，引题＋正题＋副题。

例如：

万科城市花园告诉您 (引题)

不要把所有的鸡蛋都放在同一个篮子里 (正题)

购买富有增值潜力的物业，您明智而深远的选择 (副题)

2. 标题的表现类型

标题的表现，没有一定的模式，表现出复杂的形式。但是，它们都是借助不同的文体表现技巧，如文学、论文、修辞等来进行设计的。主要有下列几种形式。

(1) 话语式。

这种类型的标题在广播、电视广告中比较常见，一般设置一定的生活场景、工作场景、学习场景，编成一个小故事，情节也不复杂，利用主人公之口进行叙述、解释或说明，用主人公所讲的话语来传达产品的功效。

例如：

味道好极了！（雀巢咖啡）

喝了娃哈哈，吃饭就是香。（娃哈哈）

话语式标题以消费者的利益为诉求点，以消费者对广告产品亲身体验过的口吻来诉说自己对它的喜爱之情，给人的感觉既亲切又可信。

(2) 引用式。

这种类型的标题是将古今文化的精髓，如诗词、谚语、成语等和流行歌曲、流行语、网络语言加以引用或改动而创意出来的。

例如：

不在乎天长地久，只在乎曾经拥有。（铁达时手表广告）

钻石恒久远，一颗永流传。（钻石广告）

举杯邀明月，对饮成三人。（酒广告）

引用式的标题饶有风趣，易于流行，构思巧妙，传播效果明显，具有意境悠远、富有节奏的特点，能成为广为传诵的经典性标题。

(3) 记事式。

这种类型的标题直截了当，简明扼要，严肃而不加修饰。

例如：

娃哈哈，让你快乐每一天。（娃哈哈广告）

多锌多钙，天生可爱。（娃哈哈广告）

坐红旗车，走中国路。（红旗轿车）

（4）悬念式。

在广告文案中，那些能唤起消费者某种期待，激发他们产生刨根问底的强烈兴趣的标题就是悬念式标题。例如，三阳摩托车做过一个非常成功的悬念式系列广告：

第一天的标题——

今天不要买摩托车。请您稍候6天。买摩托车您必须慎重考虑。有一部意想不到的好车，就要来了。

第二天的标题——

今天不要买摩托车。请您稍候5天。买摩托车您必须慎重考虑。有一部意想不到的好车，就要来了。

第三天的标题——

今天不要买摩托车。请您再稍候4天。买摩托车您必须慎重考虑。有一部意想不到的好车，就要来了。

第四天的标题——

请再稍候3天。要买摩托车，您必须考虑到外形、耗油量、马力、耐用度等。有一部与众不同的好车，就要来了。

第五天的标题——

让您久候的这部外形、动力、耐用度、省油都能令您满意的野狼125摩托车，就要来了，烦您再稍候两天。

第六天的标题——

对不起，让您久候的三阳野狼125摩托车，明天就要来了。

从上面的例子来看，三阳野狼125摩托车系列报纸广告标题，堪称悬念式标题的经典之作，它以系列广告文案的形式呈现，在同一媒体上连登6天，将受众的期待逐日增强，使受众产生好奇心，想揭开它神秘的面纱，急盼见到那辆"意想不到的好车""与众不同的好车"。这则广告采用欲擒故纵的方式，以异乎寻常的词语开头，产生意想不到的效果。

（5）说明式。

说明式标题就是对产品、服务或广告本身进行具体的解释和说明。由于这类标题内容较多，一般选用报纸版面和杂志版面。很多对人们的生命、财产有重大影响的产品，都采用这类标题，如药品、保险品、化妆品等。

例如：

白天吃白片不瞌睡，晚上吃黑片睡得香。（白加黑感冒药广告）

为生命服务——中国人寿保险。（人寿保险广告）

白大夫，就是让你白。（化妆品广告）

（6）描写式。

描写式标题就是对一种商品或服务的功能、特点及其他方面进行描绘，从而使人们获得生动但又合乎逻辑的印象。

例如：

有些臀部有吸引力，有些臀部呃……有地心引力。（蒂芭蕾，塑身美体篇）

（7）故事式。

故事式标题是指标题本身就是文案中所详细表达的故事的一个梗概，或者是正文的核心主题。

例如：

你本来就很美。（自然堂）

（8）新闻式。

新闻式标题有点类似于新闻报道的标题，能够吸引受众的注意，引起他们的关注，它是以报道的方式向消费者提供广告信息。

例如：

充满人情味，服务态度最佳的银行。（恒生银行广告）

在使用新闻式标题时，要注意：第一，标题中的人物、时间、地点等广告信息，一定要符合新闻的"五 W"原则，不能陈述任何虚假信息；第二，在写法方面要类似于新闻报道的风格，符合新闻式标题的要求；第三，新闻式标题不能随便用，一般是某一领域有传播价值的东西，才会产生传播效果。

3. 标题写作的方法

广告标题的首要特征就是引起人们的注意。一般来说，人们在读广告时，最先接触到的就是广告标题，并且大部分人只注意标题而忽略正文。据广告大师奥格威的调查，读标题的人是读正文的人的 5 倍。这就意味着，80% 以上的广告信息要靠标题来传达。我们知道，广告生存的价值就在于它是否能最大限度地引起人们的注意，而这个职责的很大一部分由广告标题来承担。从这个意义上说，广告标题就是广告的"广告"。拟定广告标题就是最大限度地引起目标受众的注意，因此要注意以下几点。

① 密切结合广告主题。

② 将最重要、最新鲜、最有价值的内容写进标题或正题。

③ 简明扼要，一般以 8~12 个字为宜。

④ 不能过于生僻、玄虚，令人费解。

⑤ 除非是对生命、财产有警示性的内容，不宜使用否定词。

⑥ 如果是复合型标题，则应注意各标题之间的关系，同时做到衔接自然、过渡自然，但意思相对完整。

标题称为"一瞥的艺术"，在标题写作中切记要提高广告标题的信息量，吸引更多受众的注意。

第一，广告标题中应有对目标消费者的利益承诺。

所谓承诺，除了最直接的销售承诺以外，给予消费者一种概念上的承诺也是近年来所出现的一个新趋势。值得注意的是，现在有些广告标题并未包含明显的承诺，而是一种概念式的语句。这种方法适用于具有较高知名度的国际品牌。首先，产品具有很高的品牌知名度和品牌个性；其次，生产这种产品的企业已有相对固定的企业文化，并在消费者心目中有相对固定的形象。

第二，广告标题应该与主题和广告正文息息相关，向读者告知产品的主要信息或主要特点。

广告标题的基本任务是"引起注意"。当受众看到标题时，就能看到广告所要传达的主要信息，能很好地表达广告的言中之意，达到预期的效果。

第三，广告标题要符合美学规范，给人美的享受。

标题写得具有诗情画意，给消费者良好的审美体验，才能在看到它的第一眼就被牢牢地吸引住，从而注意正文所要传达的意思，达到双重传播效果。

广告大师奥格威在《一个广告人的自白》中的"怎样写有效力的广告文案"一章中谈道，他所遵循的广告标题写作十大原则[1]。

① 用标题向目标消费者打招呼，若想要做母亲的人读你的广告，在标题中要用"母亲"字眼。

② 标题中应有对目标消费者的利益承诺。

③ 注意在标题中加入新信息。

④ 引起读者好奇心。

⑤ 使用能够产生良好效果的字眼：如何、突然、当今、宣布、引进、最新到货、重大发展、改进、

---

① 奥格威. 一个广告人的自白 [M]. 林桦，译. 北京：中国友谊出版社，1991：94—100.

惊人、轰动、划时代、魔力、奉献、快捷、简易、需求、挑战、廉价、从速、最后机会……

⑥ 读广告标题的人是读正文的人的 5 倍，标题应包含品牌。

⑦ 标题写进销售承诺，长标题更吸引人。

⑧ 以电报式文体，文字简洁、直截了当。

⑨ 在标题中避免使用否定词。

⑩ 避免使用读者不读正文就不明其意的标题。

奥格威的广告标题写作十大原则，对广告标题的写作内容、写作形式、高频率词汇、文体风格等方面进行了界定。文案人员可以将其作为一个重要的参照体系，对广告标题的写作进行规范。在广告标题的写作中，可以把它作为一个准则，灵活运用，不能一味机械地照抄。在这些原则中，既有普遍性适用的原则，也有代表奥格威个人风格的原则。奥格威提出的十大原则是他自身在实际操作的基础上得出的结论，代表他的广告理念。随着广告写作的发展，其中的某些原则还是值得商榷的，如"标题写进销售承诺""长标题更吸引人"。著名的广告大师伯恩巴克针对奥格威的写作原则，提出过不同的意见。在具体的写作过程中，有很多人反其道而行之，成功的比比皆是。因此，我们在广告标题的创作过程中，要与时俱进，以发展的眼光来看待奥格威的广告标题写作原则。

4. 标题写作检测

广告策划人员创作完广告标题后，可以自己先检测一下，再参照以下内容进行检测修改。

① 是否体现了广告主题？

② 是否体现了产品的消费者利益和销售承诺？

③ 是否运用了诱发受众好奇的表现形式？

④ 有没有让人继续往下阅读的因素在内？

⑤ 语言是否简洁易懂？

⑥ 形式是否简明而有趣味？

⑦ 如果是长句子，广告的目标消费者能轻松地明白句子的意思吗？

⑧ 如果运用了否定词，在体现你所想达到的风格和创新的基础上，目标消费者能与你的理解相同吗？

⑨ 是否运用了品牌名称？运用它能对广告效果产生正向的作用吗？

⑩ 是否使用了新颖的、有感召力的词汇？

二、广告正文

广告正文是指广告文案中处于主体地位的语言文字部分。正文讲述全部广告信息，包括产品、服务的特点、利益、用途等，由兴趣、信任、欲望、行动几个环节组成，是标题的逻辑发展。其主要功能是展开解释或说明广告主题，将在广告标题中引出的广告信息进行较详细的介绍，对目标消费者展开细部诉求。广告正文可以使受众了解各种希望了解的信息，建立对产品的兴趣和信任，并产生购买欲望，促进购买行为的产生。

1. 广告正文的内容

广告正文的主要内容如下。

① 对标题中提出或承诺的产品或产品利益点给予解释和证实。

② 对广告中企业、产品、服务、观念等的特点、功能、个性等方面进行详细说明和介绍。

③ 表现广告中企业、产品、服务、观念等的背景情况。

④ 告知受众获得产品的途径、方法和特殊信息。

正文写作需要注意以下 3 个问题。

① 诉求重点：在企业形象广告中，诉求重点是企业的优势、业绩；在品牌形象广告中，诉求重点是品牌的特性、内涵；在产品信息广告中，诉求重点是产品服务特性、消费者利益承诺；在促销信息广告中，诉求重点是具体的优惠、赠品。

② 诉求重点的支持理由和深入解释：需要提供更多、更重要的信息使诉求重点更容易理解，更令人信服。

③ 行动号召：这是促进购买的必要环节。

2. 广告正文的结构

广告策划人员在撰写较长的广告文案时，通常采用的结构为预备段落、内容段落、收尾、结尾。

① 预备段落：它是连接标题和正文的桥梁，如同副标题。预备段落属于兴趣环节，必须吸引读者并将其阅读兴趣转化为对产品的兴趣，起到承接标题或为标题释疑的功能。

② 内容段落：它为承诺和保证提供证明，建立广告的可信度，通过语言启发读者的想象力，培养读者的购买欲望。应借助调查数据、证言和担保来支持自己的产品承诺，这类证明可以使消费者确信产品真实可靠，增强对产品的好感，最终刺激销售。

③ 收尾：收尾交织在内容段落中，建议消费者尽快采取行动。好的广告文案会不止一次要求消费行动，力求消费者在没有看完全部正文时就具有购买欲望。

④ 结尾：结尾属于实际行动环节，好的结尾鼓励消费者采取一定的行动，并告知方法。

3. 广告正文的类型

（1）新闻型。

新闻型正文是内容没有任何虚构，合乎客观实际，并采用新闻体裁和形式写出的正文。

案例

标题：哈利·波特让世界疯狂

正文：一本名叫《哈利·波特》的儿童文学读物让全世界疯狂起来，目前该书销售在 3500 万册以上，总销售额已超过 4.8 亿美元，被译成 35 种文字。2002 年年底，美国华纳兄弟公司还将哈利·波特搬上银幕。因这本书的成功，该书作者罗琳从一名失业的单身母亲一下子变成身价过亿的富豪，名列《财富》杂志世界百名富豪排序第 25 位。预计今后该书发行 100 万套应该没有太大问题。毋庸置疑，这本书在中国市场的销售创造了一个奇迹。

上面的广告正文，没有任何虚构的成分，并且采用新闻报道的形式，将《哈利·波特》一书的成功源于在中国和全球市场的销售突破。它使用新闻型报道方式，节省了广告费，用"我有新闻卖点"抵了广告费，为该书的火爆销售立下了汗马功劳。

（2）叙述型。

叙述型正文是先设置一个情景，然后在最后时刻让产品或服务出现。往往以受众的情感诉求为出发点，平实、感人、耐人寻味。

经典的例子是著名的文案大师乔治·葛里宾为美国旅行者保险公司所作的保险广告文案：

当我 28 岁时，我认为今生今世我很可能不会结婚了。我的个子太高，双手及两腿的不对称常常妨碍我。衣服穿在我身上，也从来没有像穿在别的女性身上那样好看。似乎绝不可能有一位护花使者会骑着他的白马把我带走。

可是终于有一个男人陪伴我了。爱维莱特并不是你在 16 岁时所梦想的那种练达世故的情人，而是一位羞怯且笨拙的人，他也会手足无措。

他看上了我不自知的优点。我才开始感觉到不虚此生。事实上，我俩当时都是如此。很快地，我们互相融洽无间。我们如不在一起就有怅然若失的感觉。所以我认为这可能就是小说所写的那类爱情故事，之后我们就结婚了。

那是 4 月的一天，苹果树的花盛开着，大地一片芬芳。那是近 30 年前的事了，自从那一天以后，几乎每天都如此不变。

岁月载着爱维莱特和我安静地度过，就像驾着独木舟行驶在平静的河中，你并感觉不到舟之移动。我们未曾去过欧洲，我们甚至还没去过加州。我认为我们并不需要去，因为家对我们来说已经够大了。

我希望我们能生几个孩子，但是我们未能达成愿望。我很像《圣经》中的撒拉，只是上帝并未赏赐我奇迹，也许上帝想我有了爱维莱特就已经够了。

唉！爱维莱特在两年前的 4 月故去。安静地，含着微笑，就和他生前一样。苹果树的花仍在盛开，大地仍然充满了甜蜜的气息。而我怅然若失、欲哭无泪。当我弟弟来帮助我料理爱维莱特的后事时，我发觉他是那么体贴关心我，就跟往常一样。他并没有在银行给我存很多钱，但有一张能保障我余生全部生活费用的保险单。

就一个女人所诚心相爱的男人过世之后而论，我实在是和别的女人一样心满意足了。

这是乔治·葛里宾自称写过的最好的广告文案。该广告文案没有标题，没有曲折离奇的故事情节，但通过一位老妇人之口讲述了一段平实动人的故事。将 30 余年的情感化作感激、眷念、怀念，凝结在一张保险单上，保险单成为爱的物语，充满温情。这种水到渠成的叙述方式消除了广告的嫌疑，打消了受众对广告的抵触情绪，深入人心。

(3) 文学型。

文学型正文是指用文学创造形象、抒情言志的方法写出的广告正文。

案例

电视广告：送葬车队

画面：隆重的送葬车队

解说：车中的每一个人都是遗嘱的受益人

遗嘱：我——麦克斯韦·斯内夫，趁清醒时发布以下遗嘱：给我那花钱如流水的太太罗丝留下 100 美元和 1 本日历；我的儿子罗德内和维克多把我的每一枚 5 分币都花在时髦车和女人身上，我给他们留下 50 美元的 5 分币；我的生意合伙人朵尔斯的座右铭是"花、花、花"，我什么也"不给、不给、不给"；最后是我的侄儿哈罗德，他常说"省 1 分钱等于挣 1 分钱"，还说"哇，麦克斯韦叔叔，买一辆金龟车肯定很划算"。我呀，决定把我所有的 1000 亿美元财产都留给他！

广告大师伯恩巴克大胆借用一个死者的遗嘱，巧妙地表现了德国金龟车的廉价实用。

再看另一则广告：黑松饮料平面广告。

【爱情灵药】温柔心一颗、倾听二钱、敬重三分、谅解四味、不生气五两，以汽水送服，不分次数，多多益善。

（口号：用心让明天更新）

——黑松股份有限公司

【工作灵药】热心一片、谦虚二钱、努力三分、学习四味、沟通五两，以汽水送服，遇困境加倍用之。

（口号：用心让明天更新）

——黑松股份有限公司

【生活灵药】水一杯、糖二三分、气泡随意，以欢喜心喝之，不拘时候，老少皆宜。

（口号：用心让明天更新）

——黑松股份有限公司

这则广告文案首先选择了一个十分有创意的定位——灵药。并把广告诉求点锁定在健康生活上。通过爱情、生活、工作这3剂灵药，显示出黑松饮料并不仅仅是一种饮料，它带来的更是一种健康、清爽的生活理念，确立了其"健康饮料"的个性化品牌形象，巧妙回避了与可乐饮料、营养饮料等诸多品牌正面竞争的锋芒。最重要的是，文案新奇有趣，充满浓郁的文化气息。同时，该广告文案以古香古色的语言、真挚的情感展现了健康的生活理念。

（4）论说型。

论说型正文是一种用逻辑论证的方式和抽象的语言来表现的正文形式。这种形式一般在以下3种情况时运用较多：为某企业或某产品塑造一个相匹配的观念形象；推出一种消费新观念，以达到对某种产品的消费；推出一种功效领先的新产品。它较适合报纸、杂志等以语言文字为主要诉求载体的媒介，不太适合用画面说话的电视媒体。例如：英特尔奔腾处理器广告。

案例

标题：得"芯"应手

正文：一部高效率的超级个人电脑，必须具备一片高性能的快速处理器，才能得"芯"应手地将各种软件功能全面发挥出来。Intel率先为您展示这项科技成果，隆重推出跨时代的奔腾处理器。它的运算速度是旧型处理器的8倍，能全面缩减等候时间，大大增加您的工作效率。

除此之外，它能与市面上各种电脑软件全面兼容，从最简单的文字处理器到复杂的CD-ROM多媒体技术应用，它均可将这些软件的工作效率发挥得淋漓尽致，而它的售价却物超所值。若想在弹指之间完成工作，您的选择必然是奔腾处理器。

英特尔奔腾处理器，给电脑一颗奔驰的"芯"！

这篇广告正文实际上预设了一个论点，即英特尔奔腾处理器具有高性能的快速处理特点，能让消费者在弹指之间完成工作。为了证明这个论点的正确性，文案作者提出了两个论据：第一，英特尔奔腾处理器的运算速度是旧型处理器的8倍，能全面缩减等候时间，大大增加您的工作效率；第二，它的兼容性能使各种软件的工作效率发挥得淋漓尽致。通过论证，作者的论点不仅凸显出来，为消费者所理解，而且以论据的翔实和论证的严密来说理，具有不可辩驳的力量，从而说服消费者，使消费者心服口服，产生购买欲望。

4.广告正文写作注意事项

第一，注意如何实现由广告标题向广告正文的顺利转化。

① 运用副标题形式，将副标题作为广告主标题和广告正文之间的桥梁；

② 开头采用有机的承接标题和解释标题悬疑的方式，使广告正文自然地承接广告标题的内容和疑问，两者之间有疑有释、有因有果，浑然一体。

第二，采用小标题或特殊的段落承接等形式，使受众顺利阅读正文内容。

① 标题的制作可以使受众顺利地从一个问题转向另一个问题；

② 分列的正文表现形式使广告正文化繁为简，重点突出，使长文案体现出短文案的阅读效果；

③ 以特殊的段落承接方法，内容上顺应转折，变化字体，运用鲜明而特别的行文标记，来提醒或刺激受众的阅读和接收。

第三，有效运用写作顺序。

在运用写作顺序时，有下列几种：接受心理顺序、需求心理顺序、解惑顺序、演绎归纳顺序、故事性顺序和描写性顺序。

第四，针对目标受众的各种特征，选择恰当的表现形式。

产品特色是关键，但却并不是决定因素。决定因素是产品特色所能给受众和消费者带来的利益和方便。因此，将广告信息的特色转化成消费者的购买理由，才能让受众感受到广告信息和自身之间的某种关系，只有当产品对其生活产生方便性时，才能促成购买。

第五，广告正文长短选择要根据广告信息类型、目标受众接受特征和媒介策略来决定。

短文案的适用范围一般包括：消费品中的日用品；产品在各个方面都没有明显的特殊性和差异性；产品对消费者只提供小的方便性；表现产品的附加价值时；以产品的价格作为主要的诉求利益点时；产品进入成熟期后期时；用广播广告、电视广告、户外广告、销售现场广告作为媒介表现；感性受众、文化层次不高的受众、冲动型受众、儿童受众和老年受众等。

长文案能让人们对产品有详细的了解，能建构起人们对品牌的印象。以下情况适用于长文案：工业品；消费品中的耐用品；高价位、高关注度的产品；产品处于导入期时；企业进入新的竞争环境时；用报纸、杂志、直邮、商品介绍小册子、专版广告作为媒介表现；理性受众、文化层次较高的受众和被动型受众等。

第六，尽量运用实证方式说服受众。

广告文案正文部分的一个主要任务是为说服受众提出大量的根据，而这个根据的提出需要有一些真实的数据作为支撑。有了真实的数据，受众就能更加信服，促进产品的销售。

第七，广告正文结尾既要与前面部分浑然一体，又要实际促成消费的行为。

第八，注意相关细节的有效运用。

相关细节的有效运用，使广告正文具有相当的说服力。具体运用时有 4 种情况：消费者使用产品时的细节；将用户经验进行表现；将商品在生产时的细节进行有效表现；将商品本身存在的细节特征进行表现。

5. 广告正文写作的基本原则及技巧

① 迅速切入主题，直截了当，勿含蓄迂回、旁敲侧击。

② 不要有高级形容词，多用动词、副词。

③ 不要尝试成为文学家。

④ 幽默通俗的语言比严肃庄重的字眼更讨人喜欢。

⑤ 尊重事实，不对产品过分夸耀。

⑥ 不单纯介绍产品性能与特点，多提供有用的服务和咨询。

⑦ 避免出现含糊字眼，如好像、大概、差不多等。

⑧ 有话则长，无话则短。

⑨ 常在文案中引用客户的经验之谈。

⑩ 多采用短句。

⑪ 避免使用过去时。

⑫ 多使用主动句式。

⑬ 标点不要过多。

三、广告语

广告语是企业和团体为了加强受众对企业产品或服务等的一贯印象，在广告中长期反复使用的一两句简明扼要的、口号性的、表现产品特性或企业理念的句子，通常也称广告口号。它是基于企业长远的销售利益，向消费者传达长期不变的观念的重要渠道，同时也是企业产品的文字商标。

1. 广告语创作的基本要求

日本著名广告学家植条则夫曾经说过，正因为广告语长期反复使用，企业的形象和理念才能被社会关注、理解和接受，所以对受众来说，广告语一定要易读、易听、易记。一条成功的广告语必须具备以下几个特点：简洁、明确、贴切、独创、有趣、易于记忆。

广告语的基本创作要求如下。

（1）简短凝练，易传易记。

广告语主要是通过口头传播，宣传广告主体的形象和品牌概念来延伸商品的形象，好的广告语能成为大众的日常生活流行语。要合乎口头传播的规律，就要简短易记，具备口语的表现风格。因此，广告语的写作不能过长，也不能使用过于书面化的语言，尽量使用消费者在日常生活环境中所运用的亲切、平易的语言，同时力求合乎音韵，体现流畅美和节奏美。

（2）独创、有趣。

从广告实践来看，广告语做到了简明扼要却不一定能流行，也不一定能取得好的传播效果。正如党的二十大报告提出："加强基础研究，突出原创，鼓励自由探索。"我们发现，独创、有趣的广告语才能让人过目不忘，对品牌宣传产生好的效果。例如，旺仔牛奶的广告语"你在看我，你再看我，我就把你喝掉"。

（3）嵌入品牌，突出个性。

广告语要符合产品的个性，能准确地传达企业的服务宗旨或产品的独特功能，显示其与众不同的魅力，使广告语成为品牌传播的有力手段，吸引受众的注意，引发购买欲望。突出个性比较常见的一种做法是在广告语中自然地嵌入公司品牌等名称，使品牌名称配合产品特点不断出现，产生宣传攻势。例如，孔府宴酒的广告语"喝孔府宴酒，作天下文章"，杜康酒的广告语"何以解忧，唯有杜康"，贵州青酒的广告语"喝杯青酒，交个朋友"，等等。这类广告语在酒类广告中运用得比较多。

2. 广告语的基本类型

（1）写实型。

这类广告语以符合产品或服务的客观实际的笔调，表现产品的形象和性能，并以此引发消费者的密切关注。

例如：

轻松一抓就起来。（海虹起重机广告）

车到山前必有路，有路必有丰田车。（丰田汽车广告）

轻松上网，易如反掌。（网易广告）

（2）抒情型。

这是一种通过文案创作者直抒胸臆的直接抒情或通过形象间接抒情的方式来达到以情感人、以情促销的广告语。

例如：

一股浓香，一缕温暖。（南方黑芝麻糊广告）

其实，男人更需要关怀。（丽珠得乐广告）

不在乎天长地久，只在乎曾经拥有。（铁达时手表广告）

一旦拥有，别无所求。（雷达手表广告）

（3）趣味型。

在广告文案中，我们发现有一种广告语通过独特有趣的语言来创造品牌概念，让人过目不忘，这就是趣味型广告。

例如：

本品在世界各地的维修工是最寂寞的。（空调广告）

请来本店用餐吧，不然你我都要挨饿了。（餐馆广告）

虽为毫发技艺，确是顶上功夫。（理发店广告）

（4）议论型。

在广告文案中，有一种广告语不是表达情感，而是对产品、服务或企业理念等进行评论、说理，力求做到以理服人，这就是议论型广告。

例如：

口服心服。（某矿泉水广告）

让我们做得更好。（飞利浦广告）

南方，南方，国产之光。（南方汽车广告）

下面，列举一些经典广告语。

如果有下辈子，我希望在我的青春里，第一个遇到的人是你。

——卡地亚

一生只做一件事，一生只爱一个人。别说时间不值得，你最值得。我爱你，你随意。

——纪梵希

世界上最牢固的感情不是我爱你，而是我习惯了有你。

——宝格丽

不求被全世界宠爱，只求这一生是一个人的例外。

——阿玛尼

寒冬知道，你我之间有不可战胜的春天。

——美的空调

在冬天，去见见那个一想到就会温暖的人吧！

——滴滴专车

心事啊，靠近火炉就融化了。

——小红书

橙子一熟 包裹就变成了糖果。

——褚橙

本来以为，虫鸣和晚风已是所有赠品，一抬头又看到了满天星星。

——武汉市文旅局

我只爱书作为书，而不是书架上的装饰品。

——京东图书

如果你生病了，请告诉我，就像小时候那样。

——饿了么买药

做一件风衣，为秋天送信。

——某服装店

藏不住的脸红，藏着说不出的喜欢。

——华为手机

只要有眼光，万物都能闪金光。

——闲鱼 App

别让闲置长草，让草长在该长的地方。

——闲鱼 App

只要一想到有你，这个不完满的世界就圆满了起来。

——DR 钻戒

爱有一万条向前的路，但没有一条退路。

——DR 钻戒

感动彼此的，往往是不分彼此。

——招银理财

创造有生命力的服饰，服务每个人的光彩。

——海澜之家

圣诞老人陪你度过平安夜，老朋友陪你度过日日夜夜。

——搜狐

日子有些沉闷，还好跑起来有风。

——Keep

面包是嚼得动的蹦床，奶茶是可以喝的童话。

——乐乐茶

在生活的夹缝里保持微笑！

——名创优品

没人能内心毫无波澜地收到一束花，男孩也不行。

——美团外卖

我们都会这将老去，但爱会永远年轻。

——小度

直面差评，才能赢得更多好评。

——网易严选

让关心，比过敏更早来到。

——美团买药

家庭责任不是仅妈妈可见，每一份爱都应该在场。

——珀莱雅

如果科技不能改变生活，我们可以改变科技。

——科大讯飞

脑洞是超酷的运动。

——匹克

在满是风向的世界，风继续风的，我继续我的。

——vivo

给忙碌的世界，一个大号的呼噜。

——肯德基

身处好看的自然，如何成就好看的样子。

——利郎男装

去自然里，修护敏感。

——溪木源

想好好生活的心，总会遇见好好生活的人。

——抖音

四、广告附文

广告文案中包含着两类不同性质的文字，一类是承载主导信息的，如传达产品或服务的性能、功效，企业的经营理念，企业的历史和业绩，被赋予的情感，等等；另一类则是附加信息，也称附文。

附文是在广告正文之后向受众传达企业名称、地址、购买产品或接受服务的方法的附加性文字，是对正文的有效补充。因为是附加性文字，它在广告文案中的位置一般居于正文之后，因此也称随文、尾文。附文既可以直接列明，也可以以委婉的附言形式出现。

附文是对广告正文的辅助、补充，能够促进销售行为的实施。当广告的标题、正文和广告语已经使目标消费者产生了消费的兴趣和渴望时，如果在广告附文中传达购买产品或获得服务的有效途径，使消费者能以最直接的方式、在最短时间内得到产品，就能达到促进产品销售的目的。因此，广告附文可以形成一种推动力，促进消费行为的加速完成。此外，设计科学、合理的附文可以表现品牌名称、品牌标志，强化受众对品牌的识别和记忆。

1. 广告附文的基本特征

在广告文案中，附文与标题、正文和广告语，无论在内容还是在形式上都存在很大的差别。我们可以从它们的差别中发现附文的特征。附文的基本特征体现在以下几个方面。

（1）附加性。

广告附文只是提供有关购买方面的次要信息，包括向消费者陈述企业和品牌的名称；权威机构的认证；购买的方式，如企业的电话号码、联系人、售后服务、网址等；有关促销信息，如回馈消费者的赠品、免费试用、节假日的折扣等。

（2）正确性和现实性。

在广告文案中，标题、正文和广告语为了表达的效果，可以使用文学、象征和相对模糊的语言。但是，在广告附文中，要避免不准确的语言，任何细微差错都会使广告宣传效果大打折扣。

（3）督促性。

广告附文的基本目标就是进一步促使消费者迅速采取购买产品的行动。这种督促性一般表现在产品促销和打折上，如某新产品隆重上市，在限定的时间内购买则有优惠，让消费者产生马上购买的欲望；

还有一种虽未呼吁消费者马上购买，但提供企业或经销商的地址、联系人、电话号码、网址等，暗含着一种购物呼吁，让消费者方便购买该产品。

2. 广告附文的内容

广告附文的内容大致分以下几个部分。

① 品牌名称。

② 企业名称。

③ 企业标志或品牌标志。

④ 企业地址、网址、电话、公众号和联系人。

⑤ 提供售后服务的方式和地址。

⑥ 购买产品或获得服务的途径和方式。

⑦ 权威机构证明标志。

⑧ 特殊信息：消费奖励，奖励的品种、数量和起止时间，赠品的品种、数量和使用方法等。

⑨ 如需要反馈，还可运用表格的形式。

第二节　广告表现

广告表现主要包括 4 个方面：概念、文字、图片和用来承载它们的媒介或工具。所谓概念就是人的总的想法或观点，是人们头脑中形成的对某事物总的特征的看法。广告中，总体概念就是用全新的方式看待事物，即用新的方式来描述某一产品或服务，一种能给消费者不同于以往的心理感受。概念的提炼是创意的核心环节。

一、广告表现的载体

广告主要是运用语言、图像等符号系统来表现信息内容的，从符号分类上看，广告表现载体可分为语言系统和非语言系统。

1. 语言系统

语言系统即广告作品中的语言文字部分，包括平面广告中的标题、正文、附文、标语口号，广播广告和电视广告中的解说词，以及商标、商品名称、价格、企业名称等。网络媒体运用多媒体技术，兼具平面媒体和广播电视媒体的特性，广告语言更能有效地刺激受众的感官。

运用语言文字来表现广告信息，需要掌握以下几个特点。

（1）掌握好词语创造的随意性特点。

词语是能够随意组合的，不同的组合表达不同的含义和情绪，但组合的同时必须符合约定俗成，符合社会语言习惯和承受能力。创造和产生新的词语，要在人们能够接受和理解的基础上进行，也要视目标受众的年龄和个性特征而定。

（2）掌握好语言开放性的特点。

语言既要扬弃，又要吸纳，创造活泼、生动、贴切、富有张力的广告语言，应深切感受生活，丰富想象，敢于创新。

（3）恰当运用语言符号系统。

当语言表现已穷尽其力时，可运用语言符号系统。

广告往往能够创造流行语。这种语言之所以能够流行，就在于恰当地运用了语言符号系统。广告语言有特殊的表达方式，既要意义明确、语句贴切、简明易记、饶有趣味、具有独创性，还要能够与商品建立密切联系。

2. 非语言系统

语言之外的能够传递信息的一切手段都可称为非语言。在广告表现中，非语言系统主要包括图像、色彩、构图、音乐音响等要素。非语言系统是广告表现的重要元素，它有时可单独表达创意，有时需要与语言系统相配合共同传达广告信息。

（1）图像。

平面广告中的插图，包括绘画和摄影照片两部分。电视画面可视为一种活动的图像。运用图像，可以直观地表现广告商品，增加注意力和说服力。要注意，图像的表现应具有真实感，能体现广告主题，与广告文字有机配合，还要考虑与媒体传播特点相适应的问题。一般说来，杂志广告的印刷较为精美，可以传达更为细致的图像，适合一些需要进行细节展示的产品；报纸广告印刷质量较差，对图像的精度和色彩的还原度不如杂志；户外广告受到观赏环境的限制，受众大多是匆匆的行人，因此对图像的表达不能太烦琐，要求简单明了、一目了然。

（2）色彩。

色彩是广告表现的一种重要手段，能够刺激受众，产生强烈的心理效果，加强记忆，产生联想，促进购买。不同的色彩带给人的心理感受也各不相同，红色、橙色等暖色让人感觉到温暖，蓝色、绿色等冷色让人感觉到凉爽。色彩还能产生距离感，冷色距离我们远，暖色距离我们近。在广告设计中，色彩甚至可以配合图形作为品牌的识别，例如我们在街上看到黄色的大"M"就知道这是一家麦当劳餐厅，特定的颜色组合也会带给人关于特定品牌的联想。

（3）构图。

构图就是对广告内容进行编排和布局，以达到最佳的视觉效果。构图有一些基本形式法则，如整体布局要上重下轻，左稀右密；视觉中心与几何中心的不一致性，要注意对称、均衡、富有韵律，恰当运用空白、对比等。构图是一种取舍的艺术，通过舍弃一些无关紧要的元素来求得画面的平衡、主题的突出，无论平面广告还是广播电视广告，都需要构图。

（4）音乐、音响。

在广播和电视等广告中，经常要运用音乐和音响。音乐可进行原创或从现有的作品中选用。但不论哪种方式，都要注意与广告主题相协调，与广告词能够相得益彰。音量也要适中。此外，还要注意避免出现违规侵权等问题。音响有环境音响、产品音响、人物音响等，在使用时，要看与广告主题是否有关，要清晰、悦耳，防止噪声。

（5）体语。

广告中模特、人物的体语也是传达广告信息的重要手段。体语与文字、音乐等配合，能生动地传达广告信息。

广告表现是广告运动中必不可少的环节。阐述广告表现的前提是明确其原则、法则、技术、因素等，在此基础上进行广告表现策划活动，才可取得较好的效果。

二、广告表现的方法与技巧

1. 直接展示法

直接展示法是直接通过广告内容向消费者陈述购买商品的理由和使用方法。在表现手法上，充分调动广告画面构成的基本元素——图像、文字等的表现力，对产品进行宣传。

2. 比较法

比较法是采用产品使用前后的功效对比，产品改进前后的品质、性能对比等方式，来突出宣传产品比其他同类产品的优秀之处，以吸引人们购买本产品而不再购买其他同类产品。这种策略是专门用于对付竞争对手的。虽然不宜直接涉及竞争对手的产品的缺点，不去直接贬低别的同类产品，但其表达的真正意思还是"我的比其他的好"。采用这种策略要慎重。要注意竞争的正当性和比较的科学性。

3. 夸张法

夸张的手法要求从普通中追求新奇变化。虚构一个广告主题，塑造个性鲜明的广告形象，将这一与所宣传的产品有高度关联性的个性特征加以夸大，使之出人意料，新奇有趣。夸张手法能为广告的艺术美增添浓郁的感情色彩，从而使产品的特性更加鲜明。

4. 代言人

代言人是指名人、专家或社会知名人士出现在广告中，保证产品质量的一种广告表现形式。采取这种广告表现形式，代言人被消费者理解为保证人，从而加强消费者对产品的信赖度。

三、广告画面的设计原则

广告要获得成功，所有的创意要素——画面、标题和文案都必须得到强有力的表现。广告文案中的文字部分，如标题、正文、广告语和附文等非常重要，但在媒介的使用中，首先能吸引人注意的是画面。画面的设计，必须遵循以下原则。

1. 统一

所有富于创意的广告都有统一的设计。布局必须考虑到整体性，所有的构成部分（文案、艺术风格、标题、标志等）要相辅相成，以营造一种整体、统一的效果。

案例

在图 11-1 的系列广告中，每则广告都将矿泉水与长白山联系在一起，强调了该矿泉水来自长白山"五龙泉"水源地，以此来与其他矿泉水加以区分。整个系列广告主题突出，也凸显了该矿泉水的独特卖点，广告画面表现协调统一。

图 11-1　娃哈哈长白山系列广告

2. 协调

与统一密切相联系的概念是布局构图的所有要素必须协调。美术设计人员通过选取相互配合的要素来实现协调。布局构图需要通过协调来取得好的效果，字体、字号、插图等都不宜有太多的变化。

3. 顺序

广告应该布局有序，各要素的顺序有助于从结构和凝视动作上指引视线。合理安排各要素，可以指引读者的目光能如你所愿那样来阅读广告。常见的排列方式为"Z"字形和"S"字形。

4. 强调

强调就是将重点集中到某一要素或某一组要素上，使其突出，比如强调插图、标题、标志或者文案。

案例

鸿星尔克运动鞋品牌系列创意广告

这是一组以强调品牌的运动性能为创意基点而进行的平面设计，将运动鞋这一日用消费品代入日常运动场景中加以展现，强调该运动鞋品牌个性和激情的品牌色彩，吸引年轻消费者的潮流购买和个性购买（图 11-2）。

图 11-2 鸿星尔克运动鞋系列创意广告

5. 对比

尺寸、形状和风格需要有所不同以增加活力，从而使广告在视觉上显得不沉闷。将字体改为黑体、斜体或者使用拉长的字体，会把人们的注意力吸引到某个字或词上来，在字体之间形成对比。对比使布局显得更为有趣。

6. 平衡

所谓平衡，指的是控制各要素在广告中的尺寸、风格、重要性和位置。达到平衡的各要素在人们眼中显得可靠且自然，你可以通过检查广告的左半部和右半部之间的关系来测试平衡。

在当今信息资源发达的时代，获取图片信息比较方便，何况客户在资金和时间上不一定承受得起使用原创广告美术作品或图片的费用。有 3 种现成的图片可供选择：贴图、电脑贴图和图片库。我们可以从中获得大量的图片来完成设计。

四、广告画面的表现形式

1. 具象图画

它是用真实的画面、照片，或写实的绘画来表现商品的外观、内部构造或人们使用商品的某种情形，以及其他工作、生活场景的摹写和复制，给人以真实感。

2. 漫画或卡通片

所谓漫画或卡通片的表现形式，就是用轻松、活泼、幽默的手法进行适度的夸张。卡通片一般用于以少年儿童为诉求对象的广告片中，而漫画在公益广告、意见广告中运用较多，适合于成年受众。总体来看，这一广告表现形式幽默生动、富有情趣，让人易于接受。

3. 抽象图画

所谓抽象图画，就是采用非写实的手法表现产品或某一场景，比较抽象，与具象图画相反，但常能较好表现某种意境。通过这种意象化的表达，既宣传了产品的品质，又以一种写意的方式赋予了产品更多的文化内涵，从而提升了产品的形象。

4. 装饰图画

所谓装饰图画，就是用装饰性的色彩和造型把人物、产品的形象加以美化，以引人注目。装饰图画一般可分为装饰性绘画、图案衬托、文字装饰等几种类型。

五、色彩的运用

广告画面的效果与色彩的关系很大，色彩的运用很关键。在广告中，有很多地方要运用色彩，如产品的包装与外观、模特的服装与道具、室内与外景的色彩、背景色等。在具体运用中，有的是黑白广告，有的是彩色广告，而不同色彩又有着复杂多变的组合。

人们对色彩的偏爱与执著有很大的差异，这种差异既有群体的差异，又有个体的差异。造成这种差异的原因有5个方面：一是时代特征；二是民族和种族背景，以及与之相关的宗教背景；三是地域特点及与之相适应的风俗习惯；四是年龄、职业、性别、性格特征；五是角色认知与角色期待。这种对色彩的审美情趣上的差异，在广告中得到了灵活的应用。

由于不同色彩的视觉效果不同，当两种色彩相比较时就会形成较大的视觉差异感。这种现象往往表现为色相、明度和纯度的对比。在广告图画设计中，大面积图画的色彩对比大多选择明度高、纯度低、色差小、对比弱的配色，以求得明快、和谐的效果。中等面积图画的色彩对比，多选择中明度的对比。小面积图画的色彩对比较为灵活，强弱对比均匀。不同面积的色彩只为传达好的广告效果，没有一成不变的定律，要灵活运用。

案例

李宁运动鞋平面广告

在图11-3所示的广告中，重点突出了李宁运动鞋的色彩设计，将运动鞋色彩、运动精神色彩、画面整体背景色彩协调统一，广告既完成了销售产品的使命，又达到了色彩、环境、氛围、精神表现整合的艺术化效果。

图 11-3　李宁运动鞋平面广告

思考与练习

1. 广告标题有哪些形式?
2. 什么是广告语?
3. 广告表现要注意哪些问题?

第十二章 广告媒介策划与整合营销传播

□本章教学要求与目标

教学要求：通过对本章的学习，学生应从媒介组合、媒介排期、媒介购买、媒介评估 4 个方面深入了解媒介策划，并掌握整合营销传播的内容。

教学目标：使学生掌握广告媒介策划与整合营销传播等知识，并将其充分运用到实践中进行广告策划。

□本章教学框架图

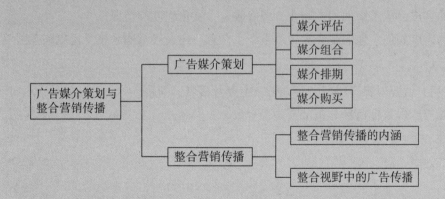

【本章图片】

广告创意设计的表现，通过承载它们的媒介来最终实现。在广告界流行这么一句话："成功的广告就是在合适的时间向合适的人发送合适的广告。"由此可见，广告媒介的选择将会影响广告传播的效果。广告的传播效果除广告创意效果外，还必须对广告传播中所运用的媒介形式加以衡量，因此，媒介形式从某种意义上也决定了广告创意形式。

第一节　广告媒介策划

广告媒介策略也称广告媒体计划，就是把产品的创意或构思，针对其消费目标，在一定的费用范围内，利用各种媒介的组合，把广告信息有效地传达到目标市场。简言之，就是选择恰当有效的广告媒介渠道与组合方式。

一、媒介评估

所谓媒介评估，就是根据媒介目标，通过调查研究、考察分析对媒介进行评价和判定，它一般包括覆盖域、试听域、触及率、广告成本和广告效应等。

1. 对媒介进行调查研究

对媒介进行充分的调查研究是进行媒介评估的基础和前提。对媒介的调查研究一般需要了解以下问题。

① 传播媒介的性质、地位和背景。

② 传播媒介的发行量、覆盖面、可能获得的市场有多大。

③ 传播媒介的对象是谁，广告对象与广告媒介对象是否一致。

④ 在广告对象中，有多少可能成为潜在顾客。

⑤ 可能被争取过来的客户，应了解他们的职业、经济收入、文化程度等情况。

⑥ 广告对象对媒体的态度如何；他们是经常阅读报纸、杂志，还是经常刷手机、用电脑上网等。

2. 媒介分析

对媒介进行调查研究后，就要对媒介进行考察分析。主要考察以下问题。

① 考察媒介的覆盖域与广告目标市场分布范围是否一致。

② 考察媒介的权威性。

③ 考察媒介的针对性。

④ 考察媒介的时效性。

⑤ 考察所做广告商品的性质与特性。

⑥ 考察媒介传播的数量指标。

⑦ 考察广告的费用，根据自身财力合理地选择广告媒介。

⑧ 考察国家法律法规。

二、媒介组合

媒介组合是媒介策略的重要一环，广告学者对广告媒介组合进行研究实践后发现，广告媒介的交叉使用可以产生额外的效果。就是在同一媒体计划中，使用两种及两种以上不同的媒介。影响广告媒介渠道选择的因素是多方面的，尤其是对于广告媒介渠道组合的影响因素更为复杂。下面就影响广告媒介选择的若干重要因素进行分析。

1. 目标消费者

广告媒介最终要面对目标市场，因而按照目标消费者来选择媒介便是理所当然的。按照目标消费者来选择媒介，主要有以下几种情况。

① 根据目标消费者的媒介接触情况来选择媒介。一种产品总要面对一定的目标消费群体，这可以通过大数据分析精准投放，大数据可以通过消费者的性别、年龄、职业、居住城市等因素，精准找出具有大约相同媒介接触情况的群体，为此投放广告，以减少无效投放或浪费广告费的情况出现。

② 根据目标消费者试听率的高低来安排媒介时间。

③ 根据消费者的记忆规律来选择媒介。

2. 产品特性

在根据产品特性选择广告媒介时，往往有以下两条经验。一是产品功能多、需要长文案时，应以平面媒介为主。比如房地产项目的推广一般采用报纸、宣传册和单张纸质媒介，因为房地产项目作为一种深层次思考的消费品，消费者总是希望获得最大量的信息之后再做决定。而网络媒体的兴起，对平面媒体产生了颠覆性的影响。二是产品性能较为单纯，不需要大段文字说明时，以选用电视、广播或网络媒体为宜。比如各种带货直播，都是通过网络媒体向消费者展示产品，吸引消费者购买，无论是购买服装、护肤品，还是各种生活用品，都可以通过直播的方式，向消费者全面、深入且长时间地介绍。

3. 行销时机

季节性产品的销售一般都有其淡季和旺季，所以媒介策划人员应根据销售季节的不同，有针对性地选择广告媒介。一般来说，要根据销售淡季和旺季进行预算分配，销售旺季要集中火力，尽可能地选用各种适用的媒介展开广告宣传攻势，还可以通过大数据进行精准投放；销售淡季则减少媒介投放，加强重点，延续旺季余波，同时又要避免广告费的浪费。比如空调、羽绒服、旅游景点都属于季节性产品。另外，还要利用不同媒介在不同时机受关注程度的不同来选择媒介及刊播时间。如报纸在早间受关注的程度较高，广播在下班高峰期受关注的程度较高，而电视、网络等媒介则在晚间受关注的程度较高。

4. 销售区域

销售区域是指在一定时期内分配给销售人员、销售部门、经销商、分销商的一组现有的和潜在的顾客。针对区域销售的特点，选择媒介时应该注意以下几点。

① 地区性产品或区域性销售为主的产品，可考虑地域性媒介或辅助性媒介。

② 销售渠道窄的或直销的产品，不宜采用大众媒介。

③ 目标市场区分明确、目标对象特征明显的产品，应选择网络媒介来适应目标对象。例如，通过大数据分析，将产品推送给目标消费者。还可以通过广告 DSP 实时竞价投放平台，让目标消费者在上网时能够一眼看到自己需要的产品。

5. 广告预算

广告预算，是指广告企业和企业广告部门对一定计划期内从事广告活动所需费用的计划和匡算，它规定了在这一计划期内广告活动所需的经费总额、使用范围和使用方法。一个广告主所能承担的全部广告费的多少，对广告媒介渠道的选择会产生直接的影响。例如，一些中小企业，因受广告费的限制，就很少采用电视、报纸等费用较高的广告媒介；而一些经济效益好的大型企业，因其有较多的广告费预算，报纸、杂志、电视、网络、广播五大媒介就是其经常采用的媒介。因此，广告主应根据自己的财力情况，在广告预算许可的范围内，对广告媒介渠道做出合适的选择与有效的组合。

6. 政治、法律、文化因素

对于国际广告媒介而言，所在国家的政治环境、法律状况、民族特性、宗教信仰、风俗习惯、教育水平，对广告媒介渠道的选择也有重大影响。在进行广告媒介渠道策划时，所在国家的政权是否稳定，社会经济文化是否繁荣，法治建设是否健全，尤其是国家对广告活动的各种法规限制和关税障碍，广告宣传手法是否符合宗教礼仪，是否会触犯禁忌等情况，都必须事先考虑到。

三、媒介排期

媒介排期是将媒介战略、媒介战术付诸实施的最后计划阶段，是媒介发布时间的一个总体规划。为了保持广告的持续性，媒介策划人员通常都要使用一定的排期方法。媒介排期有 4 种基本方法，每一种媒介排期方法都是根据特定情况制定出来的，并没有优劣之分，各有其优势，也各有不足。

1. 持续式排期

广告在整个活动期间持续发布，没有什么变动。这是建立持续性的最佳途径。这种方法的优点在于广告持续地出现在消费者面前，不断地累积广告效果，可以防止广告记忆下滑，持续刺激消费动机，行程涵盖整个购买周期。其缺点是在预算不足的情况下，采取持续式排期，可能造成冲击力不足。

2. 起伏式排期

起伏式排期是指有广告期和无广告期交替出现。这种间歇性排期比较适合于一年中需求波动较大的产品和服务。这种排期的优点在于可以根据竞争需要，调整最有利的排期时机，可以集中火力以获得较大的有效到达率，机动且具有弹性。其不足在于广告空档期过长，可能使广告记忆跌入谷底，增加再认知难度。

3. 脉冲式排期

脉冲式排期是持续性排期和起伏式排期的结合。消费者的购买周期越长，越适合采用脉冲式排期。这种排期的好处在于持续累积广告效果，可以依品牌需要，加强在重点期间投放的强度。而缺点是会耗费较大量的预算。采用这种排期时，广告主全年都维持较低的广告水平，但在销售高峰期采用脉冲式排期来增强效果。

4. 集中式排期

集中式排期是将广告安排在一个特定的时间段内集中投放。这种排期方法常在产品集中于某一季节或者节假日销售时使用。

四、媒介购买

争取以最低的成本实现最大化的广告效果是广告策划中媒介购买追求的理想目标。为了实现这一目标，在进行媒介购买时可以采取两种不同的购买方式：一是直接购买广告版面或时段；二是通过广告公司购买媒介版面或时段。

广告发布的原则通常是媒介将给予其认可的广告代理商一笔佣金作为成本费，但是它不会为直接交费的广告主这么做。因此，一个广告主可能会使用广告代理。然而，广告主发现直接订制非常有效，不仅比通过代理商来购买版面更便宜，而且很多媒介都为广告主的直接订制留有折扣。

理论上的佣金制度可能不会直接表明这一点，但在实际应用中却是存在的。以在高科技市场中的广告主为例，如果在此领域有一份主要杂志，这些广告主都会与这个杂志建立紧密的关系，并可能会从中获取某些回扣。

1. 费用规模

大量使用某个媒介的广告主可能会赢得对该媒介的影响，通过影响来获取低价位。在高度复杂或高技术领域，广告主会发现广告会更加容易和可靠。另外，小型广告主会利用其地位与媒介直接联系并直接制作。私人或非常小的广告主会发现与媒介直接进行联系要少很多麻烦。此外，也可能很难找到愿意帮助他们的广告代理商。

然而，这种情况的不利因素就是时间和所涉及的管理费用，以及此类客户所缺乏的专业性。所以，大型广告活动通常依靠某些外部的专家，也就是通过媒介的专业代理公司来购买媒介的版面或时段。

2. 借助广告代理商

许多广告主借助广告代理商来为它们购买媒介，代理商们可以提供专业意见。其服务可能是免费的（逐步增长的利益），而代理商也可能为广告主提供比媒介更好的垫款条件。

媒介希望先付款，或者是在 14 天之内付款，最多是在广告刊出 30 天之内付款。而代理商则不然，他们通常在月末为客户开一张统一的发票，并有一定时间的付款延缓期。

3. 使用媒介购买公司

媒介购买公司只购买或出售媒介，它们会给广告主提供一些版面，提取一定比例的佣金，并将折扣的余额返还给广告主。

媒介购买公司涉足较深的领域是较大型的公司，它们的业务分散到众多广告代理商之间。这样，媒介购买公司可以综合各公司的需求进行集中购买，而产品的创意工作则交由广告代理商。

因此，根据以上分析我们可以做出以下判断。

① 私人个体——直接购买。

② 非常小的广告主——直接购买。

③ 非常专业的广告主——直接购买。

④ 中型和主流广告主——借助广告代理商。

⑤ 创意为首要的广告主——借助广告代理商。

⑥ 大型公司——在广告代理商和媒体购买公司之间进行比较。

⑦ 多商标公司——借助媒体购买公司进行集中购买。

第二节 整合营销传播

整合营销传播（Integrated Marketing Communication，IMC）是 20 世纪 90 年代以来兴起的营销传播思想。随着互联网技术的不断发展和普及，整合营销传播也面临新的机遇和挑战，整合营销传播不仅把营销与传播全面结合在一起，甚至认为在这个一体化、多元化的竞争时代，"营销即传播，传播即营销，二者密不可分"。显然，从广告和营销传播的发展来审视，整合营销传播思想的引入，大大拓展了广告策划的视野。

一、整合营销传播的内涵

1993 年，美国学者唐·舒尔茨教授在其《整合营销传播》一书中首次提出了整合营销传播的概念，并系统地阐述了它的运作规律。随着这一理论在全世界的传播，它的内涵以及它究竟能够为广告传播带来什么样的效果，一直是广告界探讨和争议的话题。1989 年，全美广告业协会（AAAA）促进了 IMC

的研究、发展，他们的定义如下：IMC 是一个营销传播计划概念。它承认综合计划的增加价值。它通过评估各种传播方式的战略作用。并将这些传播方式联合起来，使它们变得明晰、连贯，并且产生最大限度的传播冲击。

舒尔茨教授在 2001 年和 2002 年曾两次来华讲学，宣传整合营销传播。依据营销传播管理环境的不断变动和营销传播的发展，他给整合营销传播下了一个新的定义："整合营销传播是一个业务战略过程，它是指制定、优化、执行并评价协调的、可测定的、有说服力的品牌传播计划，这些活动的受众包括消费者、顾客、潜在顾客、内部和外部受众及其他目标。"

可以说，美国西北大学和舒尔茨教授先后给整合营销传播下的两次定义实际上就体现了整合营销传播是一个不断发展的过程，是从狭义到广义的发展过程。

对于 IMC 的基本含义，我们可以从以下几个方面去理解和深化。

第一，IMC 的核心和出发点是消费者。IMC 是一种以消费者为核心的营销传播理论，它代表着"生产者指向"到"消费者指向"的转化。也就是说，整合营销传播将企业从"我要推销什么"推向了"谁为何要买我的产品"的思考。正是这种指向的转化，标志着 IMC 理论对传统营销传播理论的颠覆。

第二，IMC 的目的是要建立与消费者以及其他利益相关者的一种持久的亲密关系。由于对品牌形象的重视，IMC 立足于一种长久关系的维系。很多知名品牌正是由于其一贯的传播而树立起了消费者对它的长久信任，甚至指牌购买。

第三，IMC 的基本要求是"用一个声音去说"。虽然后来 IMC 的发展证明它的贯彻执行远不止"用一个声音去说"那么简单，但是这仍然是一个最基本的要求。

第四，IMC 应当采取一种双向沟通策略。借助于双向沟通策略，整合营销传播更易于建立与消费者的持久亲密关系。双向沟通策略往往比大众传播手段来得更加有效，因为受众对自己独有的信息总是特别关注。此外，企业对潜在消费者的挖掘，还依赖于对公众信息资料的运用。

第五，IMC 认为营销即传播，传播即营销，营销在传播的各个发展阶段都在与消费者进行沟通，这是 IMC 的一个创造性的观点。

案例

国货品牌 Deeyeo 德佑的创新整合营销

Deeyeo 德佑在战略初期就开始用高质量的产品去为品牌树立形象、抢占消费者心智阶梯，从而赢得市场竞争。其中，德佑在"净全力，享生活"的主题营销中，通过创新明星代言、"天猫大牌日、天猫超市大牌狂欢"IP 联动、线下广告刷屏等整合营销传播，强化"爱干净的人都在用德佑"这一品牌认知，成功实现品牌的超级曝光。

二、整合视野中的广告传播

以往的营销传播过多地依赖广告，因此，广告策略的开发几乎就是全部营销传播信息策略的开发。即便是今天，由于广告运动所表现出的高度的成熟程度，以广告策略开发来引导整合营销传播战略，也是企业的普遍性选择。当然，在整合营销传播观念的指导下，广告角色有所转变，它已经成为全部营销传播链条上的一个环节。下面我们从传播对象和接触效果来考察广告的营销传播职能。

1. 传播对象考察：广告的营销传播职能

作为营销传播中最古老的一种手段，广告依然具有其不可替代的功能。李奥·贝纳广告公司曾经做过这样一个调查：在今天的公众眼里，广告形式超过 100 多种，几乎所有的促销形式都被公众看作广告。然而，在当今营销广告领域的一个普遍事实是，广告越来越多，广告费也越来越高，但是广告效果却越来越小，这已经成为令广告主和广告商头疼的一个问题。不过，这一切并没有阻碍广告费的不断攀升，大多数企业认为广告是一项持续投资。营销传播的目的是增加一个公司的品牌资本，其手段是建立品牌认知，以及在消费者的记忆中增强品牌认知度。这正如营销学家特伦斯·辛普所说的，投资于广告就如同是投资于品牌资产的银行。广告与其他营销策略一旦创造出独特和肯定性的信息，一个品牌就可以与其竞争对手区分开来，并在一定程度上避免价格竞争的影响。这是因为广告履行了一系列的营销传播功能，即告知、劝说、提醒、增值以及支援公司或者品牌的其他活动。

广告的基本营销传播功能是告知，它向消费者传递产品或者品牌信息，传达有关特征和利益的知识，并且促进品牌形象的建立。广告能够以相对较低的单位成本高效地接触到大量受众，有利于新产品或者新品牌推出，并通过消费者对成熟品牌的首选认知来增加对现有品牌的需求。它还可以通过推广新产品或者新品牌，告知消费者新的技术和新的使用方法。广告把劝说重点放在消费者和特定品牌的需求上。

此外，为了保持消费者对特定产品或品牌的记忆，广告还可以不断地提醒消费者，以便其在购买选择时习惯性地关注该产品或品牌。有效的广告有可能引起消费者对产品或品牌的兴趣，增加其被消费者选择的可能性。有研究证明，广告通过提醒没有购买过广告产品的顾客，可以影响消费者变换品牌行为。这就涉及广告对产品或品牌所具有的增值功能。通常，企业产品或品牌的增值功能主要通过 3 种途径实现：创新、提高质量、改变消费者认知。这 3 种要素互相依存，广告通过影响消费者感知来为产品或品牌增加附加价值。

广告在整合营销传播中还具有自我选择的优势，这就是说当一个品牌无法确定究竟谁可能对自己的产品感兴趣时，利用大众媒体广告，可以有效地激励对这个品牌有兴趣的受众关注并购买。

2. 接触效果评价：广告不再是营销传播的首选工具

长期以来，广告一直被当作营销传播的首选工具，形形色色的生产商、销售商和各种社会机构对广告倾注了大量心血，因为这些个人和机构从中看到了商业价值。然而，近年来一个突出的现象是，随着广告投入的不断增加，广告边际效益却在递减。之所以会出现这样的情形，很大的一个原因是长期以来广告主要依赖大众传媒作为信息渠道，把策略性创意作为实现价值的核心元素。广告的付费本质决定了它不可避免地以广告主和广告产品为中心的自我立场。当今，不同的广告手段越来越分化，企业产品或品牌对营销工具的选择，既要考虑不同传播形式的特点，又要考虑其在营销传播中的实际效应。正因为如此，在整合营销传播计划执行中，广告未必是营销传播的首选工具。总之，营销传播已经摆脱了过去对广告的盲目依赖，它意识到广告的可能与不可能，一切要根据目的而定。

总之，在现在的营销模式和未来一对一营销或关系营销的模式中，双向传播将会是建立和维持关系不可或缺的因素。要想与消费者建立关系，企业必须整合各种形式的传播，形成一致的诉求。

思考与练习

1. 广告媒介策划包括哪些内容？
2. 整合视野下的营销传播有什么特点？
3. 媒介排期有哪些基本方法？

第十三章　广告预算与广告效果测定

□**本章教学要求与目标**

　　教学要求：通过对本章的学习，学生应了解广告预算与广告效果测定的内容和方法、影响因素与程序。

　　教学目标：使学生掌握广告效果测定的主要方法和技巧，能够运用所学知识对广告效果进行科学、合理的评估。

□**本章教学框架图**

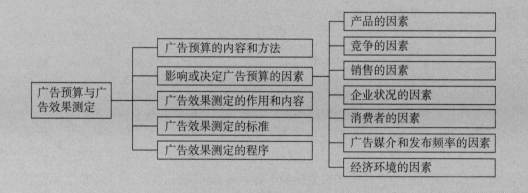

【本章图片】

预算活动经费是提高广告宣传活动经济效益和工作效率的重要保证。按照广告宣传目标和活动方案，将所需的费用分成若干项目，列出经费清单，准确地预算出单项活动和全年活动的成本，有利于企业统筹安排、事后核对和考查绩效。

广告效果的测定，通常是在某一广告计划牵涉较多广告费时进行，避免由于偶尔的失误造成严重损失。小规模的广告活动仍然需要进行测定，以便总结经验教训，提高广告效率。

第一节　广告预算的内容和方法

一、广告预算的内容

广告预算的内容包括两大类：一是直接的广告费，如市场调研费、广告设计费、广告制作费、媒介租用费等；二是间接的广告费，如广告机构的办公费用、工作人员的工资和广告活动的杂费等。

在进行广告预算时，可以从以下几个方面考虑。

1. 预测

通过对市场变化趋势的预测、消费者需求的预测、市场竞争性发展的预测和市场环境变化的预测，对广告任务和目标提出具体的要求，制定相应的策略，从而较合理、准确地测算出广告预算的总额。

2. 协调

把广告活动和市场营销活动结合起来以取得更好的广告效果，同时完善广告计划实施媒介搭配组合，使各种广告活动紧密配合，有主有次，合理地分配广告费。

3. 控制

根据广告计划的要求，合理、有控制地使用广告费，及时检查广告活动的进度，发现问题，及时调整广告计划。

4. 效率

广告直接为商品的销售服务，因此要研究广告效率，及时研究广告费的使用是否得当，有无浪费，以便及时调整广告预算计划。

二、广告预算的方法

确定广告预算总额的方法有很多种，都有其长处和短处，没有哪一种方法被认为是最科学的。因此，有些企业在编制广告预算时，往往采取两种以上的方法。企业常用的确定广告预算总额的方法主要有以下几种。

1. 销售额百分比法

这种方法是以销售额的百分之几作为广告费。采用这种方法主要考虑两个因素。一是销售额的高低。通常是根据上一年度销售额的多少来确定广告预算总额的多少，有时候是根据下一年度预计的产品销售额来确定。二是广告预算总额占销售额比例的大小。究竟将销售额的百分之几作为广告费，应视情况而定，通常一些企业会把这个比例设定在10%左右。不同的产品，不同的市场环境，不同的营销战略，决定了这一比例的变化。

销售百分比法的计算公式为：

$$广告费 = 销售总额 \times 广告费与销售额的百分比$$

如果企业上一年度的销售额为 1000 万元，而今年预计的广告费占销售总额的 4%，那么今年的广告预算为：

$$广告费 = 1000 万元 \times 4\% = 40 万元$$

由于销售额百分比法简单可靠，因此被很多企业采用。这种方法的缺点是比较死板，不能适应市场环境和竞争状况的变化，不能适应开拓新市场的需要。

不过，在竞争环境比较稳定、能够较为准确地预测未来市场动向和销售额的情况下，采用销售额百分比法是比较适宜的。

2. 利润额百分比法

这种方法是将利润额的一定比例作为广告预算总额。由于利润额又分为毛利润、净利润、广告费扣除前利润等，因此其计算方法也各有差别。

利润额百分比法既可以用上一年度的利润或前几年的平均利润额乘以一定比例，也可以用下一年度的预计利润额乘以一定比例，计算出广告费总额。

例如，某企业今年预计实现的毛利润为 1000 万元，广告费占毛利润的 2%，其广告费则为：

$$广告费 = 1000 万元 \times 2\% = 20 万元$$

利润额百分比法的缺点是不能适应环境条件的变化。比如，一种新产品问世，要开拓市场就需要投入较多的广告费，采用利润额百分比法显然不能适应这种需要。而且，与销售额百分比法相比，利润额与广告费之间的关系更为间接，因而采用利润额百分比法的企业要比采用销售额百分比法的企业少。

3. 销售单位法

所谓销售单位，是指商品销售数量的基本单位，如一个、一箱、一台、一辆、一瓶等。销售单位法规定每一个销售单位有一定数目的广告费，从而根据商品的预计销售量计算出广告费的总额。这种方法实际上是销售额百分比法的一种变形。

采用销售单位法的主要是以下两种类型的商品：一种是价格较高的耐用消费品，如机械设备、汽车、冰箱、电视机等；另一种是水果、酒类、化妆品等销售单位明确的商品。

销售单位法的计算公式为：

$$广告费 = 每件产品的广告费 \times 产品销售数$$

例如，某产品每件的广告费为 0.2 元，计划销售 150 万件，其广告预算则为：

$$广告费 = 0.2 元／件 \times 150 万件 = 30 万元$$

销售单位法的优点、缺点与销售额百分比法的优点、缺点相同。

4. 目标达成法

目标达成法首先是根据企业的营销目标确定广告的目标，再考虑为了实现广告目标应该采取的广告活动计划，如广告媒介的选择、广告表现内容的确定、广告发布的时间和频率的安排等，最后逐项计算实施广告计划所需的费用，累计后就是广告预算总额。

从理论上讲，目标达成法是比较科学的。但在具体实施中也有很多问题。广告目标通常分为 4 个阶段，即知名、了解、确信、行为。越到后面的阶段，广告的目标实现起来困难越大。特别是在广告影响消费者的购买行为方面，两者关系比较复杂。企业在宣传新产品时往往采用目标达成法，因为这时的广告目标主要是提高商品的知名度，而这种广告目标与广告发布时间、数量的关系比较明确，因而很容易推算出广告预算的总额。

目标达成法根据所依据的目标和计算方法的不同，又可细分为销售目标法、传播目标法和系统目标法。

5. 竞争对抗法

竞争对抗法是根据竞争企业的广告费来确定本企业能与之对抗的广告预算总额，即整个行业广告费越高，本企业的广告费也越高；反之，则越低。竞争对抗法是把广告作为商品竞争的武器，因而需要企业有雄厚的实力。

6. 支出可能额法

支出可能额法是一种适应企业财务支出状况的方法，要按照企业财力可能支付的余额，来设定广告预算总额。企业投入的广告费越多，广告活动越容易开展，而且在推销新产品时，采用支出可能额法效果往往比较明显。

7. 任意增减法

任意增减法是以前一时期的广告费为基础，考虑市场动向、竞争情况、企业财务能力等综合因素，根据经验将广告预算总额适当增加或减少。任意增减法虽不够科学，但计算简单，因而仍被一些企业采用。在运用任意增减法时，要求企业负责人具有丰富的经验和较强的判断力。

第二节　影响或决定广告预算的因素

一、产品的因素

什么是主打产品？产品是新产品还是老产品？产品与其他竞争产品差异大还是差异小？产品是内销还是外销？产品是日用品还是特购品？产品处在产品生命周期的哪一个时期？是导入期、成长期，还是成熟期、衰退期？以上种种问题都是进行广告预算时所必须考虑的因素。就产品生命周期而言，一般来说，处于市场导入期和成长期的产品，需要投入比较多的广告费，处于成熟期的产品所需要投入的广告费相对较少，衰退期则基本不需投入广告费。

在产品的因素方面还要特别重视产品的替代性因素。一般来说，如果在市场上没有其他产品可以替代，那么支出较少的广告费；而如果产品在市场上面临激烈的竞争，随时可能被竞争对手或者新出现的产品所代替，那么就需要支付较多的广告费来维持或者改善现有的地位。

二、竞争的因素

广告预算的经费多少及其分配通常受竞争因素的制约。一般来说，竞争激烈，所需广告费较多；竞争平缓，则所需广告费较少。当然，竞争还分主动与被动。如果企业主动与竞争对手进行广告对抗，则需要了解对手的广告攻势将会怎样应对，自己是否有足够的财力作保障来击败对手，此时投入的广告费相对较多。如果是企业被动地接受竞争，则需要考虑怎样才能进行战略防御，怎样才能以投入最少的广告费取得较好的防御效果，即市场损失最小，要考虑自己是否有足够的广告费作为保障发动反攻。

三、销售的因素

广告预算要考虑销售目标、销售的目标市场范围、销售对象、销售时间等因素。企业广告运动制定的销售目标越高，需要投入的广告费也越高。同样，企业对销售额高、利润率高的双高或者单高产品，公共经费的投入一般也较高，反之则较少。销售的目标市场范围不同，投入的广告费也有较大差别：主打市场，投入的广告费一般较多；非主打市场，投入的广告费一般较少，或者是不投入。不同的销售对象，对其投入的广告费也有所不同：集团销售对象一般投入的广告费广告较少，甚至是不投入，取而代之的是以公关为手段。

消费者个人作为销售对象，因涉及面广而需要投入更多的广告费。销售的时间因素也是广告因素所需要考虑的一个较为重要的因素。一般地，销售旺季广告投放量较大，销售淡季则广告投放量相对较少。

四、企业状况的因素

经营状况良好、财务负担能力较强的企业可以支付较多的广告费，而企业负担能力较差、经营状况不好的企业只能支付较少的广告费，或者根本无法负担广告费。企业的产品市场占有率基础较好，那么需要投入的广告费就较少；如果是没有市场占有率基础的新产品，那么需要投入的广告费就较多。企业状况的因素中还包括企业的营销战略状况。如果一个企业以广告作为主要营销战略和手段，那么即使该企业的财务状况较差，它也会进行赌博式投入，此时的广告预算必然较大。

五、消费者的因素

如果产品在消费者中的知名度较高，那么需要投入的广告费就较少；如果产品是没有任何知名度或者只有极少数的消费者，则需要投入的广告费就较多。因此，既要提高产品在消费者中的知名度、美誉度，又要节约广告预算，同时还必须认真研究消费者的心理、行为、习性等多方面的因素。例如，目标消费群体是喜欢看电视，还是喜欢读报纸；是喜欢逛街，还是有其他的爱好，这是必须事先了解的，因为不同的爱好所接触的广告媒体是不同的，因而广告预算也有很大差别。

六、广告媒介和发布频率的因素

广告媒介租用是广告投资的主体因素，通常媒介租用要占到广告总投资的 80% 左右。不同的媒介广告费有着巨大的差异，一般来说，电子媒介如电视、网络的广告费高于报纸、杂志的广告费，大众传播媒介的广告费高于小众传播媒介的广告费，如 DM 广告、POP 广告、招贴广告的费相对来说就偏低，但目前正呈上升趋势。而广告发布的媒介费越高、广告发布的频率越高、广告持续的时间越长，需要的广告费就越高。

七、经济环境的因素

广告预算还要考虑整个经济背景，如国际国内的经济形势、政府的经济政策、通货膨胀因素、社会自然阻力等宏观的经济环境因素。一般来说，经济环境较好或者有利时，投入的广告费就较多；反之，则较少。

第三节　广告效果测定的作用和内容

测定广告效果的有效性有以下几个作用。

① 尽快撤换低效率的广告。

② 防止好的广告被过早地替换。

③ 确定最佳广告预算并做好各个时期的预算分配。

④ 借鉴竞争对手的成败经验供自己参考。

⑤ 利用过去的经验，方便以后更好地推出广告。

广告效果测定可以总结整个广告活动的经验，检验广告活动是否合理，并且促进广告目标管理，是企业进行广告决策的依据，同时，可以促使改进广告的设计与制作，为正在进行的或以后的广告活动提供指南，增强企业广告意识，促进广告公司的服务水平。

广告效果测定的内容，最常见的是测定广告本身的设计，这包括广告的标题、图片、文字的内容、版面的安排，以及制作质量等，这些都是物质性的测定。除此之外还有观念性的测定，如广告所表达的创意是否适合消费者的心理需求，主题是否突出，是否达到良好的心理效果等。除了测定广告本身的变数外，其他变数还有传播媒介、时间安排、预算是否恰当等。在时间安排方面，则有传播时机是否适当、次数是否适宜等。在预算方面，要检验投入的预算是否合理，如何才能节约费用等。

广告效果测定所赋予的任务不同，则测定的难易程度也会不同。如所要求的任务只是测定一则广告在发布前的制作水平，则只要对该广告做观众或听众的反应调查，就可得到结果，程序简便，费用低廉。如果要检验整个广告效果是否正确，则涉及传播媒介的选择、发布时间的安排和预算开支等方面，这种测定工作耗时久、费用大，而且要采取各种较为复杂的测定方法。

第四节　广告效果测定的标准

观察广告效果可以分为 4 个指标：广告的到达、广告的注目、对于广告的态度、由广告影响产生的行动，这 4 个指标主要是从传播效果、诉求效果、受众行为效果 3 个层次进行划分。

第一个层次是广告的传播效果。它是指广告到达的范围、广告到达的人群、受众对广告的关注程度。

第二个层次是广告的诉求效果。它是指广告的形式、创意和诉求内容等对受众产生的吸引力和心理反应。

第三个层次是广告对受众的行为效果。它是指受众由广告产生的心理反应而导致的品牌偏好行为、消费倾向改变和购买行动。

这 3 个层次的效果是紧密关联且逐步实现的。

首先，是广告的传播效果，这就是说，广告效果首先体现在被受众看到，只有有效地覆盖了受众，并且被受众关注，才谈得上受众对广告的态度和行动。再优秀的广告，如果没有被有效的受众看到，或者看到的受众很少，那么它的效果也要大打折扣。因此，传播效果是广告效果的基础。

其次，是广告的诉求效果，它主要是广告表现和诉求对看到广告的受众的吸引力和影响力。诉求效果一方面取决于广告对企业战略、企业文化及营销策略和产品等的理解程度，另一方面则取决于广告的表现形式。

最后，是广告在影响受众（消费者）行为上的效果，这是广告诉求效果的延续，是广告投资效果的最终体现，也是广告主最关心的广告效果。很明显，传播效果是诉求效果和行为效果的基础，3 个层次的广告效果是依次递进的关系，评价广告效果也须按照 3 个层次去考察，以找到是哪一层次的广告效果没有达到预期，是哪一个环节出了问题。

第五节 广告效果测定的程序

广告效果测定的程序大体上可以划分为确定效果测定的具体问题、收集有关资料、整理和分析资料、论证分析结果和撰写测定分析报告等几个过程。

一、确定效果测定的具体问题

由于广告效果具有层次性特点，因此测定研究问题不能漫无边际，而应该事先决定研究的具体对象，以及从哪些方面对该问题进行剖析。广告效果测定人员要把广告主在广告活动中存在的最关键、最需要了解的问题作为测定的重点，确定正式的测定目标，确定测定课题。

确定要测定的广告效果的研究问题可从 3 个方面入手：一是调查者通过自己的观察、体验，去发现需要研究的问题，作为效果测定的目的；二是查阅文献，把握方向，了解现状，以个人爱好攻击一点；三是通过头脑风暴法，与那些有经验的人讨论，了解他们对问题的看法，再提出自己所要研究的问题。

一般来说，涉及广告测定的研究问题主要有以下 6 个方面。

① 整个广告的表现方法，如开拓型广告、竞争型广告、证明型广告等。

② 广告媒体如电视、报纸、广播、杂志的基本情况等。

③ 组成广告作品的各要素，如诉求力、标题、色彩等。

④ 广告不同刊载位置的相对价值，如左边与右边、封面与封底等。

⑤ 广告的重复性，如报纸和电视广告的频率等。

⑥ 两个以上的同类广告媒体易读性的比较等。

二、搜集有关资料

这一阶段主要包括提出假设、制订计划和调查方案、组建调查研究组、搜集资料等内容。

1. 提出假设

假设在广告效果测定上的功用可从两方面来说，一方面是为研究下一步工作铺路，指出研究的重点与方向，作为搜集资料的基准，同时对于分析资料的结果提供衡量与评估的标准；另一方面是同一个假设也可以作为不同的研究者分头研究的母本。

广告效果测定的假设可分为两类：一是描述性的假设，例如阅读率调查、收视率调查；二是相关性或解析性的假设，例如，假设彩色电视广告比黑白电视广告对消费者的购买行为较有影响力，或在《经济日报》同一版的广告上，右上角位置的广告比左上角位置的广告，受到更多读者的注意。

2. 制订计划和调查方案

所谓调查方案就是对某项调查本身的设计，包括调查目的的要求、调查的具体对象、调查表格的制定、调查范围的确定以及调查资料的收集等。所谓测定工作计划是对某项调查测定的组织领导、费用预算、人员配备、工作进度等所作的预算谋划。一般来说，只有大型的效果评估才分别制定方案和计划。通常一些内容不很复杂、范围较小的广告效果测定，只制订一个测定计划，再附上测定内容提纲即可。

根据广告主与测定研究人员双方的洽谈协商，根据广告效果测定的假设，广告公司应该委派课题负责人，写出与实际情况相符的广告效果测定工作计划。该计划内容包括课题进行步骤、调查范围与内容、人员组织等。如果广告效果测定小组与广告主不存在隶属关系，就有必要签订有关协议。按照测定要求，双方应在协商的基础上就广告效果测定研究的目的、范围、内容、质量要求、完成时间、费用酬金、双方应承担的权利与责任等内容签订正式的广告效果测定调查研究合同。

3. 组建调查研究组

在确定广告效果测定课题并签订测定合同之后，测定研究部门应根据广告主所提的课题要求和测定调查研究人员的构成情况，综合考虑，组建测定研究组。测定研究组应是由各类调查研究人员组成的优化组合群体，做到综合、专业测定人员相结合，高、中、低层次测定人员相结合，理论部门与实践部门专家相结合。这种"三结合"的测定研究组，有利于理论与实践的统一，使课题分析比较全面，论证质量较高。在课题组的组建中，应选择好课题负责人，然后根据课题的要求分工负责、群策群力地进行课题研究，才能产生高质量的测定成果。

4. 搜集有关资料

广告效果测定研究组成立之后，要按照测定课题的要求搜集有关资料。资料来源可分为原始资料和现成的二手资料，在实际调查中应尽量组织调查人员搜集二手资料。

例如，所要研究的问题是"药品的电视广告影响消费者产生购买行为的主因是什么"，假设是"药品的电视广告能使消费者产生情绪上的共鸣，是产生购买行为的主要原因"。

首先要对"药品的电视广告""情绪上的共鸣""购买行为"加以定义，然后决定搜集资料的方法，是用询问法、观察法、问卷法还是回单法、试验法。同时要考虑记录资料的工具，如录音机、观察表、问卷表等。

在进行搜集资料的过程中，为了避免误差，对调查人员的选择、训练都需从严进行。此外，从事效果测定，其调查结果的真实性，受样本的影响很大，因此样本必须能代表广告所要传播的消费者群体，这样才能从样本推知总体。

三、整理和分析资料

1. 整理资料

资料整理的基本方法有按时间序列分类、按问题分类、按专题分类、按因素分类等。调查人员从四面八方搜集来了堆积如山的原始资料和二手资料，这些资料价值不等，真实性有待确定，需要进行系统整理。整理属技术性工作，包括分类、鉴定、编号、列表等。分类是按照调查提纲要求，以问题归类。鉴定包括对资料数量的鉴定，如资料是否收集齐全、是否有重复或遗漏、是否有可比性等；也包括对资料质量的鉴定，如资料的真实性是否有差错、数据和情况是否矛盾。编号是指按页数编写顺序号，固定每份资料的排列位置。计算列表是把相关资料数据列成表格形式，以便对比使用。

2. 分析资料

运用整理出来的资料与数据，找出它们的内在联系，揭示资料所显示的意义，并从中得出合乎逻辑的实际结论，这就是分析资料。

分析资料的方法有综合分析和专题分析两类。综合分析是从企业的整体出发，综合分析企业的广告效果。例如，广告主的市场占有率分析、市场扩大率分析、企业知名度提高率分析等。专题分析是根据广告效果测定课题的要求，在对调查资料汇总以后，对企业广告效果的某一方面进行详尽的分析。

在分析过程中可以运用各种统计方法，并制成统计表。广告效果测定中应用最广的统计方法是百分率分配的计算、频数分析的演算及相关系数的推算等。

四、论证分析结果

所谓论证分析结果，即召开分析结果讨论会。论证会由广告效果测定研究组负责召开，邀请社会上的有关专家、学者参加，广告主有关负责人出席。运用科学方法，对广告效果的测定结果进行全方位的评议论证，会使测定结果进一步科学合理。常用的论证分析方法如下。

1. 判断分析法

由测定研究组召集课题组成员，邀请专家和广告主负责人参加，对提供的分析结果进行研究和论证，然后由主持人将意见集中起来，并根据参加讨论人员的身份、工作性质、发表意见的权威程度等因素确定一个综合权数，提出分析效果的改进意见。

2. 集体思考法

由测定研究组邀请专家、学者参加，对广告效果测定的结果进行讨论研究，发表独创性意见，尽量使参加会议者畅所欲言，集体修正，综合分析，并认真做好分析，以便会后进行整理。

五、撰写测定分析报告

测定分析报告是广告效果分析、检验、测定过程中最后的书面陈述形式，它是测定广告最后阶段效果的主要任务，是提高广告管理水平不可缺少的一个环节。广告策划者要对经过分析讨论并征得广告主同意的分析结果，进行认真的文字加工，写成分析报告。

测定报告的结构多种多样，没有固定格式。通常企业广告效果测定分析报告的主要内容包括以下几个部分。

① 绪言：阐明测定广告效果的背景、目的与意义。
② 广告主概况：说明广告主的人、财、物等资源状况，以及广告促销的规模、范围和方法等。
③ 广告效果测定的内容、基本方法等。
④ 广告效果测定的实际步骤。
⑤ 广告效果测定的具体结果。
⑥ 改善广告促销的具体意见。

思考与练习

1. 广告预算的方法有哪些？
2. 影响广告预算的因素有哪些？
3. 如何进行广告效果测定？

第十四章　广告策划书与广告提案书

□本章教学要求与目标

教学要求：通过本章的学习，学生了解广告策划书的格式和内容、广告策划书的撰写技巧、广告提案的内容、广告提案书的制作和提案使用的媒介。

教学目标：学生能将所学运用到实践中，能撰写广告策划书以及广告提案书。

□本章教学框架图

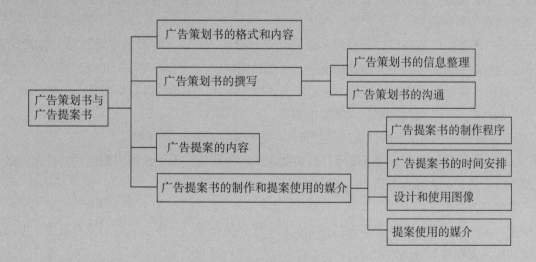

【本章图片】

广告策划书的表现与客户沟通部门有更为直接的联系。策划书表达是策划者整个广告决策形成、提出、传达这个传播过程的最后一个环节，又是让客户正式了解广告决策传播过程的首要环节，它在现实的营销沟通实践中有重要的地位。"说服"是广告策划书表达的直接目的。策划书为什么而写、为谁而写的思考应贯穿整个策划书编撰的始终。广告策划书的表现有两层意义：一是策划书自身的信息整理和表现；二是完稿后的策划书如何与客户沟通。

广告提案书不是广告策划书，广告策划书一般是非常详尽的书面计划，往往还有很多附件（包括各种调查报告、统计报告等），而广告提案书则必须是更加简明、重点更加突出的提案用计划书。广告提案书的主要内容其实都来自广告策划过程中所搜集的各种资料，建立在广告策划书的基础之上。因此，好的广告策划书其实是广告提案书内容拟定的基础。

第一节 广告策划书的格式和内容

目前在营销和广告界，广告策划书的格式灵活多变，无固定的格式，通常广告策划书应该包括以下内容。

（1）封面，一般印有策划书的名称、客户、策划机构、编号和日期等。

（2）内容摘要，置于策划书的第 1 页。主要对本策划要实现的目标、实现目标的策略、手段、途径，以及整个活动投入做简明扼要的陈述，目的是让决策者能对策划书一目了然，便于总体把握。

（3）目录，置于策划书的第 2 页，内容包括内容摘要、前言、市场分析、广告战略、广告实施计划、广告效果预测与评估、广告预算与分析、附录及附录中各主要文件。

（4）正文，主要包括以下几个方面的内容。

① 前言，说明制定策划书的背景与意义，指明所要解决的矛盾或问题，说明广告的目标与任务，必要时应说明企业的营销战略。

② 市场分析，是对广告环境分析研究的最终结果而形成的文字，主要由市场研究、消费者研究、企业经营机会与问题研究，以及竞争状况研究等几个部分组成。

③ 广告战略，是策划书的核心部分，是对广告谋略的阐述，包括广告目标对象、广告区域、广告时机、广告信息战略、广告媒体战略几大要素的内容。

④ 广告实施计划，包括主要的广告活动项目和广告活动的行动计划方案。

⑤ 广告效果的预测与评估，说明按照广告策划实施广告活动前提下预期可能达到的目标，这一目标以前言部分规定的目标为基本准则。

（5）广告预算与分析。

（6）附录，为使主体策划书不至于太过庞杂，有利于整体把握，一般将完整的调查报告、项目策划方案、具体的媒体发布计划等编入附录。

第二节 广告策划书的撰写

一、广告策划书的信息整理

让广告策划书的信息传递具备说服力的两个要点：一是容易进入和令人信服。容易进入就是要让广告策划书做得令人容易理解和美观，体现策划者良好的文字沟通素养和较高的审美趣味；二是广告战略决策本身具有科学性和可操作性。实际上体现的是策划者内在的专业素养，在信息梳理和表现上比较严谨。

1. 使策划书易于理解的技巧

要让概念易于理解，表述概念的文字就要尽可能简明扼要，可利用三次元矩阵、概念图表及实物插图等来解释概念。为了让客户能在最短的时间内了解策划书的概貌，应尽量在一页纸内将策划书内容提要列出。其他方法主要有：对目录、摘要及单张企划图等，利用 Gantt Chart 法、PERT 法等几种常用的流程图或进度表将广告计划以视觉化的方法进行整理与表达。在文字表述、段落布局、页面设计上体现重点内容，亦可将重点内容单独抽出，独立成册。不但总项要清楚，费用预算易于了解，而且所用项目都应一目了然。

2. 使策划书易于接触的技巧

在文字技巧方面，应采用简短、明快、准确的词，少用代词，可以先写结论再简要证明；局部可引入轻松的表达方式。在结构处理方面，策划书体系应井然有序；文段与文段、文段与图解之间的搭配要有起承转合与韵律感；核心内容和当前重要内容在表现形式上要有冲击力。在页面设计方面，利用页面区隔进行段落划分；有时可以在一页纸上用视觉化手段呈现整张策划书概念图或流程图；有时一页只阐述一个问题；策划书页面要统一设计，风格应大气，留有较大的空白。

3. 增加策划书可信度的技巧

第一，概念、术语运用严谨、准确，类别项目划分标准合理。

第二，结论能附简要证明。利用事实、数据支持，注明资料的来源，要求结果、结论是可见或可预测的。

第三，要有完整的 5W (What, When, Who, Where, Why)。

第四，可附上重要的实物插图、影印等可视材料。

二、广告策划书的沟通

广告策划书基本是一种信息载体和工具，策划者往往通过它在正式或非正式的说明会议或者提案会议的场合与客户进行沟通，有时是通过客户举办的策划方案的比稿、竞标会议提出。由于沟通技巧大部分涉及的是客户沟通领域，与说服性的人际传播有更密切的联系，因此可考虑采用以下手段协助提高沟通效果。

1. 视觉化协助

当前，广告策划书说明会沟通方式常利用幻灯片、视频等影像手段作为辅助性说明工具。在这个更加注重视觉的时代，策划书本身的视觉化，为在说明会上使用视觉化的资料无疑提供了一条有效率的信息表达路径。

2. 提前沟通

将策划书制作成单张"概要"，提前提交给各部门的关键人物，使之在接受策划说明之前对策划书有大致印象，也是一种较迂回有效的技巧。

3. 借助理论支持

在说明沟通会上，可巧妙地把客户的期望放入策划书，以增强说服力；也可以利用各种权威的研究结果、著名理论体系和名言支持广告策划书。

4. 气氛烘托

利用派遣的代表团人数、专用设备等，形成策划机构有实力、作风严谨的印象。利用会议场所的空间布置来体现积极的气氛。采用这些方法应注意控制，不要过于夸张，避免适得其反。

5. 分段报告

如果广告策划书包含的内容比较多时，可以采用分段报告的方式，以达到有的放矢的效果（表14-1）。策划书本身可以从概要与流程开始进行说明；在准备、调研、构想、决策、实施、评估等不同阶段可以分数次会议进行说明，每次均进行总结与整理，层层递进，推动一个广告运动的健康运作，最后应有总结报告。

表 14-1 广告策划书的分段报告表

广告策划书	报告内容
第一部分	行业分析
第二部分	企业战略布局
第三部分	品牌传播
第四部分	媒体投放和预算
第五部分	企业营销体系
第六部分	企业内部管理调整
第七部分	企业文化精神构建
第八部分	推广阶段计划表

第三节 广告提案的内容

广告提案与广告提案书不完全等同。广告提案的内容是以广告提案书为基础的，但广告提案不是广告提案书的口头述说。广告提案的内容是广告成功的根本，提案者的能力发挥是以广告提案内容为前提的。不管提案者的讲述和演示能力有多强，若提案内容出现失误，则意味着整个提案宣告失败。

广告提案的内容主要包括以下几个方面。

一、公司分析

应尽量使这部分内容简单，避免那些可能在产品分析中包含的材料。迅速地让客户体会到你非常了解他们的问题。

告诉客户你将如何提高销售额和利润。

确保将公司的情况与行业或者整体经济情况联系起来。

二、消费者分析

确保谁在使用本品牌产品和同类产品中的其他产品。

最低限度地采用人口统计变量来描述消费者，最好采用其他可以运用的标准来描述，而这些标准是建立在充分的市场调研以及对消费者消费行为和消费心理了解的基础上的。

采用重度、中度、轻度、平均水平以上等术语来描述使用状况，并用指数来说明这些术语。

如果你已经进行了直接调研，那么非常简单地描述你所做的，包括方法论。

简要地说明消费者希望从你的品牌或者类别中得到什么。

概括消费者的生活方式、品牌忠诚度，以及其他可能影响消费者对该品牌的看法或者感受的因素。

三、市场分析

简要说明用户和产品使用在全国的地理分布情况。

采用原始数据或者百分点来说明用户数量，采用选择性基础上的指数来说明使用水平（也就是重度、中度或者平均水平以上等）。

有可能的话，采用品牌发展指数和类别发展指数，但是应该注意目标受众对这些术语的理解。

四、产品分析

说明产品中能够满足消费者需求的成分，避免仅仅描述产品本身。

简要说明产品的优势和局限性。

产品评估中应包含对品牌分销、价格和以往广告的评估。注意这种评估不仅仅是描述这些信息。

简要说明消费者对品牌的感觉是否反映了真实的产品特征，是不是文化潮、广告、竞争，或者有关这种品牌形象塑造的结果。

说明消费者对这种品牌的感觉与他们对产品物质特征的感觉，这种产品拥有多少品牌资产？这种品牌在市场中如何定位？

评估建立这种品牌的机遇，它能否成为一个强大的品牌？给客户希望，但不要承诺太多。

五、竞争分析

评估竞争对手，避免简单地描述竞争对手，要从直接和间接的途径去了解对手。

简要说明竞争对手做得好的地方。

简要评估竞争对手的广告（简单到仅仅是几个句子）。

简要评估竞争对手的媒体费用。

针对消费者的感知状况，利用感知图表形式，将你的品牌与竞争对手的品牌进行比较。

六、问题和机遇

如果你没有在每一个分析的结尾处讨论问题和机遇，那么可在这里对其进行概括。

你对问题和机遇的讨论应该更多地集中在关于如何拓展销售渠道的结论上。

是否存在通过获得新用户来拓展销售渠道。

考虑采用 SWOT（优势、劣势、机遇、威胁）分析来总结问题和机遇。

考虑将问题转化成机遇，即使是多疑的客户也可能被乐观的前景所影响。

七、概述目标受众

尽可能简单地说明目标受众，说明他们是谁。在这里不需要提供任何理由。

通过说明选择主要市场、次要市场以及其他市场的基本理由来排列目标市场。

八、目标

如果你已经给出市场营销目标，那么在这里重复说明它们。

如果你能够设计实际的市场营销目标，那么在这里说明它们。

如果你没有市场营销目标，那么可以采用一般方式来说明你的销售前景，无须将它们放在幻灯片（或者其他媒体）上。

列举你的广告运动目标，说明你在后面的其他部分中将进一步对这些目标进行分类。

九、广告运动预算

建议将预算放在提案接近结尾的部分。如果将预算放置提案尾部，那么至少需要两种方式来进行呈现，需要详细说明分配给各部分的百分比，例如广告、公共关系和销售促进的百分比，以及分配给各个部分的资金数量等，都需要仔细说明。

如果你在提案的结尾部分提供这个信息，那么将预算与目标的实现结合起来。

十、市场营销传播战略概况

简要说明如何将所有市场营销传播工具互相配合，以实现广告运动的目标。

考虑采用图示来说明广告预算在各种市场营销传播工具上的资金分配状况。

在提案中，应自始至终强调营销传播战略和基本原则。

十一、创意战略

不管你要展示什么或要说明什么，它必须是特别的和与众不同的。你的形象、语言和风格都应该传达你的团队对广告的自信、兴趣和热爱。

迅速使观众记起目标受众，考虑用创意术语重新说明。

将你的创意战略总结为简单的陈述，考虑采用视觉材料来表现创意。

说明你的信息战略中的主要因素，例如大创意或者你的品牌定位，考虑采用视觉材料来说明这些因素。

展示信息战略中的主要因素，例如主题、广告语、基调。在说明你的实施方案时讨论这些因素，告诉客户为什么这些因素可以发挥作用。

如果你已有印刷广告的范例，那么将它们展示给客户，并说明你认为它们是多么与众不同。

阅读你的印刷广告中的标题，描述这个文案，但是不要阅读所有的广告，除非客户有这个要求。

对于电视广告来说，不要阅读受众能够看到的任何东西，如果他们看不到你的故事板，那么简单描述它们。

如果演示者可以自由活动，那么考虑离客户或其他受众更近一点，使他们能够更近地观察你。

十二、媒体战略

迅速进入媒体提案部分，展示原创性思维，整合非传统媒体。

如果你采用视觉材料来说明你的媒体目标，那么不要逐字阅读它们，如果你选择阅读你的媒体目标，那么根据到达率、频次、收视（听）率来展示目标。

可以通过图示来传播媒体组合信息。

采用曲线或者图表来说明媒体资金是如何在地理或者时间基础上进行分配的。

采用媒体日程表和预算来结束媒体提案部分。

十三、销售促进、公共关系和直接营销

简要陈述这个目标，说明它们如何与广告运动目标相联系。

用几个句子简单地说明战略，并迅速进入你的促销案例部分。

确保促销观点与你的广告相结合，并且能补充你的广告。

说明促销对实现你的目标的作用。

说明公共关系计划将如何补充其他市场营销传播行为。

将公共关系目标与广告运动目标联系起来。

简要说明战略，并且给出你的公共关系观点的范例。

说明公共关系行为将如何发生，讨论它们的成本。

如果在广告运动中采用直接营销，说明它如何适应其他市场营销传播工具。

非常简要地说明你的成本和日程表。

十四、评估

说明你将如何评估广告运动的效果，包括评估方法和评估指标。如果这是提案的最后一部分，那么你可以从这里进入最终陈述。

第四节　广告提案书的制作和提案使用的媒介

一、广告提案书的制作程序

广告提案书的制作程序大致分为以下几个步骤。

（1）决定提案书的内容。

（2）决定提案书的大纲。

（3）写出各部分内容的要点。

（4）为要点拟定相应的内容。

（5）考虑各部分内容的时间安排。

（6）对提案书的有关内容进行视觉化处理。

（7）调整广告提案书的格式。

二、广告提案书的时间安排

时间安排是广告提案书制作中很容易忽略的环节。有些提案者希望在有限的时间内安排尽可能多的内容，这样容易导致关键部分不够突出。

一般情况下，提案会的具体时间和时长都是由客户规定的，最好在客户感到疲惫之前结束。如果超时，可能会影响客户的其他工作。所以，在准备提案书时，要考虑如何避免超时。

客户如果采用比稿形式选择广告公司进行合作，通常会让比稿的几家公司抽签决定提案顺序。这种情况就更要求提案者控制时间，尽可能避免超时。糟糕的是，客户可能会打断你的提案。如果发生这种情况，提案成功的可能性就非常小了，因为客户只有在感到你的提案内容毫无意义的情况下才会打断你的提案。

具体时间的分配应该讲究技巧。心理学家对一定时间内受众的注意力集中程度有过研究。研究发现，如果按照 45 分钟的时长来计算，受众的注意力在最初 10 分钟是最高的，此后注意力逐渐下降，在 30 分钟左右时下降至最低点，在 45 分钟的最后 5 分钟，注意力又会急剧上升。所以，作为提案者来说，如果是 30 分钟的提案，可以将提案时间控制在 25 分钟左右，这样可以避免注意力急剧下降的阶段。当然，提案者也可以通过提高关注度来防止客户注意力的下降。

三、设计和使用图像

广告作为视觉信息传递的媒介，是一种文字语言和视觉形象的有机结合物。作为视觉艺术，强调的是观感效果，而这一视觉效果并非广告文字的简单解释。在广告设计中，图形创意的作用主要表现在以下几个方面。

（1）准确传达广告的主题，并且使人们更易于接受和理解广告的"看读效果"。

（2）有效利用图形的"视觉效果"，吸引人们的注意力。

（3）猎取人们的心理反应，使人们被图形吸引从而将视线转向文字。

对于平面广告中的图形设计，有其自身的表现要求，具体可体现为以下几个方面。

（1）要有新奇大胆的构思，以引起人们注意。广告运用联想、夸张、错视、置换等创作手法进行广告设计，寻求最能够引发消费者情感共鸣的触发点，从而促使消费者在欢笑之后接受广告。

（2）单纯而又突出的形式感。单纯的形式感易于让人们在短暂的时间内了解信息。现如今，人们的生活节奏明显加快，人们每天在有意和无意中接收各种广告信息。单纯而又突出的图形设计能在瞬间吸引人的注意，起到传达信息的作用。

（3）独特而具个性的表现方式，强烈的视觉冲击力。独特而个性的面貌是能够将自己与他人区分开来的需要。视觉冲击是在广告表现中随"个性化"而产生的，无个性的视觉形式很难产生视觉冲击。醒目、突出、抢眼的图形设计，能在形形色色的广告海洋中"跳"出来，引起人们的注意。

四、提案使用的媒介

提案使用的媒介有多种选择，主要有 PPT 文件、提案板、看板等。

1. PPT 文件

PPT 文件是应用微软公司的 PowerPoint 软件制作成的文件。PowerPoint 软件是到目前为止，运用得最为广泛的提案软件。

PPT 文件的优点是制作方便，容易存储和复制。缺点是如果制作方面出现问题就有可能显示不清楚。

2. 提案板

提案板缩短了你和客户之间的心理距离，你可以在上面书写、操作，还可以将它移至离客户更近的位置。对于客户来说，提案板看起来更直观。提案板的优点是使用方便，可直接用水笔书写，便于互相交流；缺点是书写不清会影响信息传递，书写时会造成沟通暂停。

3. 看板

看板的优点是具有较强的冲击力，如展示海报、户外广告的模拟效果等，有现实感，可悬挂在墙壁上；缺点是高质量的看板制作周期长，价格较高，携带不太方便，且容易损坏。在制作看板时一定要选择合适的材料，不要因为反光等因素而使客户无法看清。

思考与练习

1. 如何制作广告策划书？
2. 广告提案应该注意哪些问题？
3. 怎样让广告提案更有说服力？

第五编　广告策划方法论

　　广告策划的方法研究，一直是广告学发展的重点，也是广告产业整体发展的焦点。一百余年的现代广告发展史，不仅形成了众多思想独到、自成系统的广告策划方法，而且充分借鉴现代营销学、传播学、文化学、经济学等人文社会科学的研究成果，形成了许多跨学科，具有综合性和创造性的广告策划理论，产生了一大批优秀的既有丰富理论修养，又极具创意策划能力的广告大师，如伯恩巴克、奥格威、李奥·贝纳、韦伯·扬、罗必凯、霍普金斯等人，他们不仅创造了很多优秀的广告作品，而且创造了很多影响深远的广告策划理论，为人类奉献了卓越的广告作品。

第十五章 广告策划的基本理论

□本章教学要求与目标

教学要求：通过本章的学习，学生应了解广告策划的营销理论、广告策划的传播理论、广告策划的心理定位理论以及广告策划的品牌文化理论。

教学目标：使学生熟练掌握广告策划的基本理论，并能将理论与实践结合起来，更好地运用到今后的学习与实践当中。

□本章教学框架图

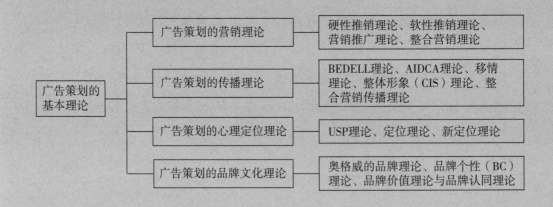

广告策划的基本理论	广告策划的营销理论	硬性推销理论、软性推销理论、营销推广理论、整合营销理论
	广告策划的传播理论	BEDELL理论、AIDCA理论、移情理论、整体形象（CIS）理论、整合营销传播理论
	广告策划的心理定位理论	USP理论、定位理论、新定位理论
	广告策划的品牌文化理论	奥格威的品牌理论、品牌个性（BC）理论、品牌价值理论与品牌认同理论

【本章图片】

广告策划的概念最早是由英国人爱德华·伯纳斯在 1955 年出版的《策划同意》一书中提出的，随即影响到整个英国广告界，一些创意型广告公司相继建立策划体系。从此，广告策划思想及工作方法迅速在西方广告界普及开来，许多国家都建立了以策划为主体、以创意为中心的广告经营管理体系。广告策划的出现是现代广告实践和理论发展的结果，使广告学的结构体系更加丰富，同时也使广告理论有了长足的发展，成为现在广告活动科学化、规范化的标志之一。

广告科学理论的萌芽得益于心理学、经济学、传播学、社会学等科学方法的引入，这些理论为广告学的独立发展奠定了坚实的基础。每个理论的发展，都为广告策划理论的形成提供了思想的养分，因为各个理论在不同阶段都有其强调的不同点，所以广告策划理论在各个阶段也有自己的侧重点。

广告策划的基本理论分别包含了广告策划营销理论、广告策划传播理论、广告策划的心理定位理论、广告策划的品牌文化理论 4 个方面，每个理论在社会的不同时期发挥着各自独特的作用，每个理论虽坚持自己的主张，但都不是单独存在的，它们相互之间有着千丝万缕的联系。

第一节　广告策划的营销理论

营销学理论研究的重点经历了从以生产、产品为中心的生产观念、产品观念和推销观念，向以消费者为中心的营销观念的转移。与此伴生的广告策划营销理论也在不同时期表现出不同的主张，其主要有早期的硬性推销理论、软性推销理论及后来的营销推广理论和整合推销理论。

硬性推销理论与软性推销理论，在如何运用广告进行有效销售的问题上存在极大差异，一方主张广告应说明销售理由和购买理由，以理服人；另一方主张用广告创造情感氛围，用间接的提示和委婉的手法发挥广告的说服力。但两者在推销商品的问题上，不仅没有本质的差别，而且具有理论基点与理论指向上的高度一致性。也就是这两种理论，不仅在当时各显辉煌，为企业主们创造出许许多多的产品销售奇迹，而且在广告理论的发展中，在广告诉求的问题上，形成两种最基本的理论指导和两种优长互补的最基本的诉求方式，即理性诉求与感性诉求，给后人无穷启示。

20 世纪初至 20 世纪 50 年代，广告理论的核心主张是推销。从"硬推销"到"软推销"都是围绕推销这一核心概念展开的，产品推销是这一时期广告理论的共同思维目标指向。正是从这个意义上，我们把这一时期的广告理论，概括为以产品推销为核心的广告策划硬性推销理论及软性推销理论。

一、硬性推销理论

所谓硬性推销理论，简单地说就是通过广告直接诉说产品的好处及向消费者说明购买此产品的理由。

以约翰·肯尼迪、阿尔伯特·拉斯克尔、克劳德·霍普金斯为代表的，都是硬性推销理论的坚定倡导者与实践者。他们的广告生涯都是处于 20 世纪初至 20 世纪 20 年代，又共同供职于洛德·托马斯广告公司，而且持一致的广告观念与主张，在当时形成了一个极有影响的广告流派，即硬性推销流派。

之所以称为硬性推销理论，主要是从人们心理接受的角度讲的，因为使用这种理论做出的广告总是很直接地陈述产品的好处，给人一种"硬邦邦、很直接"的感觉。

1. 硬性推销理论产生的背景

广告作为一种重要的销售促进方法和营销推广手段，其实务与理论的发展，总是与社会经济环境、市场学理论、大众传播理论相关联的。

20 世纪 20 年代，一些较发达的资本主义国家相继完成了工业革命，机械在社会化大生产中得到广泛应用，促进了工业生产的迅速发展。这次工业化浪潮推动了各主要资本主义国家的经济结构转型，完成了从农业到轻工业再到重工业的重大转变，世界经济结构随之发生显著变化，世界大工业文明在此基础上建立起来。此时，市场上的产品大量增加，产品销售逐渐成为企业的重要问题。市场学正是在这样的情况下悄然兴起的，其研究的重心放到了产品的推销方法上，这就使得当时的广告人也把广告视线集中到对产品的销售上，在这种经济背景下，广告产业获得了巨大发展。

而在这个时期，传播学的理论主要集中在对传播现象的探索上，重点体现为对大众传播媒介及其效果的探索。流传最广的传播效果理论便是"枪弹论"，也称"皮下注射器理论"。这种观点认为，大众媒介具有不可抗拒的传播威力，就像不可抗拒的子弹，而受众则像战场上毫无抵抗力的人们，或者像射击场上的靶子，大众媒介的传播，就像子弹对准靶子射击，靶子会应声倒下。传播学这个时期的理论也使得广告人在进行广告创作时，把受众当成靶子，认为其制作出来的广告，通过媒介传播就能使受众俯首称臣，无可抵挡。广告的硬性推销理论便是在这样的环境下应运而生的，虽然现在我们来看它，认为其显得太直接，可是在当时的情况下，它却发挥了重要的作用。

2. 硬性推销理论的理论特点

（1）强调广告是推销术中的一种。

硬性推销流派提出的"广告是印在纸上的推销术"认为：广告是推销术的一种，它的基本原则就是推销术的基本原则。

（2）强调广告的唯一目的就是实现销售。

广告是否赢利，取决于广告所引起的实际销售。广告是建立在销售原则基础上的，以赢利为目的的行为，你必须站在推销员的角度，逐个对广告进行比较，使其广告成本与销售结果相对应。

（3）强调广告应该被看作科学，应该诉诸人的理性。

硬性推销流派主张广告应说明销售理由和购买理由，以理服人。广告不一定要十分漂亮、悦目，重要的是讲清为什么值得花钱购买这种产品，一则好的广告应该是合情合理而不必多加修饰的销售工具。

二、软性推销理论

与硬性推销流派同时并存的，还有被后人称为"情感氛围派"的软性销售流派。雷蒙德·罗必凯、西奥多·麦克马纳斯是该流派的杰出代表。该流派有一套区别于硬性推销理论的、更为微妙的软性销售策略，它旨在以暗示和联想所造成的强烈的感染力和诱惑力告诉消费者：这就是那种能满足你需要或愿望的产品。

软性推销理论是相对于硬性推销理论而言的，它强调广告产品在人们内心所引起的一种情感的满足。它不是硬邦邦地直述产品怎么好、怎么划算，而是通过暗示巧妙地引发人们对拥有这种产品的一种情感喜悦。

软性推销理论具有以下理论特点。

（1）广告强调运用暗示与联想的手法，营造商品的完美形象，留给人们美好的回忆。

雷蒙德·罗必凯认为，好的广告不仅能劝说或影响消费者争购其所宣传的产品，而且能使一般公众和广告界都把它作为一件令人叹服的杰作而永记不忘，强调企业应在推销服务中增加情感服务的内涵，把原来单纯的赢利商业行为转变为传递人类美好情感的文化传播行为。

（2）强调用间接的提示和委婉的手法发挥广告的说服力。

罗必凯认为，应该尽可能比你的竞争对手更了解市场。广告公司应熟知每一个领域最有效的、可以引起消费者情感变化的、能够说服消费者的方式是什么并能够分析这些方式有效的原因，把这种研究应用到广告的创作中去。

（3）主张广告要传达消费者关心的事情。

罗必凯主张，广告内容要能够真实反映产品，向惯例挑战。他认为广告应尽可能传达消费者关心的事情，而不是一味地宣传自己和自己的产品。

（4）强调传递产品的质量和声誉的完美，广告策划的着力点仍然固守在产品上。

软性推销理论的重点仍然是放在推销产品上，这也是与当时的市场学重点放在推销上，以及传播学视点还只停留在初步的效果理论上等多方面因素相关联的。

硬性推销理论与软性推销理论的共同出发点是：以生产者为中心，以产品为中心，以传者为中心；重点考虑的是：如何以生产者去影响消费者，如何以产品去吸引购买者，如何以传者去作用于受者，即作为一个"推销者"，如何运用"推销术"，让"被推销者"接受"推销者"的产品。以生产者及其产品为中心的生产观念、产品观念、推销观念，以传者为中心的传者中心论，是早期市场学和传播学的普遍观念，也是当时人们的一种普遍认识，发生于这个时期的"硬推销"和"软推销"广告理论，采取以生产者为中心、以产品为中心、以传者为中心的理论思维取向。软性推销理论与硬性推销理论是并存的，它们是对后世广告人影响巨大的两大理论。

三、营销推广理论

在 20 世纪 50 年代末，杰罗姆·麦卡锡提出 4P 理论，对市场营销理论和实践产生了深刻的影响，被人们称为营销理论中的经典。

4P 指的是产品（Product）、价格（Price）、渠道（Place）和促销（Promotion），它主要解决的是产品成为商品的营销过程。实际上，4P 理论成了公司市场营销的基本运营方法，为营销管理人员提出了一个简洁和易于操作的框架，使其从较为繁杂的营销变数中找到了重要的因素，并将其进行有效的组合，从而更好地适应日益复杂的营销环境。即使在今天，几乎每份营销计划书都是以 4P 理论框架为基础拟定的，几乎每本营销教科书和每门营销课程都把 4P 作为教学的基本内容。

4P 理论可以说是整个市场营销学的根本理论。它的出现，虽然有时代赋予的局限性，但却支撑了整个市场营销学的发展。

第二次世界大战后，世界经济得到全面调整和复苏，社会生产能力迅速提高，社会经济发展进入良性循环的轨道。由于生产能力的恢复和发展，产品品种和数量日益丰富，消费者对于商品的选择余地越来越大，市场竞争日益加剧。在这样的市场态势下，消费者第一次真正被企业主摆放到了企业生产与销售的突出地位，市场权力从生产商手中转向了消费者手中。此时，市场学研究的视野有了新的拓展，并由此发生了一场重大变革，其变革的核心是由以"生产、产品"为中心的生产观念、产品观念和推销观念，向以"消费者"为中心的营销观念转移。市场学的研究范围突破了流通领域，深入生产领域与消费领域。

与市场学的深入发展同步，传播学的发展在 20 世纪 60 年代已经较为成熟，其诸多理论已经能为广告学提供较为丰富的理论支持，但此期的广告理论仍带着历史的惯性，更多的是在市场学范畴周旋。[①]

在市场学 4P 理论的基础上，广告人的视线也从"单一的产品"转向"产品的整个生产过程"，由此产生了广告的营销推广理论。

---

① 张金海，龚轶白，吴俐萍. 广告运动策划教程 [M]. 北京：北京大学出版社，2006：39.

营销推广理论具有以下特点。

（1）强调广告策划是营销可控要素促销中的一个组成部分。

这个时期的广告人清晰地认识到，广告仅仅是企业市场营销的 4 个要素中的一种手段。市场营销活动涉及各方面的因素，再也不是仅仅依赖广告这样的单一元素就能实现的。如果过分夸大广告的市场营销功能和作用，一味依赖广告来进行营销，一味认为广告在市场营销中无所不能，就必将导致营销的失败。

（2）强调广告策划在整个营销要素中不可替代的作用。

有很多人认为，既然广告是营销中的一个要素，那么就不必给予特殊的待遇，在做营销时顺带着做一下就够了，不需要专门的人才甚至专门的广告代理公司。实际上，这种观点是错误的，广告是一个非常专业的行业，其成败往往影响着消费者对企业营销活动的认识，关系到营销活动是否能顺利达到目的。

四、整合营销理论

整合营销的概念首先是在市场学的范畴中提出来的。1964 年，美国哈佛大学的教授鲍敦首次提出市场营销组合的概念，标志着营销本体的研究由单纯的推销和促销方式的研究，走向全面营销研究。后来，美国市场学家麦卡锡教授又提出著名的 4P 分类和组合理论。随着消费个性化、人文化、多样化特征日益突出，以生产为导向的 4P 营销理论因对顾客权利的漠视而受到越来越多的营销学者的批评。到 20 世纪 80 年代，美国的罗伯特·劳特伯恩针对 4P 存在的问题，提出了 4C 营销理论，他将研究的视点转向了以顾客为出发点，此时市场营销转向了整合营销时代。

4C 理论是早期的整合营销理论。

4C 理论包括 4 个要素，即产品必须满足消费者的需要和欲望，价格必须适应对消费者的成本、地点必须提供消费者购买的便利、促销必须实行有效的传播。

4C 理论明确提出企业应该多研究消费者的欲望和需求，研究消费者为满足欲望和需求愿意付出的成本，研究如何让消费者更方便地购买产品，考虑如何与消费者进行有效的双向沟通，建立基于共同利益关系之上的新型的企业和消费者关系。

4C 理论提供了一种新的视角，它重视消费者导向，从对企业的研究全面转向对消费者的关注。

值得注意的是，4C 是消费者导向，而市场经济发展到 21 世纪，要求的是竞争导向。4C 理论以消费者需求为导向，但对消费者需求的合理性认识不够。4C 理论被动适应消费者需求的色彩较浓，强调企业对消费者需要的服从，使得企业失去营销的主观能动性。另外，4C 理论的实践存在很大难度，在企业价值最大化的经营目标指导下，企业不可能满足消费者的所有要求。

1. 广告整合营销理论产生的背景

20 世纪 70 年代以来，社会经济的飞速高涨，社会生产与社会消费的变化所造成的市场环境的巨大变迁，导致市场营销及其理论研究的巨大历史变革和发展，从而成为这一时期广告理论发展的强大现实驱动力和理论引导力。这一时期的广告理论在整合营销观念的引导下，逐步从经验走向学理，从单一的广告推广走向系统的广告营销，进而走向更加高级的广告整合营销。

传播学理论在 20 世纪 50—60 年代，还主要集中在有限效果论上。到 70 年代，新的理论层出不穷，例如，设置议程理论、沉默的螺旋理论、第三者效果理论等。这一时期的传播理论研究是多元而系统、全面而深入的；是以传播效果为理论目标指向，以受众为中心的。这一时期的广告理论转向了广告营销与广告传播的系统整合，广告理论进入一个全新的发展时代。

2. 广告整合营销理论的特点

（1）强调广告策划由单一的广告策划走向系统的广告营销。

伴随着市场营销 4C 理论的提出，整个社会对市场的研究形成了一个明确的共识理论——整合营销。整合营销强调了企业从"生产产品到消费者购买"这一完整的市场链中各个要素的重要作用，强调了企业要实现利润必须通过对每个环节的分析，然后做出相应的营销对策，才能取得好的效果；广告策划作为企业营销中的一部分，不再仅仅局限于促销这部分，只为一个产品做促销广告，而是深入企业生产的源头，从企业生产产品的开始，就做广告营销的策划。

（2）广告策划的出发点与归宿点转向了消费者与受众。

整合营销是将消费者置于营销的核心，改变了以往市场营销的重心，消费者的需求被企业提到了最高的位置，与此伴生的广告视点也是以消费者为出发点，广告策划不再像以前那样仅仅是为推销产品而制作，而是从怎样才能引起消费者购买兴趣入手，广告策划的本质发生了方向性转变。

案例

力波啤酒：喜欢上海的理由

力波啤酒曾是上海最受欢迎的本土品牌啤酒之一。1996 年三得利登陆上海后，力波啤酒因为营销手段落后、口味不佳、广告策划单一，在三得利的进攻中阵地屡屡失陷，还曾因攻击三得利水源质量，被三得利告上法庭，既丢了官司，又丢了市场。

2001 年，力波啤酒开始了自己的抗争历程。首先，力波啤酒创作了广告歌曲《喜欢上海的理由》，很快风靡上海，在广告歌的推动下，提升了产品的知名度，力波啤酒的销量迅速回升。其次，利用 2002 年世界杯足球赛的机会，它和众多饭店联盟，推广"看足球、喝力波"的营销活动。世界杯足球赛之后，力波啤酒继续与餐馆终端联盟，推出"好吃千百种，好喝有一种"的广告攻势，引导消费者改变消费行为，从而使自己再次取得市场的领先地位。

第二节　广告策划的传播理论

广告不仅是一种主要的营销手段，还是一种典型的传播形态和传播方式。

"传播"一词源于拉丁文的"Communicate"，意思是"使共同"。传播学是 20 世纪 40 年代以来在报刊、广播、电视等获得快速发展的背景下产生的。它所研究的主要是人与人之间分享信息、媒介怎样进行信息传播及信息怎样被接收、怎样产生影响等问题。

一个完整的传播活动一般由发送者、信息、途径、接收者和效果 5 个基本要素构成。传播作为人类活动的一种，是一个信息发送者与接收者之间思想达成共识的过程。在传播过程中，无论是信息发送者还是接收者，都必须参与同一交流活动，从而使思想得以被双方分享。

广告是一种非常典型的传播行为，广告主与广告策划者是广告的传播者，广告信息是广告传播的主要内容，刊登广告的各种媒介是广告传播的途径，而接触广告的消费者或潜在消费者就是广告传播的受众。广告信息通过各种媒介传播给受众，并对他们产生不同程度的作用，这就是一个完整的传播过程。因此传播学的理论发展在各个时期都或多或少地影响了广告策划的思想，广告策划的传播理论也是这样逐步完善起来的。

在约翰·肯尼迪、克劳德·霍普金斯和阿尔伯特·拉斯克尔以前的和他们最初的时代，广告传播似乎也和其他的传播一样，就像射击场上瞄准靶子的枪弹，只要一击，靶子就会应声倒下。但到了 20 世纪 60 年代，威廉·伯恩巴克却不得不刻意地提醒人们："85% 的广告是没人看的。"就连大卫·奥格威也不得不承认："尽管现代广告公司设备精良，但广告却不像拉斯克尔和霍普金斯在草创时代创作的广告那么有效。"在这种情况下，广告传播的效果受到环境的限制，其非可控因素因环境的改变而日益增加，其"有所不能"的局限性也日益明显，并为人们日益清醒地感受和认识到。

20 世纪的广告传播理论在相当长的一个历史时期，比较多地倾向于市场，倾向于市场学的理论取向，而较少作为传播的观照，甚至当传播学主动将广告纳入自己的研究范畴，作为传播学重要的实证研究领域时，广告理论依然对传播学保持冷漠的态度，这也许是一种不自觉的排斥和拒绝。我们不得不承认，这是 20 世纪广告传播理论发展在相当长的一个历史时期内所存在的重大缺憾。

一、BEDELL理论

美国广告咨询专家 Clyde Bedell 曾在分析广告效果影响因素的基础时提出了一个复合表达式，以此来说明广告效果是若干相关因素综合作用的结果。我们称之为 Bedell 理论或 Bedell 模型。

Bedell 认为，广告效果可以看作广告主题定位、广告本身的传播技术及效果，以及广告之外的营销这三者综合作用的结果。

第一，广告主题定位。广告所宣传的产品和服务的品质好坏、价格是否合理，以及产品和公司名称是否有社会美誉，这是一则广告获得理想效果的基础性因素。针对特定情况能否做出准确定位，从根本上决定着广告是否成功。

第二，广告本身的传播技术及效果。一则广告符合传播学规律，传播内容具有较强的趣味性和说服力，那么就会有好的传播效果，否则就会出现技术层面的失误。

第三，广告之外的营销。广告要取得理想的效果，还需有广告之后的一系列营销政策措施相配合，以及外部环境给予的积极影响。

因此，我们可以把 Bedell 模型看作一个关于广告理论的一般模型。由此，我们可以引申出三大类型的广告理论，即广告定位理论、广告传播理论和广告营销理论。

Bedell 理论具有以下理论特点。

（1）强调广告本身必须有趣易懂。

（2）强调广告必须具有说服力，作明确的传达。

（3）强调广告必须跃出纸面，深入人心，对受众产生影响。

（4）强调广告对销售的促进作用。

Bedell 认为广告的创造性未必与效果一致，广告本身如果不能有助于销售，即使再有创造性，也无济于事。同时，他认为只有能卖出商品的创意才是最佳的广告创意。

二、AIDCA理论

AIDCA 理论也称"爱达"模型，是国际推销专家海英兹·姆·戈得曼总结的推销模式，也是西方推销学中的一个重要公式。AIDCA 理论是一个消费者行为理论，它的具体含义是指一个成功的推销员必须把顾客的注意力吸引或转变到产品上，使顾客对推销人员所推销的产品产生兴趣，进而采取购买行为，达成交易。

案例

在营销领域向客户展示你的产品或服务，是最经济的解决方案。

"××总工程师，我是上海食品仪表公司的推销员。今年我们公司试制开发了一种质量控制仪，专供丝绸纺织行业的厂家使用。目前全国已有18个省市的200多个厂家采用，使用效果很好，可以减少次品率15%以上，安装简单，使用方便。因此，我很想把这种质量控制仪推荐给贵厂，现在您能否抽出半小时，让我给您详细介绍一遍？"

这位来自上海的推销员首先将自己的身份和自己的企业介绍给客户，让对方了解自己的用意。进而，他详细说明所推销产品的性能、作用和功效情况，使客户了解自己上门的目的，引起对方的足够重视。最后，这位推销员及时提出约见客户商谈的请求，可谓恰到好处，瓜熟蒂落，毫无疑问，他是一位有经验的推销员。

AIDCA 理论是广告人员最常用的一种模式，它简单明了，通俗易懂。例如，

"咦，那是什么？"Attention：注意到商品广告信息。

"嗯，还不错。"Interested：产生进一步了解商品的兴趣。

"真想把它买下来。"Desire：产生拥有商品的欲望。

"嗯，看它的承诺挺好的，应该可以买。"Confidence：确定购买商品的信心。

"好吧，买！"Action：采取行动，去买。

从广告心理的观点而言，在广告作用阶段上引用 AIDCA，主要体现在以下 5 个阶段，即引起注目（Attention）、提起兴趣（Interested）、激起欲望（Desire）、产生信心（Confidence）、引起行动（Action）。

1. 第一阶段：引起注目

引起注目是广告人发布信息时做的第一件事情。基本上，当你把你的广告放置于那些读者、观众、听众、邮件接收者或者经过者的面前时，在他们可能看到或听到你的广告时，你就达到了这种视觉或听觉的注意。广告的位置、大小、色彩以及色调等，都会提高获得视觉或听觉注意的机会，当得到受众最大的视听注意机会时，你就获得了初步的成功。

2. 第二阶段：提起兴趣

顾客的目光被你的信息所吸引的同时激发兴趣。就像一个人打开杂志，只有将其短暂的注意转为实际的兴趣或者"内心的注意"才能留住他，否则杂志就会被随意翻过，或者干脆被扔进废纸篓。也就是说，你所呈现的信息必须经过精心挑选，并且能够引起你潜在顾客的私人兴趣。

3. 第三阶段：激起欲望

在这方面，如果你的信息通过描述或展示，能把你所能提供的利益点与潜在顾客的需求之间的关系讲得很清楚，且相互吻合，那么顾客极可能说："那正是为我准备的。"如果你所宣传的产品不能引起顾客的购买欲望，那么你所认为的好东西，再怎么宣传都是无效的。

4. 第四阶段：产生信心

假如你是推销员，可能顾客会对你加以怀疑并持有相当的戒心，你一定要使他们对你的承诺产生信心，你一定要知道用什么方法去做。首先，表示你理解他们的难处或感受，因而可能知道如何解决他们的需求；其次，沟通时要利用正向的语气启发其信心；最后，使用证言、权威人士的推荐、不满意退款等方式。

5. 第五阶段：引起行动

在绝大多数情况下，拖延是人类的通病，所以要思考把怎样的因素包括信息传递给顾客，才能刺激行动。在不可能运用此类刺激行动时，可把广告文案的结尾归纳起来，生动地重述其能得到的利益，以便再一次激发其欲望。

案例

蟠龙花瓶网上营销

首先，蟠龙花瓶网上拍卖广告引起潜在客户的注意：这则广告从生活中发生的一件小事入手。广告中的主角唐先生打碎了一只名贵的花瓶，他六神无主：如何向老婆交代？画面中出现了种种滑稽的设想（夸张的剧情引起消费者的广泛注意），唐先生被老婆赶出家门，他跑到网吧，发现网吧里头的每个人都在上拍卖网。

其次，创造出潜在客户感兴趣的事物：eBay跟Yahoo！的广告能激发客户潜在的购买欲望，他们会上网浏览。然后，创造出让客户感兴趣的事物，激发潜在客户的需求。

再次，广告给出蟠龙花瓶的购买价值——使消费者增强购买的信心。

最后，广告最终的目的是促使消费者把钱从钱包里拿出来，购买商家的产品，这就是引起行动，促使潜在客户采取购买行动，蟠龙花瓶网上拍卖的广告恰恰达到了这样的目的。

三、移情理论

"移情"是人类心理活动中的一种现象，通过它使得在一个对象上所产生的情感体验迁移到另一个对象上，于是后者也有了类似的情感体验，"移情"对广告理论的发展具有十分重要的启示。

广告中的移情理论最早是由诺曼在1952年提出来的，诺曼认为消费者对广告及产品之间的无意识的联想才是有意义的，认为奥格威所强调的在消费者与广告之间建立的有意识的联想——品牌概念，是没有意义的。他还认为广告语言的艺术感染力集中表现在以情动人上，即"感人心者，莫乎于情"。广告往往引导消费者去接近某种感觉、体验某种情绪、品味某种生活，给人隽永的回味，这实际上是移情作用。移情理论的作用机理是这样的，制造商对消费者说："我知道你想要什么。"消费者下意识地想："嘿，这家伙真不错，他了解我；这产品真棒……"

到了20世纪80年代，其理论主张是：在广告创意中针对目标群体，通过珍贵的、难以忘怀的生活经历及人生美好而温馨的体验和感受等诉求内容，唤起并激发目标受众内心深处的情感共鸣，并以此赋予品牌特定的内涵和象征意义，建立起目标对象的移情联想，从而产生互动沟通的传播效果。这种理论在同期的美国广告界被广泛运用。

可口可乐公司的J.W.乔格斯说："你不会发现一个成功的全球品牌，它不表达或不包括一种基本的人类情感。"这句话说出了情感因素在创造品牌附加价值中的地位。的确，情感比事实更容易跨越地域和文化的障碍，获得人们的共鸣。找到那些使我们共同需要的东西，如食物、水、住所、爱情、关心、美等。共鸣论侧重的主题是爱情、亲情、童年回忆等，经由记忆的时空隧道，赋予品牌特定的内涵和象征意义。

移情理论具有以下几个特点。

第一，最适合大众化的产品或服务。在拟定广告主题内容前，必须深入理解和掌握目标消费者。将目标消费者引入积极情绪的广告创作中，可以增加受众对广告诉求的品牌产生积极的看法，并减少消极的看法。被引入积极情绪的广告受众还会因此而减少对品牌内在品质的考虑，并且在更高的品牌喜好度的基础上形成品牌偏好。

第二，注意选择目标对象所习惯的生活方式加以渲染。对于广告而言，其创意的素材必须是积极的、围绕受众生活方式的，必须努力在品牌与使用者之间、在受众的情感与使用体验之间建立必然的联系，并通过不断的重复维持这种联系。广告通过把情感与受众的使用体验联系在一起，从而转变受众对某种品牌的使用体验，使得受众的使用体验更加丰富、温馨，更加令人激动，也更加容易让受众产生共鸣。

第三，努力构造一种能够与目标对象所珍藏的经历相匹配的氛围或环境，使之能与目标对象真实的或想象的经历连接起来。这类广告应注重利用目标消费者的移情联想，通过广告故事与生活经历的共鸣作用而产生震撼人心的沟通效果，建立起一种温馨的情感冲击，从而引起受众对广告作品的偏好。受众对于广告创意作品本身的偏好情绪，可以使他对广告品牌产生任何其他宣传效果无法企及的深刻影响。

移情理论认为，一种积极的、温和的、短暂的感情，包括人们生理上的反应，可以使人们直接体验与爱、家庭、友情有关的情愫，进而促进其在情感上的共鸣。

案例

在广告《左岸咖啡馆雨天》中，人所共同的东西中，除了儿时的回忆，还有雨天的心情。"细雨窗前，风起愁思；感时伤怀，见花落泪。"这些似乎像是人们心田的蜜泽，一旦陷入，就会绵软而不能自拔。我们来听听广告主人公的诉说：

"我喜欢雨天，雨天没有人，整个巴黎都是我的。这是 5 月的一个雨天，我在左岸咖啡馆。"

广告通过给雨天单薄的灵魂找一个诗意的栖息地，引发人们的共鸣。如果是"我"，也将别无选择地去左岸咖啡馆，这也是广告渲染的情绪所要达到的目的。该广告播出后，立刻掀起了一阵寻找左岸咖啡馆的热潮，其影响力可想而知。

第四，主题内容是爱情、童年回忆、亲情等。移情理论主张在广告中述说目标消费者珍贵的、难以忘怀的生活经历、人生的体验和感受，以唤起并激发其内心深处的怀旧情感，为广告受众将情感与品牌联系起来提供了另一条途径。也就是说，受众可以将情感上的反应（非条件反射）与广告（非条件刺激）联系起来，并进而将广告与品牌联系起来。

以怀旧演绎广告是移情理论运用的基本手法。怀旧是人们体验情感的方式，是引发共鸣的工具和过程，商家已经认识到，怀旧可以成为一种沟通和促销的手段。

总之，移情理论认为，除了传递信息外，广告创作还可以唤起诸如温馨、快乐之类的情感共鸣。这种情感共鸣如果处理得当的话，就可以和广告所要诉求的品牌产生联系。

四、整体形象（CIS）理论

CIS 是英文 Corporate Identity System 的缩写，即企业形象识别系统，也称企业形象设计系统。20 世纪 50 年代提出构想、80 年代发展完善的 CIS 理论，是品牌形象理论和定位理论更高层次的整合与提升，也是更高层次的运用与实施。它将企业经营活动以及运作此经营活动的企业经营理念或经营哲学等企业文化，运用视觉沟通技术，以视觉化、规范化、系统化的形式，通过传播媒介传达给企业的相关者，包括企业员工、社会大众、政府机关等个人和团体，以塑造良好的企业形象，使其对企业产生一致的认同，以赢得社会大众及消费群的肯定，从而达到产品销售的目的。

CI，即企业形象的统一组织、系统化管理。最先导入这一管理模式的可能是第一次世界大战前夕德国的 AGE 全国性电器公司。该公司采用了设计师彼特·贝汉斯所设计的商标之后，迅速将其运用到系列电器产品上，同时展开了一系列统一视觉形象的策划活动，取得了出人意料的效果。

1. CIS 理论产生的背景

20 世纪 30 年代，英国工业协会会长弗兰克·匹克负责规划伦敦的地铁设计，因其对字体的统一要求和加强整体艺术效果的举措，使建筑景观与运输功能统一、和谐，成为世界建筑设计史上的一大经典。

第二次世界大战之后，国际经济复苏，工商业迅速发展，市场竞争激烈，企业经营向多元化、国际化发展。随着产品的日益丰富和同质化，在广告中再单纯推销产品功效已难以形成产品区隔，由此产品的形象、性格或个性就成为产品差异化的一个重要手段。因为消费者在选择产品时理性成分减弱，更重视产品引起的心理感受，所以描绘产品的形象比强调产品的具体功用更有效。因此经营者们意识到原有的企业形象和销售形式越来越不能适应经济和社会发展的需求，必须建立一套具有统一性、组织性的系统，强调自己的企业与竞争对手之间的差别与个性特点，塑造独特的经营理念。

2. CIS 理论的特点

CIS 是由 3 个相互有关联的系统（MIS、BIS、VIS）构成的。

CIS 包括企业理念识别系统（Mind Identity System，MIS）、企业行为识别系统（Behavior Identity System，BIS）和企业视觉识别系统（Visual Identity System，VIS）三部分。

（1）企业理念识别系统。

企业的经营理念是企业在成长过程中演变形成的基本精神和具有独特个性的价值体系。企业理念识别系统是 CIS 最抽象、最深层的组成部分，其主体是企业的经营理念，核心内容是企业精神，即企业经营活动中长期形成的、为员工所认同的价值观念和群体意识，包括经营信条、精神标语、企业风格、经营哲学和方针策略等，还包括企业宗旨、行为准则、经营方针等内容。成功的企业 CIS 战略，往往是通过对企业内部经营观念的重新认识和定位，来指导企业的长期发展。

（2）企业行为识别系统。

企业行为识别系统是指企业在经营理念的指导下，对企业内部的引导和管理活动以及企业外部的经营行为，包括公关和社会公益。企业行为识别系统的个性特征在于充分运用企业所能运用的各种媒体及传播手段，采用多种形式和方法，最大限度地赢得内部员工和社会大众的认同。同时，这种行为系统又要求企业必须长期坚持，注重策略。它是企业理念中行为规范的物化表现，具体包括企业的对外行为活动和对内行为活动。前者有市场调查、促销活动、社会公益性和文化性活动等。后者有企业的生产管理、员工教育（包括敬业精神、服务水平、应接技巧、行为准则）等。行为识别系统归结到一点上，就是指企业内部人员的活动，以及他们在活动中所表现出来的举止、态度、行为方式等。

（3）企业视觉识别系统。

企业视觉识别系统是指企业通过静态的识别符号，传达企业的经营理念，强调企业的个性、主体性和共同性，以塑造独特的企业形象。企业视觉识别系统通过统一设计企业的标识和标准字体、装饰图案和线条来装饰企业的建筑物和活动场所，以及一切用品，使社会公众从整体上认识企业的独立系统形象。它包括企业名称、品牌标志、专用印刷书体、标准字体与标准色、企业宣传口号及徽章造型、图案等。

这三个系统既相互独立，又紧密联系。从中我们可以了解到 MI 是抽象思考的精神理念，是 CIS 的中心和依据，企业经营理念和企业战略的确定是实施 CIS 战略的关键；BI 是行为活动的动态形式，偏重过程；VI 通过视觉形象来表现企业识别的差异性精神，其效果最直接，在短期内的作用也最明显。

3. CIS 在美国和日本的发展

CIS 历经半个世纪而不衰，成为企业创立品牌，寻求可持续发展的基本战略。我们可以总结出美国型、日本型 CIS 模式。

（1）注重视觉形象的美国 CIS 模式。

美国型 CIS 自创立起，就一直被定义为："是以标准字体和商标作为沟通企业理念与企业文化的工具。"从实际操作来看，美国型 CIS 的设计侧重于 VI 部分，强调视觉传达设计的标准化，力求设计要素与传达媒体的统一性，使得企业标志、标准字体、标准色能充分运用在整个企业中，使美的视觉形象传达企业的整体信息。

美国著名的 CIS 设计大师绍尔·巴斯说："设计者的作用就是要创造出更加有效的视觉传达工具，对某种产品、观念和服务予以宣传……我们所用的工具不外乎线条、色彩、图形、结构和印刷技术。"因此美国型 CIS 用于企业外部宣传，以市场营销为导向。

美国是世界上全面推广 CIS 最早的国家，较具代表性的当属著名的 IBM 公司。1995 年，国际商业机器公司率先实施了 CIS 计划。当时负责规划的设计指导顾问诺伊斯曾经说过，IBM 所要实施的战略，是为了谋求"能表达它的产品先进性和时新性，为了此目的，我们不是寻求一个简单的主题，而是寻求一个灵活的、发展的传播系统"。IBM 公司总裁小托马斯·沃森提出的三大决策更是独树一帜，即通过建立企业发展战略，规定企业的经营性质与发展方向，这是企业生存、发展的动力源；通过制定企业行为规范，提升企业的服务档次，进而拉动潜在市场的开发；通过建立企业识别系统，形象地传播和展示独具风格的企业发展战略与行为规范。在实践中，IBM 那浅蓝色的标志系统孕育而生。该标志简洁、明快、流畅、美观，给人以"组织健全，充满自信，永远走在电脑科技尖端"的大型国际化公司的印象，赋予人们丰富的想象，同时也成为当今世界十大驰名品牌之一。

总体而言，美国式的 CIS 注重视觉形象，已经远远超出了宣传企业本身的意义，赋予了企业新的使命和新的文化。

（2）注重文化表现力的日本 CIS 模式。

美国大型企业公司导入 CIS 之后所取得的巨大效益极大地激发了世界各国的企业。20 世纪 60—70 年代，CIS 被引入日本，立即产生了巨大的反响。

日本的 CIS 与美国的 CIS 有所区别。日本把 CIS 作为生存的 CIS，即把继承和培育企业经营的宗旨视为作企业生存的根本。因此，它以企业内部作为 CIS 的工作重点，着重于确立经营理念、企业意识、企业凝聚力，这使得日本的 CIS 具有文化性。日本首先导入 CIS 的是金融业与商业零售业。日本第一劝业银行的"和蔼可亲的银行"的新宣传口号，受到社会各界广泛的好评。随后，大荣百货、伊势丹百货、松屋百货，以及制造业中的马自达汽车、日产汽车等纷纷登台亮相，形成了一股 CIS 热。

日本还十分注重在引进中的消化吸收。CIS 体系常常融入大量的民族文化和现代创新意识，着眼于培养员工对企业的长期忠诚度和荣辱感。

松下电器公司"工业报国、光明正大、团结一致、奋斗向上、礼貌谦让、适应形势、感恩报德"的"松下精神"，就是松下电器在创建 CIS 体系中对西方文化建设性的吸收。当然，日本也不忘保持美国早期视觉化的 CIS 广告宣传的功效。比较典型的代表如马自达公司，原名为东洋工业公司，长期沿用"松田"牌商标，经营业绩一直很不理想，国际销售中的误认率高达 70% 以上。1975 年，公司全力导入 CIS，首先，公司重新设计启用了全新的企业标志，把 MAZDA 作为企业标志、注册商标、企业产品名称的统一体，用现代构图法把 5 个字母并列连在一起，强化了字母组合图形的视觉感、立体感和动态感，既展示了换代产品的新风貌，又体现了国际企业的新形象。同时，蔚蓝色的专用标准色彩把公司生产经营活动的三大宗旨"创造的进取性、高度的品质感、丰富的人间性"转化为直接可感的视觉形象，既以现代工业识别设计开发更新名牌产品的优质特性，又以企业识别设计开发更新奇独特的品牌，塑造和渲染企业及产品的名牌形象，从而带来了可观的销售收入和高效的市场效应，使公司一举跃入世界500强之列。

4. CIS 在中国的发展

在20世纪60年代由台塑、味全等企业首开CIS风气之先，大有直追欧美企业之势。在实践中，它们广泛学习、吸收CIS的成功之法，努力改造企业，取得了明显的效益。

台塑集团最早开始实施CIS并取得成功，其波浪形、延伸式的企业标志，将所有各关联企业的标志结合在一起，表现了台塑集团产业的鲜明特点，同时也寓意着企业延续久远、兴旺发达。如今，台塑集团已由原先的7个关联企业，发展到十几个关联企业。味全公司的CIS计划实施也非常成功。

改革开放之后，国民经济迅速发展。于是，就诞生了诸如广东的太阳神集团、健力宝集团、江苏的春兰集团、李宁运动用品公司等成功企业。同时，出现了不少有实力、有创意的企业形象策划设计公司，为企业导入CIS服务。

在对CIS的认识上，中国型CIS强调企业文化、企业理念的作用；在运作方式上，中国型CIS比较认同三大识别系统工程的CIS观；在外观表征上，中国型CIS更接近于日本型CIS，这也许与它们都属于东方民族文化体系有关，但中国型CIS的中国色、民族味，是绝不同于日本型CIS的。中国型CIS由于植根于上下五千年深厚的文化土壤，更由于正处于改革开放、经济迅猛发展的旺盛时期，由各类型中国企业所衍生出来的中国型CIS运动更丰富、更完善、更具个性化。

五、整合营销传播理论

整合营销传播（Integrated Marketing Communication，IMC）是20世纪90年代初在美国首次提出的，它是国际广告界衍生出的现代广告新概念，被公认为是新营销时代的主流。其核心思想是企业如何通过传播的整合性、统一性、全员性、差异性来实现与顾客的有效沟通。整合营销的目标是致力于经营品牌关系，也就是充分整合企业的各种战略资源，通过对媒体资源的有效整合利用，与关系利益人进行互动对话，以此获得关系利益人、顾客的信赖和忠诚，达到蓄积强大的品牌资产的目的。

不同学者和组织对整合营销传播理论给予了不同的定义。

美国广告公司协会认为，整合营销传播是一个营销传播计划概念，要求充分认识用来制订综合计划时所使用的各种带来附加值的传播手段，并将其结合起来，提供具有良好清晰度、连贯性的信息，使传播影响力最大化。

美国南卡罗莱纳大学教授特伦奇·希姆普认为，整合营销传播学的目标在于直接或者间接影响顾客，其通过在市场上针对不同的顾客，进行"一对一"的传播，形成一个总体的、综合的形象和情感认同，通过消费者细分，并建立相对稳定、统一的品牌印象就是整合营销的最终目的。整合营销传播学认为，一名顾客或潜在顾客在产品或服务方面与品牌接触的一切来源均是未来信息潜在的传播渠道，进而整合营销传播利用与顾客或潜在顾客相关的并有可能被接受的一切形式的传播。总之，整合营销传播学开始于顾客或潜在顾客，然后反馈，以期明确规定说服性传播计划的形式与方法。

托马斯·罗索和罗纳德·莱恩认为，整合营销传播是指将所有传达给消费者的信息，包括广告、销售促进、直接反映广告、事件营销、包装，以有利于品牌的形式呈现，对每一条信息都应使之整体化和相互呼应，以支持其他关于品牌的信息或印象，如果这一过程成功，它将通过向消费者传达同样的品牌信息而建立起品牌资产。

在对整合营销传播的研究中，美国科罗拉多大学整合营销传播研究生项目主任汤姆·邓肯引入了"关系利益人"的概念来解释整合营销传播："整合营销传播指企业或品牌通过发展与协调战略传播活动，使自己借助各种媒介或其他方式与员工、顾客、投资者、普通公众等关系利益人建立建设性的关系，从而建立和加强他们之间的互利关系的过程。"

整合营销传播理论的先驱、全球第一本整合营销传播专著的第一作者唐·E.舒尔茨教授，根据对组织应当如何展开整合营销传播的研究，并考虑到营销传播不断变动的管理环境，给整合营销传播下了一个新的定义："整合营销传播是一个业务战略过程，它是指制定、优化、执行并评价协调的、可测度的、有说服力的品牌传播计划，这些活动的受众包括消费者、顾客、潜在顾客、内部和外部受众及其他目标。"

这一定义与其他定义的不同之处在于，它将重点放在商业过程上，这最终将形成一个封闭的回路系统，它深入地分析消费者的感知状态及品牌传播情况，最重要的是它提供了一种可以评价所有广告投资活动的机制，因为它强调消费者及顾客对组织的当前及潜在的价值。

唐·E.舒尔茨分别对内容整合与资源整合进行了表述。他认为内容整合包括：精准区隔消费者，根据消费者的行为以及对于产品需求进行区分；提供有力利益点，以消费者的利益为根据提供购买诱因；精准定位，确定目前品牌在消费者心中的位置进行品牌定位；区别定位，建立一个突出的、整体的品牌个性，以便于消费者能够区分本品牌与竞争品牌间的不同。他认为资源整合应该发掘关键"接触点"，了解如何才能更有效地接触消费者。传播手段包括广告、直销、公关、包装、商品展示、店面促销等，关键是"在什么时候使用什么传播手段"。

无论是内容整合还是资源整合，两者都应统一到建立良好的"品牌—顾客"关系上来。内容整合是资源整合的基础，资源整合推动内容整合的实现。例如，奥美的360度品牌管理和智威汤逊的品牌全行销计划都把品牌创建的焦点放到了资源整合上，而电通蜂窝模型则把焦点放到了内容整合上。

整合营销传播是指企业在经营活动过程中，以由外而内的战略观点为基础，为了与利害关系者进行有效的沟通，以营销传播管理者为主体所展开的传播战略，即为了对消费者、从业人员、投资者、竞争对手等直接利害关系者和社区、大众媒介、政府、各种团体等间接利害关系者进行密切、有机的传播活动，营销传播管理者应该了解它们的需求，并反映到企业经营战略中去；应该首先决定符合企业实情的各种传播手段和方法的优先次序，通过计划、调整、控制等管理过程，有效地、阶段性地整合企业的传播活动。

整合营销传播要求企业变单一传播手段为多种传播手段的综合，要坚持"一个观点，一个声音"的原则；要与消费者建立持久的关系，尤其是建立顾客品牌关系；要设法使企业价值链的各个环节、每位员工都参与传播，我们的社会已从口语传播社会跨入视觉传播社会，同时面临媒体分散化，人们越来越依赖符号、象征、图片、声音等传播形式获得信息。消费者的认知远胜于客观事实的现状，因此要想提高传播效率，必须使传播的信息转化成概念、影像、声音或经验，并能清晰辨认及分类，这种分类必须和人们既有的认知分类系统相符合。任何一种传播方式都不再单独起作用，各种传播方式和途径交叉整合，并发出同一种声音，才能够产生核裂变般的传播效果。

1.整合营销传播理论产生的背景

美国广告业发展到20世纪80年代末期的时候，市场营销领域发生了一些变化，出现了公关、客户关系管理、直销等传播形式。把广告、公关、直销、客户关系管理等营销传播活动整合起来，相互配合，服务于一个品牌，就形成了整合营销传播的概念。它在20世纪90年代初风靡于西方营销界，它的出现受到了多方面因素的影响。

第一，营销意识的更新，IMC认为传统营销的4P观念已成为明日黄花，新的营销观念已经转向4C，即消费者（Consumer）、消费者满足需求的成本（Cost）、消费者购物的便利性（Convenience）以及沟通（Communication）。

新观念证明：不要再卖你所能制造的产品，而要卖消费者所确定想购买的产品；暂时忘掉定价策略，快去了解消费者以及满足其需求所必须付出的"成本"；忘掉营销策略，应当考虑如何给消费者方便；忘掉促销，正确的方法是沟通。

舒尔茨用一句非常生动的话表述传统营销与整合营销的区别：前者是"消费者请注意"，后者是"请注意消费者"。

第二，IMC的兴起是以尊重消费者、科技和媒体为前提的，也是企业对环境变化适应的结果。随着科技的进步、IT产业的发展，消费者的生活方式发生了重大变化，购买行为呈现多样化的发展趋势。企业为适应这种变化，需要调节和整合各种营销活动，并不得不考虑怎样才能与利害关系人进行有效沟通，与其保持一种持久的、良好的、积极的关系。

第三，消费大众开始显示自我，强调个性，形成独立存在。因此，通过大众媒体接近更多消费者的大众营销逐渐被以消费者个体为对象的营销所取代。传统的将消费者平均化的通用型传播失去了以往的威力。

第四，当今社会的商品交易关系通常是建立在交易双方长期信赖和互惠的关系基础上的，企业必须从追求自身利益最大化转向追求各当事人的互惠关系的最大化。因此，企业必须跟与经营活动有直接、间接关系的一切利害关系者进行有效的沟通。

第五，数字技术的发展使企业能够以一种前所未有的速度对个体消费者和潜在消费者的信息进行收集。互联网将企业和消费者带上了信息的高速公路，企业有了比以往任何时候都敏锐的客户洞察力，手中掌握着先进的信息工具，并通过专门的媒体或工具与消费者进行高效的沟通。

第六，替代商品泛滥的市场状况，使得把产品开发作为主要盈利手段的做法显得日益艰难，企业以产品竞争力为基础的产品差别化变得很困难，开发新产品也不容易，即使开发出新产品，仿制品也会很快上市，产品的领先优势难以保持；至于价格策略，降价固然重要，但也难以与低价的无商标产品竞争，即使通过合理的流通渠道节约费用、降低单价，也有一定的限度。因此，要创造竞争优势，企业不得不考虑新的出路。整合营销直指消费者，要在消费者心中树立企业的品牌形象。独特的品牌形象，具有不可替代的作用。

2. 整合营销传播理论的特点

整合营销传播在日益复杂的现代商业社会环境中正在不断地进行演进和升级，而总体概括而言，整合营销的传播整合有以下7个层次。

（1）认知的整合。

要求营销人员认识或明确营销传播的需要。

（2）形象的整合。

要保证信息和媒体的一致性。一是指广告的文字与其他视觉要素之间要达到的一致性；二是指在不同媒体上投放广告的一致性。

（3）功能的整合。

把不同的营销传播方案编制出来，作为服务于营销目标（如销售额与市场份额）的直接功能，也就是说每个营销传播要素的优势与劣势都要经过详尽的分析，并与特定的营销目标紧密结合起来。

（4）协调的整合。

人员推销功能与其他营销传播要素（广告、公关、促销和直销）等直接整合在一起，这意味着各种手段都用来确保人际营销传播与非人际形式的营销传播的高度一致性。例如，推销人员所说的内容必须与媒体上的广告内容协调一致。

（5）基于消费者的整合。

营销策略必须在了解消费者的需求和欲求的基础上锁定目标消费者，在给产品以明确的定位以后才能开始营销策划。换句话说，营销策略的整合使得战略定位的信息直接到达目标消费者的心中。

（6）基于风险共担者的整合。

这是营销人员认识到目标消费者不是本机构应该传播的唯一群体，其他共担风险的经营者也应该包含在整体的整合营销传播战术之内。例如，本机构的员工、供应商、配销商以及股东等。

（7）关系管理的整合。

这一层次被认为是整合营销的最高阶段。关系管理的整合就是要向不同的关系单位作出有效的传播，公司必须发展有效的战略。这些战略不只是营销战略，还有制造战略、工程战略、财务战略、人力资源战略以及会计战略等。也就是说，公司必须在每个功能环节内（如制造、工程、研发、营销等环节）发展出营销战略，以达到不同功能部门的协调，同时对社会资源作出战略整合。

整合营销传播理论是企业组织为适应已经变化了的和正在变化着的市场环境，而在动态复杂的市场环境中总结成功企业的营销实践而升华的现代营销理论与方法。它有以下几个显著特点。

（1）强调对各种营销工具和手段的系统化整合，营销即传播，传播即营销，二者密不可分。

早期的 IMC 理论以促销与传播的整合为重点，即通过各种传播活动为企业及其品牌形象实现“一种形象和一个声音”的目标。随着整合营销理论与实践的发展，企业认识到整合营销传播已经涉及与企业营运相关的更为广泛的领域，它已经从一种协调和联合各种传播要素的战术性传播管理方法发展成为一种企业战略管理工具，即企业组织能够按整合营销模式制订战略计划并执行所有的市场传播活动。

（2）营销焦点由“以产品为中心”转化成“以受众为中心”，营销理念由 4P（产品、价格、渠道、促销）转向 4C（需要与欲求、成本、便利、沟通）。

大众营销时代已经过去，分众营销（群营销）乃至一对一营销时代已经到来。在舒尔茨教授看来，“以产品为中心”将被“以受众为中心”所取代，以厂商为中心的 4P 营销被 4C 营销所取代。

舒尔茨认为，整个营销过程就是一个与客户沟通的过程，要让顾客了解产品（服务）的价值，以及它是为谁设计的。企业传播的信息如果与顾客大脑中既有的信息相契合，或与外在的来源相契合，它才有效力。

（3）强调传播的综合性、一致性、持续性和针对性。

IMC 理论的核心是将与企业进行市场营销有关的一切传播活动一元化。一方面把广告、促销、公关、直销、包装、新闻媒体等一切传播活动都涵盖到营销活动的范围之内；另一方面则使企业能够将统一的传播资讯传达给消费者。所以，整合营销传播也被称为“异口同声”，即营销传播的一元化策略。IMC 要求变单一传播手段为多种传播手段的综合，要坚持“一个观点，一个声音”的原则；要与消费者建立持久的关系，尤其是建立顾客品牌关系，因为品牌是一种关系；要设法使企业价值链的各个环节、每位员工都参与营销传播。

20 世纪 90 年代以来，受以网络为代表的传播新科技的冲击，媒体环境产生了巨大变革，新的媒体生态已经形成，媒体的数量越来越多，大众传播向公众化、个人化方向发展，每个媒体所覆盖的受众群体越来越小，而每个受众所接触媒体的数量却越来越多，其选择的自由度也越来越大。同时，媒体的种类也越来越多，新兴媒体令人目不暇接，有效的沟通方式迅速崛起，如能与消费者直接沟通的直邮、促销、公关、事件等更受企业青睐，其费用增长速度已明显高于传统媒体费用的增长。因此，

IMC 的第一步就是建立企业统一形象，巩固传播计划。凡是能将品牌、产品类别和相关信息传递给消费者或潜在消费者的，均被视为可以利用的营销传播工具。在这一层次上，IMC 就是利用系统化、一体化的观念和方法，协调组织所有的营销传播工具，使之协同化、集中化，从而获得强有力的品牌形象。

（4）强调科学的数据分析、建立系统的资料库。

IMC 的基础是科学运作，尊重数据。从某种程度上说，数据库营销不是仅仅作为一种营销工具存在着，而是作为营销的生命线而存在着。具备健全而丰富的市场调查和数据资料，有利于我们更加明确自己的目标受众，也有利于我们规范服务，使服务更具针对性、更有效率。

企业利用 IT 的技术能力和潜力进行资料库的建立，强化反馈系统，通过了解消费者购买决策过程来呵护现有的顾客，进而引发潜在顾客。

其一，了解 IT 是以什么方式将信息传递给客户或潜在客户及其他目标群体的。用 IT 传递信息最大的好处是由客户自己选择接收信息的方式和时间，他们可选择在最方便的时间和地点来阅读信息。

其二，掌握和储存客户及潜在客户的有关信息。处在第三层次的公司不仅搜集客户的姓名、地址、电话，而且要掌握过去购买行为的特点和购买能力，要花大力气去搜集了解客户的态度、嗜好以及不断变化的需求。掌握的信息越多，分析购买和再购买的能力就越强。

第三节　广告策划的心理定位理论

广告大师伯恩巴克说："广告是劝说的艺术。"他在 20 世纪 60 年代就提出广告的本质是改变人们对待产品的态度。伴随市场营销学市场细分理论的发展，广告学形成并发展了一个全新的理论，即定位理论。定位理论的核心并不是改变产品本身，而是通过广告传播的方式，作用于人们的心智。自 20 世纪 70 年代定位理论提出以后，迅速对人文社会科学的各个领域产生了重要影响，形成众多的定位系统，如企业定位、品牌定位、营销定位、产品定位、消费群体定位、广告策略定位等，形成强劲的定位思潮，对后来的营销学、传播学及各种人文社会科学产生了深刻的影响。

一、USP理论

罗瑟·瑞夫斯是 USP 理论的倡导者。他在达彼思广告公司工作期间，提出独特销售主张（Unique Selling Proposition，USP）理论。USP 理论的核心是"明确的概念，独特的主张，时效的销售"，强调广告独特的主张激发消费者的记忆，这也是广告策划的早期心理定位理论。

1. USP 理论产生的背景

USP 理论是在总结前人广告理论的基础上，针对前人广告理论的弱点，为适应当时的经济条件而提出来的，它的产生，有其独特的社会背景和理论环境。

首先，从社会背景来看，第二次世界大战结束后，世界经济得到全面调整和复苏，社会生产能力得到迅速恢复和发展，社会消费水平与消费能力日益提高，社会经济的发展进入良性循环的轨道。由于生产能力的恢复和发展，产品品种和数量日益丰富，消费者对商品的选择余地越来越大，市场竞争日益加剧。

以美国为例，因战争的需要而急剧膨胀起来的军事工业，因战争的结束而纷纷转向民用工业。同时，随着第三次技术革命的深入以及电子计算机的发明和应用，工厂的许多设备逐步实现自动化，生产效率大幅度提高，社会产品不仅在数量上迅速增加，花色品种更是层出不穷，企业主之间的竞争，在产品的品种与质量上，在生产领域、流通领域、消费领域全面展开。与此相随，垄断资产阶级及其政府汲取 20 世纪 30 年代经济危机的教训，推行高工资、高福利、高消费及缩短工作时间的政策，提高消费者的收入水平和生活水平，刺激消费者的消费需求和购买能力。于是，消费品市场已成为卖主之间激烈竞争而买主处于优势地位的买方市场。

在这种市场态势下，企业主清醒地认识到，用大批量单一产品面对市场，已经无法满足消费者的消费需求，人们不仅对商品质量的要求越来越高，而且对商品多方面的选择也越来越挑剔。因此企业间的一切经济活动都必须以消费者为中心，只有从消费者的实际消费需求出发，创造和提供适应需求的产品或劳务，才能保证生产者和消费者之间的潜在交换得以顺利实现。否则，即使生产的产品质量再好，也会因为不适应消费者的消费需求而不能实现销售。消费者第一次真正被企业主放到了企业生产与销售的突出地位，成为企业生产与销售的中心。

因此，此时的广告要更多地表现商品的独特性，找寻商品的独特诉求点，打动消费者，这个独特的诉求点需要对消费者有强大的吸引力。

其次，从营销学、传播学的发展经历看，美国在 20 世纪 50—60 年代的营销观念是以推销为中心，重视产品导向而非消费者导向；这个时期的传播理论也是重视"传者本位"，即认为大众媒介具有无往不胜的传播威力，而受众则处于被动的地位。这种营销观念、传播观念，反映在广告理论上，表现为广告关注的是产品本身，力求的是提高产品的销售额。

因此，USP 的理论的视角是放在了帮助企业推销产品上，而不是消费者诉求上，这也是该理论的缺陷。

2. USP 理论的内涵

（1）立足于找出产品本身的功效点，确立广告的"独特销售主题"。

USP 理论强调广告策划必须是建立在产品自身的基础之上的，必须是产品本身所具有的好处和功效，而不是广告或广告人的主观反应、主观制造。USP 理论即独特销售主张理论，这一独特主张是同类产品的广告宣传中不曾提出和表现的，实际上就是霍普金斯提出的"预先占用权"问题，瑞夫斯把它叫作"率先得到 USP"，并认为某产品一旦率先得到 USP，其他同类产品是"不能只凭广告语窃取的"，除非是更新、更好并有更大广告投入的产品。

瑞夫斯认为，霍普金斯的"我们的瓶子真用蒸汽清洗"的啤酒广告，以及"除去牙垢"的牙膏广告，都是帮助所推广的产品率先得到 USP 的范例。

在瑞夫斯看来，事实上，你可以抓住所有同类产品共同拥有的特质，宣称你的产品有这样的特质。例如，高露洁牙膏有句广告语"清洁牙齿，清新口气"沿用至今，其实几乎所有的薄荷味的牙膏都有这样的特质，但是瑞夫斯让高露洁牙膏第一个这样宣称，别人这样说就是模仿。瑞夫斯一旦完成一个成功的广告，他就会一直沿用下去，只有在出现了更好的广告的时候才会更换，如果没有问题，则坚决不做修改。

正是在这一理论主张的指导下，瑞夫斯和他的达彼思同事们创作出许多极有销售力的广告。例如，总督牌香烟有 2 万个滤泡、棕榄香皂使肌肤更美好、神奇洗衣粉是没有臭味的清洁剂、乳酪米提供更多的碳水化合物、奇妙面包含有丰富的矿物质等，都堪称经典之作。

（2）向消费者明确陈述一个消费主张。

瑞夫斯有着鲜明的理论倾向，他以"革命性"和"经典定义"来推崇约翰·肯尼迪所提出的"广告是印在纸上的推销术"的理论主张。他一再不遗余力地批评那些"看上去也许很漂亮，但却缺乏推销的内容和目的"的广告。他的著名的 USP 理论，实质上是推销术主张在新的市场条件下的一种理论深入和实践深入，准确地说，是以约翰·肯尼迪、克劳德·霍普金斯、阿尔伯特·拉斯克尔为代表的硬性推销理论主张在新形势下的继承和发展。

在《实效的广告》中，瑞夫斯对这几位广告先哲给予了极高的评价，表现出倾心的仰慕，其理论主张的基点，更表现出与硬性推销理论主张的高度一致。USP 理论所主张的广告必须向消费者明确陈述一个主张，实际上就是广告必须明确说明一种销售理由和购买原因的另一种表述方式。至于 USP 所包含的其他理论要义必须是独特的，必须是同类产品的宣传中没有提出和表现过的，应具有强大的吸引力，才表现出瑞夫斯的理论发明和创造。

（3）强调广告传播的单向性。

在大众营销时代，USP 理论更多地关注产品本身。尽管罗瑟·瑞夫斯开始注意到消费者，但在具体广告实践中，由于当时历史条件和环境的限制，他对消费者的实际需要考虑仍然较少。因此 USP 理论不可避免地呈现出单向传播的特点。

（4）USP 理论仍是建立在"术"的探求的基点上。

瑞夫斯对广告本质功能的认识是实效的推销术，认为广告就是考虑如何从产品自身出发，寻找产品本身的差异性，以尽可能低的成本让尽可能多的人记住一个独特的销售主张。他认为广告是建立在一些原则基础上，根据基本规律进行运作的；他认识到在商品竞争日趋激烈的情况下，广告的作用并不是无所不能，而是有所不能。

瑞夫斯继霍普金斯之后高举科学的旗帜，使广告由艺术走向科学；但其广告理论仍然是围绕核心概念"推销术"而展开的。

USP 理论与先前的原因追究法派和情感氛围派的观念一脉相承，其精髓都是突出产品，突出产品所蕴含的值得人们购买的原因和理由。但 USP 理论也有超出二者之处，那就是更强调科学与调查，更具有理论的完整性。

20 世纪初至 50 年代，广告传播理论的核心概念是推销，从"硬推销""软推销"到 USP，都是围绕"推销术"这一核心概念展开的，都是在广告领域里，人们为有效发挥和实现广告的产品推销功能，所作出的积极探索。而"推销术"概念的产生，进而成为市场运作与市场理论、广告运作与广告理论关注的焦点，是 50 年里由卖方市场逐步向买方市场演进的结果。产品推销是这一时期广告理论的共同思维目标指向。正是在这个意义上，我们把这一时期的广告理论概括归纳为以产品推销为核心意义的广告理论模式。

这里需要特别指出的是，与"硬推销""软推销"的广告理论相比较，USP 理论是这一时期广告理论的重大进步与发展。第二次世界大战结束至 20 世纪 50 年代，真正意义上的买方市场正式形成，急需从事市场运作与广告运作的人们作出积极的理论回应与实践探索。这一时期市场学研究范围的拓展与理论的变革，是在市场学领域的一种回应，USP 理论则是在广告领域里的又一种回应。

USP 理论的精义全部集中在"独特"二字上。所谓"独特"，即要求个性化与差异化，与 20 世纪 70 年代以来市场学与广告学中个性化理论和差异化理论相近并相通，不同之处在于，USP 理论是从产品的功能和内在品质出发，来寻求其独特性，是在产品同质化现象尚不突出的情况下来寻求其差异性，而后来市场学与广告学中的个性化和差异化理论，则是在事物同质化现象普遍而严重的情况下，对个性化和差异化全方位而艰难的探寻和建立。与"硬推销""软推销"的理论主张相比，USP 理论是更具科学性和有效性的，它不仅在当时创造出许多惊人的销售奇迹，即使到现在仍具有经典的理论意义。我们把 USP 理论称为科学推销的理论主张，其意义正在于此。

案例

白加黑感冒药

1995 年，"白加黑"上市仅 180 天销售额就突破 1.6 亿元，在拥挤的感冒药市场上分割了 15% 的份额，登上了行业第二品牌的地位。这一现象被称为"白加黑"震撼，在营销界产生了强烈的冲击波。

一般而言，在同质化市场中，很难发掘出独特的销售主张。感冒药市场同类药品甚多，市场已呈高度同质化状态，而且无论是中、西成药，都难以作出实质性的突破。康泰克、999 等"大腕"凭借着强大的广告攻势，才各自占领一块地盘，而生产"白加黑"的盖天力这家实力并不十分雄厚的药厂，竟在短短的半年时间里就后来居上，其关键在于崭新的产品概念。

"白加黑"是个了不起的创意。它看似简单，只是把感冒药分成白片和黑片，并把感冒药中的镇静剂扑尔敏放在黑片中，其他什么也没做，但实则不简单，它不仅在品牌的外观上与竞争品牌形成很大的差别，更重要的是它与消费者的生活形态相符合，达到了引发联想的强烈传播效果。

在广告公司的协助下，"白加黑"确定了干脆简练的广告口号"治疗感冒，黑白分明"，所有的广告传播的核心信息是"白天服白片，不瞌睡；晚上服黑片，睡得香"。产品名称和广告信息都在清晰地传达产品概念。

案例

M&M's 巧克力

美国玛氏公司的 M&M's 巧克力豆深受欢迎，其广告词"只溶在口，不溶在手"言简意赅，朗朗上口，一语道出了产品的独特之处，给人留下了深刻的印象。

1954 年，玛氏公司请瑞夫斯为自己企业的产品打开销路。玛氏公司在美国也算是一个有些名气的企业，尤其在巧克力生产上具有相当的优势。

瑞夫斯与来访者仅仅谈了 10 分钟，便很快形成了广告的构架。因为他已经发现，这一产品成功的因素就在产品本身之中。在美国，M&M's 巧克力豆当时是唯一用糖衣包裹的巧克力。有了这个与众不同的特点，何愁不能打动消费者！

瑞夫斯创作了这样一个电视广告片：画面中人们见到的是两只手，画外有人在说话："哪只手里面有 M&M's 巧克力豆？它不再是只脏手，而是只干净的手。因为 M&M's 巧克力只溶在口，不溶在手。"

这一广告显得十分独特，其中的广告词更是鲜明突出地表现了 M&M's 巧克力豆的特点，简单清晰，韵味十足，因此很快就家喻户晓。M&M's 巧克力豆也因此名声大振，成为人们竞相购买的产品。直到今天，玛氏公司仍然将当年瑞夫斯所创作的这句广告词作为 M&M's 巧克力的促销主题。从瑞夫斯为玛氏公司制作这个广告到现在，已经过去了 70 年，在此期间，玛氏公司的规模有了突飞猛进的发展，年销售额达四五十亿美元，成为巧克力公司中的佼佼者。而"只溶在口，不溶在手"的广告，则把 M&M's 巧克力豆送到了世界各国消费者的心中。

二、定位理论

20 世纪 70 年代是美国定位理论提出及发展的时期。在以大卫·奥格威、威廉·伯恩巴克和李奥·贝纳为代表的创意广告理论之后，在继承瑞夫斯的 USP 理论的基础上，艾·里斯和杰克·特劳特提出的具有里程碑意义的定位理论，使广告理论由传统走向现代，开创了一种新的广告思维模式。定位理论及其方法不仅在广告策略中得到有效的运用，而且在政治、军事、社会、文化等领域也得到广泛的运用。

在影响消费者行为的诸多心理因素中，需要和动机占有特殊的地位，它与消费行为有着直接而紧密的联系。动机是人类生存和发展的内在动力，而需要则是动机产生的基础和源泉。可以说，需要是消费者行为的最初原动力，动机则是消费者行为的直接驱动力。如果处在一个接连不断的广播广告或电视产品宣传的环境之中，可能因为受众的消费需要与广告传播的内容相吻合或不吻合而产生不同的传播效果。比如，广告传播的内容是关于品牌汽车的宣传，有受众刚好有购买小汽车的需要，那么他一定会认真地观看和了解广告传播内容；而另外的受众没有购买小汽车的需求，那么他在接触汽车宣传的广告传播时，可能产生厌烦和抗拒心理。马斯洛的需要层次理论认为，人类的需要有两大类：一类是基本需要，包括生理需要、安全需要、爱与归属需要、尊重需要；另一类是心理需要，包括认知需要、美的需要和自我实现需要。心理需要属于高级需要。这就为广告的定位和产品的定位提供了重要参考。

在《品牌定位》一书中，里斯和特劳特对定位的概念作了许多描述，归纳来看，定位就是把广告当作一种传播方式，从消费者的接受心理出发，考察产品的竞争者，确立目标市场，为产品在市场上找到一个适当的位置，并且将其有效地传递给消费者，从而在消费者心目中建立起有利的位置。定位并不是要改变产品本身，而是通过差异化行销使某一产品与另一产品显著区别开来，它的唯一目的是使信息直抵消费者，有效地提高广告的说服效果。

里斯和特劳特是从广告创意战略的角度提出定位理论的。经过几十年的理论深化和实践的概括，定位理论早已超越了广告的视野，上升为一种重要的营销战略和思想。菲利普·科特勒特别强调了定位理论的战略地位："解决定位问题的好处在于，它能帮助企业解决营销组合问题——营销组合是执行定位战略的战术细节和手段。在营销学上，定位就是在对产品、市场、竞争对手和消费者需求深入分析的基础上，通过确定产品与众不同的优势和特点，使产品在消费者心目中占据一个独特的位置的过程。"

1. 定位理论产生的背景

在大的时代背景下，与广告学发展密切相关的营销学和传播学相互映衬着广告学理论的发展，广告定位理论于20世纪70年代首先在美国兴起。

(1) 市场环境。

第二次世界大战以后，社会生产力与科学技术迅猛发展，产品不断丰富，且大量军工生产转为民用生产，使商品市场的供应量急剧扩大。20世纪70年代，买方市场进一步发展，并趋向成熟和稳定，致使任何一种商品的畅销都会很快导致大量企业蜂拥进入同一市场。再加上科学技术的不断进步，产品之间的同质化日益严重，商品之间的差异变得不那么重要或根本无法区分。对于消费者来说，由于商品可挑选的余地越来越大，其要求也越来越苛刻，并日益朝着求便利、追时尚、求愉悦、多变化的方向发展，市场竞争日益激烈。产品过多导致竞争加剧的社会经济背景，是定位理论产生的根本原因之一。

(2) 营销理论环境。

20世纪70年代，营销学的理论处于由推销观念向市场观念转变的关头。推销观念是以厂商为出发点，以产品为中心，以推销术和促销术为手段。而市场营销观念则是以市场为出发点，以顾客需求为中心，以市场营销策略为手段。广告作为市场营销的一种手段必然受其影响。推销观念影响下的广告侧重于反映产品差异的理性诉求，在详细介绍产品特点的同时，注重突出产品个性。传统的广告是"只要产品优良、计划正确、广告影片有创意，广告没有理由不完成其任务的"，然而它忽略了一个重要的因素，即市场本身。而在市场营销观念影响下的广告则首先要做市场调查，理解消费者，在广告策略上以"智取"代替"强攻"，强调感性诉求，注重和讲究广告的心理效果，符合消费者的口味。定位理论之所以宣称改变了广告的本质，其主要贡献在于它一改过去唯广告主马首是瞻的狭隘做法，意识到广告的真正主人是消费者。

在这种情况下，广告公司对待广告客户十分谨慎，它们不再考虑广告方案是否能获奖或展示有趣的创意，更在乎能否促进产品的销售。所以，20世纪60年代以创意取胜的创新广告革命在此时迅速降温，取而代之的是经济务实、具有销售力、讲究有的放矢做宣传的广告理论。

在营销学中，理论研究的视点转向"企业一切活动以满足消费者的需求为前提"。

广告开始接受这样的观点：在特定的市场环境下对特定的潜在消费者说他们乐意听的话，传播才会有效果。

（3）传播理论环境。

与此同时，20世纪60—70年代的传播学理论研究视点也被有心的广告人收入自己的研究视野。在60年代兴起的受众本位论，即"把民众作为传播的主动者，把媒介看成被动者，受众不再被视为仅仅消极地接收信息，而是积极地寻求信息以为自己所用"。传播学的研究由以往的只关注传播者一方转而趋向更多地探索受传者的一方，这种转变，以1964年社会心理学家鲍尔提出的"固执的受众论"和70年代的"使用与满足论"为代表。

"固执的受众论"是从受众的角度，着重探讨受众对信息的处理，以及对整个传播过程的决定性作用。它由以往的"信息如何作用受众"转向现在的"受众如何处理信息"。传、受之间的主动与被动、主体与客体的关系发生了根本性变化，受众不再是被动的客体，而成了驾驭信息的主人。

"使用与满足论"更进一步强调了受众的地位，突出了受众的作用。施拉姆曾提到，信息是放在接收者想怎么处理就怎么处理的地方。这更是从受众方面看待传播活动，认为受众从实际上制约着整个传播过程。

传播学的"受众中心论"对广告传播理论产生了深刻的影响，使广告传播的中心发生转移，由以传播者为中心转到以受众为中心，广告也以尊重和满足受众需要为前提。

另外，由于传播渠道越来越复杂，市场细分化，广播网、电视网及报纸杂志等多种传播途径导致沟通越来越困难，使广告效果降低，这也是定位理论在20世纪70年代兴起的原因之一。

（4）广告自身理论的发展。

广告学理论本身也在20世纪50年代的"独特销售主张"和60年代的"品牌形象论"的理论基础上，经过长期的孕育，终于由将产品的独特功能、独有形象作为广告诉求重点，发展到倾听消费者的呼声。广告要寻求突破不能只在广告自身去寻求，而是要把它当作企业营销战略的一部分。

2. 定位理论的理论特点

在对定位的众多论述中，包含这样一些基本要点：定位是为了使本产品（服务）与竞争对手相区别，它要展示的是本产品（服务）与竞争对手的不同之处，定位的目的是使本产品（服务）获得更大的竞争优势，定位的本质就是确定产品（服务）在消费者心目中与众不同的位置，产品（服务）的定位不一定是同类产品（服务）没有的，而应该是并没有引起竞争对手注意，但对消费者具有巨大的吸引力的。

定位是一个动态的过程，它通过寻找产品的差异化和有竞争力的特点，把产品信息与早已存在于潜在消费者心中的需求联系起来，从而使产品在目标消费者心中占据独特的位置。企业在营销和广告活动过程中传达给消费者的关于产品所采取的定位的信息，我们称之为产品定位。产品定位使消费者易于识别与记忆，帮助产品在消费者心中树立独特的形象，使之有别于竞争对手，而且可以防止竞争者采取同样的定位或者模仿自己的定位，从而使产品在竞争中获得绝对优势。在实际使用过程中，除了产品定位外，定位的概念常常被广泛地使用，如"目标市场定位""广告定位""广告诉求定位"等，我们可以将定位当作一个能准确表述这些活动的目的和过程的动词，把它理解为产品在市场中确定位置。

定位理论使得广告本体论突破了狭窄的区域，发展到了营销本体论的广阔空间。定位作为一种思维方式，促使广告和营销有机结合，广告理论过去所涉及的范围仅仅是在广告本体的小圈子，而今由于定位理论的提出和发展，终于将与广告密切相关的传播系统，以及包括市场调查系统、消费者研究系统在内的整个营销系统纳入进来。定位理论的出现，实现了营销推广从诉求定位向营销战略层面定位的转变。人们处心积虑所做的不仅是对诉求做好定位，而且是站在营销战略的高度，统一规划，将营销领域和广告领域内的一切东西都赋予一贯的定位。

3. 定位理论的理论内涵

定位理论是市场环境与理论环境的产物，其理论内涵主要包括以下两个方面。

（1）消费者的心灵是营销的终极战场。

广告的最终目的是进入消费者的心智，主体是消费者，而不是广告主和广告代理商。

艾·里斯和杰克·特劳特的定位理论认为，是消费者在定位产品，广告主必须了解自己的产品和竞争品牌在消费者心目中的地位，然后才能加以强化或改变定位，任何定位计划的第一步都是考察潜在消费者的心理，认为并非通过产品与消费者建立一种直接的联系，而是通过确立定位的手段来与消费者建立一种长久的关系，它突破了仅仅为推销产品服务的狭隘营销领域，扩展了广告营销传播的视野和范围。

以消费者为中心的市场营销观念，主张首先确认市场，准确地把握消费者的需求，了解和研究消费者。反映在广告传播理论中，强调广告传播应该明确目标市场和消费者的行为，洞悉和把握消费者的消费心理，才可能制订正确的广告计划，进行有效的广告创意。因此，市场调查成为广告传播的先导。定位理论主张进入消费者的心智，必须建立在对消费者充分了解的基础上。只有了解消费者，广告传播才具有针对性，才能使广告发挥更大的效力。

例如，奔驰轿车的经典广告："当您的妻子带着孩子在暴风雨的漆黑夜晚开车回家时，如果她驾驶的是奔驰轿车，您尽可放心。"

这则广告定位在安全需要和社交需要的结合点上，同时，它也定位在表明身份、地位的需要上。在这里还值得提及的是精神分析心理学家弗洛伊德的潜意识理论。潜意识是心理深层的基础和人类活动的内驱力，而广告心理作用还在于引起和调动消费者的潜意识需要。

（2）广告进入消费者心智的前提是符合消费者的认知结构。

里斯和特劳特认为，消费者的头脑中存在着一级一级的小阶梯，他们将产品按照一个或多个方面的要求在这些小阶梯上排队。定位就是要找到这些小阶梯，并将产品与某一阶梯对应，以在消费者心智中树立独特的位置。

随着市场日趋繁荣，人们的物质消费得到了较大程度的满足，精神需求也与日俱增，促使广告营销必须满足消费者更高层次的心理和精神需求。当社会趋向成熟的消费时代后，消费者则转向追求体现个性的商品，以满足自我实现的需要。在产品同质化日益严重的情况下，人们不会因为产品之间细微的差异而购买该产品，因此要通过广告创造产品在人们心理上的差异性。广告以感性诉求为主，通过对产品不同个性的诉求，将产品的特性牢牢地定位于顾客的心智中。定位改变的对象并不是产品，而是产品的名称、价格以及包装等，其目的是在顾客心中争得独特的位置，是"通过演示消费者如何在心目中给品牌排名而将战略性思维推广至广告中"。这种定位实质上是一种传播策略，产品占领消费者心智中的缝隙，形成产品在消费者心中的差异性。

例如，同样是德国奔驰轿车，根据不同的需要，广告定位就不同。"如果有人发现奔驰轿车突然发生故障被迫抛锚，本公司将赠送美金一万元"，这则广告极尽该公司对产品的信心和自豪感，也迎合了消费者对产品优质的需要。

4.定位理论的方法

里斯和杰克·屈特在《定位场心智的战争》一书中介绍了实施定位策略时采用的方法。

（1）建立"领导者"地位。

里斯指出：第一家居于人心智中的公司都是难以驱逐出去的，因而企业要在公众心目中树立"领导者"地位。一般来说，最先进入人脑的品牌，具有很多的优势。"最先进入人脑的品牌，平均而言，比第二进入人脑的品牌在市场占有率方面要多一倍。这种关联是不易改变的。"在历史上，IBM 并没有发明电脑，电脑是兰德公司发明的。然而 IBM 是第一个在潜在消费者心智中建立电脑位置的品牌。可口可乐的典型广告是"只有可口可乐，才是真正的可乐"。在这种情况下，其他同类产品都成为模仿者，而可口可乐是衡量其他可乐产品的标准。

（2）"跟进者"的定位。

在某类产品的市场上，如果已经有了"领导者"，就会使后来的企业处在"跟进者"的地位。"跟进者"可能在此类产品上最早研制，但由于在进入消费者心智时晚了一步，所以只能是"跟进者"。"跟进者"要想在市场上立足，一般应该重新寻找自己在市场上的位置，即"寻求空隙"。具体有以下几点：空隙大小定位、高价位的空隙、低价位的空隙、性别空隙、年龄空隙、时段空隙、区域和群体定位的空隙。

（3）"比附"的定位

当某一品牌在同类产品中居于"领导者"地位时，可以建立"比附"位置，以确定比附于"领导者"的地位。

例如，在租车公司中，赫兹公司最大，艾飞斯公司巧妙地把自己"比附"于赫兹公司，自己不是第一，但尽早占据了第二的位置。艾飞斯在租车业，汉堡王在速食业，百事在可乐型饮料业，所遵从的正是这种"比附"的定位策略。

（4）重新为竞争定位。

在市场经济发达的国家或地区，每类产品都处于过剩的环境中，一个公司要用广告通向消费者心智，寻找一个空隙绝非易事。由于能填补的空隙过于稀少，公司必须学会将竞争者占据在消费者心智中的位置重新定位，创造一个新的次序。而一旦试图把一个新的观念或产品移入消费者心智中，就必须先把旧的移出去才行。在建立新的定位次序时，会与旧的观念或产品产生冲突。这种冲突有可能使一个企业一夜成名。

5.定位理论的发展

广告定位：里斯和特劳特提出的定位理论只是一种传播沟通的方法，它没有改变产品本身，只是作为修饰，其目的在于在潜在客户心中占据有利的位置。

营销策略定位：定位已成为现代营销活动的基石，是制定具有竞争力的营销策略的前提。企业策略、产品策略、分销策略和促销策略，每一步都需要准确定位。

企业战略定位：定位打破了营销传播由内向外看的框框，它不仅决策产品与营销，还可以决策企业的未来，指导策略的制定、辅助策略的实施，定位已从策略层面上升到战略层面。随着网络信息技术的发展，由于网络时代的特定营销环境，定位显得更为精准。

案例

We are No.2

"我们只是第二"（We are No.2），是广告史上一个经典的案例。

艾维斯公司是一家汽车租赁公司，然而成立十多年来，一直处在经营亏损中。DDB 接手之后，经过周密调查，发现在美国出租车行业最厉害的、瓜分全部市场份额 1/4 的是赫兹公司。于是，艾维斯公司策划了一项新的商业活动，打出了这样的口号："我们只是第二"（We are No.2）、"因为我们第二，所以我们更努力！"

就是这项活动，使得艾维斯公司的事业进入了一个高潮。第一则广告语非常坦白："任何能做得更好的，我们都会去做。"广告一遍又一遍地重复着："当你处在第二位时，你就必须努力，否则的话……我们就会被吞并""艾维斯难以接受那么脏的烟灰缸""艾维斯不能接受没有擦洗干净的车"。

与此同时，艾维斯所属的 1800 个营业所的工作人员都配合行动，收银小姐的胸前挂着"我们更加努力"的胸牌，当顾客嘲笑她们时，她们依然亲切地回答："我们只是第二，我们应该更加努力。"

这项在美国成为热门话题的广告宣传，使"我们只是第二"成了当时人们口头禅般的日常用语。检视这次广告活动，我们会发现其中不乏概念炒作的因素。首先，它敢于承认公司排名第二这一事实；其次，它又巧妙地把这一被动现实转化成其优势所在。创造一个"第二"的概念，并且结合消费者的思维特性，为其注入全新的、有利于自己的内容，是艾维斯公司成功的一个关键。

这是一个经典的采用定位理论手法运作的成功案例。以竞争者品牌为参照物，依附竞争者找到定位的机会，定位目的是通过品牌竞争提升自身品牌的价值与知名度。企业可以通过各种方法与同行业中的知名品牌建立一种内在联系，使自己的品牌迅速进入消费者的心智，占领一个牢固的位置，借名牌之光使自己的品牌生辉。

"艾维斯第二"形象的推出，极大地吸引了广大消费者，艾维斯公司广告宣传中诚恳、自谦的精神有力地赢得了消费者的信任和赞扬。同时，公司内部全体员工的思想和行动得到了空前的统一，每个人的工作更加努力。于是，自称"第二"，结果它真的成了行业中排名第二的品牌，而且出现了直逼第一的局面。

三、新定位理论

定位理论对营销的影响远远超过了原先把它作为一种传播技巧的范畴，且演变为营销策略的一个基本步骤。营销大师科特勒认为，定位是对公司提供物和形象的策划行为，目的是使它在目标消费者心目中占据一个独特的有价值的位置。因此，营销人员必须从零开始，使产品特色确实符合所选择的目标市场。科特勒把里斯与特劳特的定位理论归结为"对产品的心理定位和再定位"。显然，除此之外，还有对潜在产品的定位。这就给定位理论留下了更为广阔的发展空间。

当人们津津乐道于"Positioning"（定位）给营销企划带来的革命性变化之时，特劳特已在探讨"Re-Positioning"或"New-Positioning"了。

1996 年，特劳特出版了著作《新定位》。2001 年，新定位理论被美国营销协会评为"有史以来对美国营销影响最大的观念"。

在《新定位》一书中，作者细致剖析了人脑的结构与功能，引证大量心理学观点，无可争议地论证心理定位和再定位的要素、过程及其误区。

身为实务型营销战略专家，他始终抓住案例，从剖析营销史上的经典案例入手，总结出具体而又可供借鉴、学习的商战原则。而且，其中许多案例就是作者在以往的咨询实务中创造出来的，如饮料市场的细分、"莲花组件"的营销方案、美国西南航空公司的品牌定位等。

1. 新定位理论的特点

新定位理论主要围绕以下核心话题展开。

第一，"如何寻找好的定位"。特劳特借鉴心理学及生命科学的最新成果，提出营销定位的诸种心理原则及其误区。

第二，"如何进行再定位"。由于竞争与变化的需要，你不可能一劳永逸地为自己定位，在适当的时机"再定位"是成功的保证。特劳特进行了大量的案例研究，具体展示和讨论"再定位"的要素与方法。

2. 新定位理论的创新点

当人们熟读了《定位》一书之后，为什么还需要再读这本《新定位》呢？《新定位》到底新在何处？简言之，它有三大创新点。

第一，转向深挖消费者，确立基于消费者的定位方法。定位的观念一旦被接受，"如何寻找好的定位"就成为核心问题。定位在实践运用中的难点是定位路径或角度的选择。

第二，建构基于应变的重新定位。《新定位》非常重视变化的思维，并提出"重新定位"以适应竞争和变化的策略。作者用大量篇幅讲述了"重新定位"及其策略技巧。

第三，冲破传统规则和思维定势，强调定位中的感觉创意。定位并不是一种逻辑程式，也并不能仅靠规则和算法自然推演出来，这是《新定位》在智慧层面的创新主张，作者自称这是从二十多年的工作经验中总结出来的"商业诀窍"。

从1981年《定位》的出版到1996年《新定位》的出版，前后相隔15年之久。自特劳特等人1969年首次提出定位的思想，他们在长达几十年的专业生涯中一直在定位理论上锲而不舍，不断创新。认真读一读这本《新定位》，仔细"品尝"特劳特花费15年时间酿出的"新酒"，它给予我们书本之外的智慧启示：营销最基本的特质是"变"。党的二十大报告提出："必须坚持守正创新，紧跟时代步伐，顺应实践发展，以满腔热忱对待一切新生事物，不断拓展认识的广度和深度。"我们应该勇于接受新挑战，面对新一代消费群体（e时代）的崛起，要研究新一代消费群体的新特征；在中国市场成为全球焦点的大趋势下，要从深层次解读消费者行为和心理，发扬《新定位》的创新精神，做出中国人的理论创新。

案例

经典案例——王老吉新定位

我们来看一个利用新定位理论进行广告整体策划的成功案例王老吉饮料。

王老吉（图15-1）是一个在凉茶领域有170多年历史的传统品牌，它是有希望在全国打造一个代表凉茶行业水平的品牌，之前它并没有一个清晰的定位，包括它的广告也没有清晰地传递出其定位信息。

图15-1 王老吉广告

为了让全国的消费者接受它，王老吉公司开始对它进行重新定位，即一个预防上火的饮料，然后使其从药房走出来，成为一种大众性的饮料，从此帮它解除了广东的地域性限制。这就像可口可乐，最初它定位于一种治疗神经性头痛的药饮，但是后来它把自己重新定位成一种提神醒脑的饮料，从此走上了腾飞之路。所以对凉茶品类进行重新定位，是非常关键的一步。

目前，王老吉公司在销售收入上应该说是非常傲人的。以前它仅在广东、江浙这些沿海地区销售；现在它的足迹遍及全国，而且销量一直是功能性饮料中的佼佼者。

第四节　广告策划的品牌文化理论

20世纪60年代，被称为美国广告史上的"创意革命时代"，也被称为品牌形象至上的时代。广告策划品牌理论是在整合营销的背景下提出的，最早提出"品牌理论"的是大卫·奥格威。到了20世纪80年代，出现了品牌个性理论，强调独特的个性差异，它主要包括品牌个性尺度理论、品牌个性要素理论、品牌关系理论。到20世纪90年代，以美国的大卫·艾格为杰出代表，将品牌理论又发展成为品牌资产理论和认同理论。

一、奥格威的品牌理论

在"理智型广告"和"情感型广告"谁能取得更大效果的争论中，奥格威是支持"理智型广告"的勇敢卫士。奥格威是品牌理论的提出者与倡导者，早在1961年，他在撰写《一个广告人的自白》时，正式提出了品牌与品牌形象的概念。阿拉伯民间故事《阿拉丁神灯》讲的是一个名叫阿拉丁的青年偶然得到了一盏神灯和一枚戒指。神灯与戒指一经摩擦，它们的仆从巨神便现身显形，服从持有神灯及戒指的人的指令，可以满足其所有欲望。广告大师奥格威在广告经营中擎起了这盏"神灯"。在长期的广告研究与实践过程中，他总结归纳出了一系列的原则、教条，每当撰稿员、美术指导、电视广告制作人、客户主管及其他高级管理人员来到奥美公司工作时，都会被召集到会议室去领略奥格威的"神灯"，他的很多理论对今天的广告界仍具有指导意义。

1. 品牌理论产生的背景

20世纪50年代以前，就全球而言，产品处于短缺时代，市场为"买者无选择，卖者无竞争"的卖方市场。20世纪60年代以后，由于生产的标准化和规模化，商品日益丰富，市场逐渐向"买者有选择，卖者有竞争"的买方市场演进。企业要获得市场竞争的优势，就要使自己的品牌有别于其他竞争品牌。

在这种社会条件下，一方面，随着社会生产力的进一步提高，产品变得越来越丰富，真正意义上的买方市场正式形成。大规模的生产也导致了大规模的模仿和复制，同类产品在品质和功能上都具备了满足消费者需求的可能性，不同生产商所生产的同类产品在本质上往往没有什么不同，所以从产品本身寻找差异变得越来越难。

另一方面，随着生活水平的提高，消费者对产品的需求不再仅仅满足于其物质利益，也增加对其心理（精神）利益的要求，即消费者的消费由"物质"消费阶段进入"精神"消费阶段。

20世纪50年代，当时美国政治、经济、文化和科技的发展促进了广告事业的繁荣与发展，其变革也引发了美国广告业的创新革命。一些新型的广告公司为满足客户的要求，更多地把工作重点放到创新意识上。因此，这个时期的广告传播理论也呈现出绚丽多姿的景象：广告的侧重点逐渐从产品性能转向产品形象与个性，广告人的目光逐渐从专注于产品转向分析、研究消费者心理，广告诉求的中心从突出产品特征转变为注重受众的心理期待和接受效果。奥格威便是除李奥·贝纳、威廉·伯恩巴克外的另一位杰出代表和先驱。

2. 相关理论对奥格威的影响

自从盖洛普在20世纪20年代开始民意调查后，市场调查与广告调查也大幅度地改进了调查方式。广告业开始为自己的工作寻求科学基础，这就是民意调查与统计，因此广告公司的市场调查部门逐渐扩大。通过调查研究读者对广告的不同反应，创意策划和媒介部门对以何种方式更能打动消费者有了更明确的概念。到了20世纪50年代，这些调查研究在竞争激烈的广告市场中更加积极地开展起来。

就规模、数量和提供的服务而言，随着广告总额的增加，广告公司也在成倍地扩展。新的广告代理公司开始提供像今天一样的服务——策划、调查、广告制作和广告执行。

而主张诉求品牌功能品质利益的USP理论是当时重要的广告创意指导原则，克劳德·霍普金斯出版了《我的广告生涯科学的广告》一书，对奥格威也有一定的影响。

3. 品牌理论的理论特点

首先，强调品牌指的是产品本身的符号，品牌形象指的是产品在公众心目中的形象。

奥格威所指的品牌形象是人们从一个品牌所联想到的一切情感与美学品质。这种联想可以是硬性的，也可以是软性的，即品牌形象可以是理性形象，如诺基亚"科技以人为本"的表达；也可以是诸如传统、时尚、反叛、前卫、小资、豪放、关爱等具有感性气质的形象。如万宝路以西部牛仔传达粗犷、豪迈的男子汉气概；再如喜力啤酒的形象定位是轻松、自然、自由、闲逸、含蓄。奥格威认为，致力在广告上树立明确突出个性品牌形象的厂商，会在市场上获得较大的占有率和利润；最终决定市场地位的是品牌总体上的性格，而不是产品微不足道的差异；品牌的相似点越多，选择品牌的理智考虑就越少。由此可见，在奥格威看来，鲜明的品牌形象是消费者选择某品牌产品的最主要因素，是一个品牌的"卖点"，品牌形象是品牌的核心价值，代表着品牌对消费者的意义和价值。

其次，着重阐释了品牌形象的个性特征。

奥格威在他的《一个广告人的自白》《未公诸于世的选集》《奥格威谈广告》等多部著作中都曾批评"绝大部分厂商不能接受他们的品牌的形象有一定局限性的事实，他希望他们的品牌人人都适用。他希望他们的品牌既适合男性也适合女性，既能适合上流社会也适合广大群众。结果他的产品就什么个性都没有了，成了一种不伦不类、不男不女的东西。个性是品牌形象的核心，所以没有了个性的品牌形象很难树立起来。

再次，提出品牌形象塑造的长期性与一致性。

奥格威认为，品牌形象的树立是一个长期的过程，必须有长远的眼光，每一则广告都应该被看成对品牌形象这种复杂现象在做贡献，都应该视为对品牌的性格的长期投资，如果以削价等促销手段求取短暂的销售利益，会降低产品在消费者心目中的声誉。另外，必须保持品牌形象树立和推广的一致性。奥格威曾经说过，胡乱更改广告是极其容易的事情，但是金光闪闪的奖杯却只颁发给对塑造协调一致的形象、有远见而且能持之以恒的广告主，正是他们向世界推出一个前后一致的产品形象，并使这个形象不断地成长，广告必须年复一年持续地反映相同的品牌形象。比如，一位政治家就不会每年都改变自己在大众面前的形象，丘吉尔对穿着非常谨慎，几十年来都是同样款式的领带和帽子，所以我们对他的形象会感到很清晰。

最后，指出品牌形象的成长、改变与提升，以及影响品牌形象的因素。

奥格威认为，品牌形象的塑造是一个复杂的工程，影响品牌形象的因素有很多，包括广告、定价、促销手段，以及产品的名称、包装、赞助、投放市场的时间等。只有这些因素的组合达到最佳状态时，才能使品牌形象发挥其真正作用。

奥格威主张每则广告都是对企业及品牌个性形象的长期投资的一部分，在一段时期内，广告宣传应保持前后协调统一的风格。例如，象牙肥皂、可口可乐的广告向世界推出了一个前后一致的品牌形象，并且这种形象在不断地成长。

我们可以看出，奥格威所提出的品牌形象理论，与后世不断发展完善的品牌理论相比，未免显得简单和粗略，属于一种草创期的理论形态。但我们也可看出，它已经涉及品牌形象理论几个最基本的问题，尽管其理论阐释还不够充分。重要的并不在于奥格威是否对这些概念做出过科学明确的界定，而在于这些概念所显示出的崭新的理论意义。我们更应该说，重要的并不在于奥格威所提出的品牌形象理论是否过于简单粗略，而在于它所揭示的理论新方向，所开辟的理论新路径，并由此引发出的广告理论划时代的历史变革。

二、品牌个性（BC）理论

品牌个性（Bred Character，BC）理论是品牌形象理论的延伸，它发端于奥格威的品牌形象理论。品牌个性是品牌形象的一个构成要素。正式提出品牌个性理论的是精信广告公司，它提出广告的内涵是广告在"说什么"时，不只是说产品的利益、定位形象，还要说出"个性"。其理论认为，为了实现更好的传播沟通效果，应该将品牌人格化，塑造品牌个性，使之独具一格，令人心动，历久不衰。其后，著名品牌专家大卫·艾格又从不同的角度丰富和发展了品牌个性理论，这就是他后来提出的品牌个性尺度、品牌个性要素以及品牌关系理论。

1. 品牌个性理论产生的背景

20 世纪 70 年代以来，品牌形象理论在广告实务中不断被运用，又不断得到补充、丰富和发展，成为 20 世纪后半期经典的广告理论之一。20 世纪 80 年代，品牌个性理论兴起，其理论要点就是主张品牌的人格化。

进入 20 世纪 80 年代，市场细分机会越来越少，同类产品的定位越来越相似。精信广告公司分析了上百对品牌，发现在每一对品牌中，都有相同的定位，其中总是一个比较成功，而另一个不太成功。并且发现，成功品牌的广告与不成功品牌的广告相差最大的就是成功品牌的广告描述的不仅仅是"产品是什么"，而是着重"产品是谁"。换句话说，成功的广告使产品有了生命，好像是你我所认识的一个朋友一样，这样产品就有了个性。

2. 品牌个性理论的特点

（1）主张品牌独特的个性差异。

我们注意到，在奥格威的品牌形象理论中，对品牌个性已有提及，但他较多地使用了"性格"的概念。"性格"较为宽泛，"个性"则有具体明确的内在指向。换句话说，形象的本质差异来自性格差异，性格差异从本质上来说即个性差异，个性是性格中最富魅力的部分，性格魅力就来自个性魅力。也许正因为如此，品牌个性理论强调，形象只造成认同，个性可以造成崇拜。

（2）主张把品牌当人看。

毫无疑问，品牌个性理论来自品牌形象性格理论，是对品牌形象性格理论的卓越阐释和发挥，也是重大丰富和发展。艾格的品牌个性理论主张要了解一个品牌的个性，最简单的方法就是把品牌当人看。比如，这个品牌是一个人，他应该是什么样子？即找出其价值观、外观、行为、声音等特征。

（3）强调选择核心图案或主题文案表现品牌的专有个性。

塑造品牌个性的关键是用什么核心图案或主题文案，才能表现出品牌的独特个性。寻找并选择能代表品牌个性的象征物非常重要，要使之成为品牌个性的化身。例如，花旗参以鹰为象征物等。

3. 艾格的品牌个性理论特点

艾格认为，驱动品牌个性的因素可分为与产品有关的特性和与产品无关的特性两类，其划分方法为品牌个性的塑造提出了较为全面的相关性思考。

艾格的品牌个性理论主要表现在以下面 3 个方面。

（1）品牌个性尺度的理论。

艾格认为，就像人的个性一样，品牌个性既是特殊的也是永续的，用来描述某人的词汇，同样可以拿来描述品牌的个性。他提出了品牌个性五大要素理论，这些要素是纯真、刺激、称职、教养、强壮。这五大要素几乎可以解释所有品牌之间的差异性。一个品牌多少掺杂了不同程度的个性要素，综合成复杂的个性。这五大要素又可以细分为 15 个不同的面相。同样，一个品牌会跨越多个个性面相。品牌个性尺度的理论为品牌个性的创造提供了策略性的选择。

（2）关于驱动品牌个性的因素的观点。

艾格认为，驱动品牌个性的因素可分为与产品有关的特性和与产品无关的特性两类。前者包括产品类别、产品属性、包装、价格等；后者包括使用者形象、赞助事件、符号、上市时间、广告风格、公司形象等。

（3）关于品牌个性如何运作的品牌关系理论。

艾格提出了"品牌—顾客"关系模型。品牌个性赋予品牌生命，品牌与顾客的关系就像人与人之间的关系一样。品牌与顾客之间有 5 种典型的关系：一是纯朴的、顾家的、诚恳的、过时的；二是有朝气的、年轻的、最新的、外向的；三是有教养的、有影响力的、称职的；四是自负的、富有的、谦虚的；五是运动的、户外的。

在品牌与顾客的关系中，品牌与顾客的角色分量同等重要，但品牌看待顾客的方式往往被忽视。根据品牌自身的态度和行为，品牌看待顾客的方式，可分为带有势利性质的高级品牌、看轻顾客的表演品牌、炫耀势力的强势品牌、处于劣势的受恐吓品牌。哈佛大学的心理学家苏珊·法纳对品牌关系的本质和理想关系的特性进行了深入研究，发展出了 7 项品牌关系品质的面相：独立行为、个人承诺、爱与激情、怀旧情绪、自我概念联结、亲近感、合伙品质。

要创造清晰突出的品牌个性，品牌行为就必须与之相配。

品牌个性理论的误区，往往表现为忽略品牌行为与品牌个性的冲突。从 CIS 的视角出发，行为与个性联系非常紧密，一定的品牌行为往往体现出相应的品牌个性，因而品牌行为对品牌个性的塑造至关重要。

三、品牌价值理论与品牌认同理论

品牌价值理论与品牌认同理论是艾格在 20 世纪 90 年代提出的，它把品牌推向了一个新的发展阶段。品牌价值理论是资本经济的产物，是企业资本运作的附生物，着眼于品牌所具有的资产价值。品牌经营的目的就是通过不断提升品牌知名度、品质认同度、品牌联想度与品牌忠诚度，寻求品牌作为企业无形资产的有效建立和转化。品牌认同理论则是对从标志理论到形象理论再到个性理论等相关品牌理论的重要整合和提升。

1. 品牌价值理论与认同理论产生的背景

今天世界经济正经历着新科技、全球化和超竞争所带来的巨大影响。在工业化背景下，制造业主要关注的是标准化、复制（模式化）、规模经济以及效率等，而新经济则更多地关心定制化、个性化、差异化、网络化、速度和价值透明化等，以此方式促进企业的发展。

特别是从 20 世纪 90 年代起，世界进入信息社会与知识经济时代，这一时期最大的特点是经济增长方式发生了实质性变化。经济增长方式的核心就是人力资源（知识与智慧）正成为企业发展的重要因素之一。特别是经营者观念将决定企业的发展，因为人的视野决定着事业的发展，企业发展与品牌建设的实质是经营者的视野与观念。在知识经济时代，经营者一定要学会做事、做市和做势（品牌力量），这样才能实现经济增长方式的实质性变化。

品牌价值理论与品牌认同理论产生的背景原因主要有以下 4 个方面。

一是在低成长的经济环境中，因利润降低，企业努力使无形资产的品牌价值转化为有形资产。

二是由于流通革命，厂商对消费者的影响力部分转移到物流行业，迫使厂商不断加强品牌对消费者的影响力。

三是因产品的平均生命周期缩短，新产品市场导入频繁但成活率普遍降低，由此商家对于新产品的上市导入越来越重视，希望可以尽可能延长品牌各个生命周期。

四是媒体环境日趋复杂，广告效果大幅度降低，发展新品牌不易，维护和发展已有的品牌或购并品牌才是上策。

2. 品牌价值理论与品牌认同理论的特点

（1）品牌价值（资产）理论的特点。

第一，认为品牌是一项重要的资产，对于产品的成功与否扮演着重要的角色，必须好好管理。艾格认为，品牌资产是与品牌名称和标志相联系的，能够增加或减少企业所销售产品或提供服务的价值和顾客价值的一系列品牌资产与负债。

第二，认为品牌价值包含正反两个方面的价值，正的是资产，反之是负债。

第三，认为一个品牌价值的形成包括 4 个方面：知名度、品质、忠诚度和关联性。

艾格将品牌资产构成划分为 5 个方面：品牌忠诚度、品牌知名度、品质认知度、品牌联想、品牌资产的其他专有权，其核心为品牌忠诚度。由这 5 个方面构成的品牌资产，不仅能为消费者（顾客）提供价值，同时也能为企业提供价值。艾格认为强势品牌之所以有价值，能为企业创造巨大利润，是因为它具有高度的知名度、良好的知觉质量、稳定的忠诚消费者（顾客）群和强有力的品牌联想（关联性）等几个核心特性。换言之，品牌知名度、品牌知觉质量、品牌忠诚及品牌联想（关联性）是强势品牌资产构成的重要来源。

关于品牌资产概念，主要有心理学与经济学两种解释。心理学认为，品牌是指消费者对有关品牌信息的心理反应所产生的市场效益；经济学认为，品牌资产是品牌拥有和存在于消费者头脑里的一种知识资本。基于上述理论观点，目前品牌资产结构除了有艾格的品牌价值（资产）理论外，还有美国著名品牌理论专家凯勒提出的品牌资产结构理论和 Blackston 提出的品牌资产关系理论。

（2）凯勒基于顾客价值创造的品牌创建理论。

凯勒认为，品牌资产就是基于消费者的品牌资产，而不是由企业财务会计所决定的。基于消费者的品牌资产，是由企业通过长期的品牌战略管理在消费者心智上产生的品牌知识与品牌形象，所以品牌的力量存在于消费者心中，是消费者随着时间的推移对该品牌的感受、认知和体验。当消费者表现出更喜欢某种产品，或更喜欢该产品的营销方式时，品牌就具有积极的基于消费者的品牌资产。消费者品牌知识主要由品牌认知与品牌形象两方面构成。品牌认知反映的是消费者记忆中品牌节点间的强度，或者说它反映了不同的情境下消费者回忆起或辨认出该品牌的能力。

基于凯勒的观点，企业创建品牌与品牌资产增值应包括以下几个步骤。

① 建立适当的品牌认知与品牌形象。

② 创造适当的品牌含义。

③ 引起消费者对品牌的正面反应。

④ 创建与消费者之间适当的品牌联系。

从消费者角度则通过品牌感知、品牌形象、品牌判断、品牌体验和品牌共鸣5个内在阶段产生品牌资产价值。所以，品牌与消费者长期而有效的互动是品牌资产增值的源泉。

创建品牌资产是一项品牌营销活动，具体包括：选择品牌要素；设计营销方案；整合营销沟通；利用次级品牌杠杆以及评估品牌资产的来源等内容。其中选择品牌要素是最基础的环节。

（3）品牌资产的品牌关系理论。

从消费者心理学角度来讲，一个强势品牌资产的形成与成长就是品牌与消费者之间关系的沟通与发展过程，这一沟通与发展过程可以从品牌知晓、品牌知名、品牌美誉和品牌忠诚等几个方面的相互关系得到体现。具体地说，品牌知晓与品牌知名主要解决消费者如何认知品牌的问题，品牌美誉与品牌忠诚主要解决在消费者心目中该品牌地位稳定程度的问题。

尽管品牌理论专家艾格的观点与消费者心理学对强势品牌资产形成或成长理论有差异，但主要观点是一致的，那就是品牌的成长是一个不断地维系企业（服务与产品）与消费者（包括各类关系利益人）关系的过程。品牌就是消费者接触到它时所想到的一切。首先，品牌作用是实体部分（名称和标志等）带来的影响；其次，品牌作用是无形的，是通过消费者的感知、体验和购买，给企业带来的价值；再次，品牌依赖于消费者而不是产品；最后，品牌建设是给企业带来超额价值与超越对手的唯一途径。总之，成功的品牌就是面对众多商品，能使消费者产生识别、辨认与区别的能力。

品牌与消费者相互作用所产生深度关系（品牌资产）的模式图如图15-2所示。

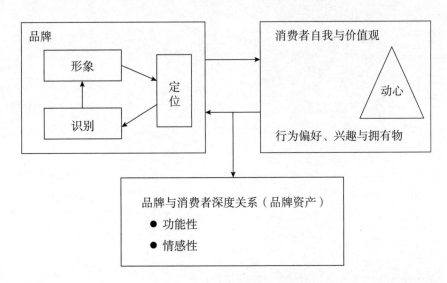

图15-2 品牌资产模式图

企业发展与品牌建设核心有以下几点策略思想：一是思维模式的变化（双向沟通，由外而内）；二是品牌资产影响品牌建设策略（无形资产）；三是注重消费者认知的研究成为品牌建设的重点（管理大脑）。

（4）品牌认同理论的特点。

品牌认同理论是从战略高度提出解决在竞争环境中创建强势品牌的方法。它具有以下几个特点。

首先，其核心是以品牌的核心价值和意义建立品牌的永久生命力。

其次，品牌认同的结构可分为基本认同和延伸认同两部分。品牌的基本认同是指一个品牌的本性，它不会因为时间流逝而消失；延伸认同则为品牌带来更为丰富的内涵，让品牌认同表达得更完整。品牌认同是 20 世纪 90 年代末以来最新的品牌概念，也是目前最完备、最具整体性的品牌理论。品牌认同是品牌最根本性的东西，不会随环境、品牌定位和品牌传播策略的改变而变化，它使品牌长期保持其独特性。

再次，品牌认同建立在品牌就是企业、符号、产品和人这样 4 个概念的基础上，强调品牌的建立与维护，实际上就是以资产价值为核心来建立品牌永久的生命力。

最后，它强调品牌管理者希望消费者如何看待品牌，是管理者希望产生和维护的品牌形象，它能帮助品牌管理者更完整地估计品牌的不同层面，并利用这些不同层面让品牌认同更加丰富、更加与众不同。品牌认同理论的理论视点实际上已从前期的品牌理论、品牌标志理论、品牌形象理论、品牌个性理论等所强调的消费者如何看待品牌，发生了根本性的转移。这一理论在艾格的著作《品牌管理法则》中有比较详细的阐释。

思考与练习

1. 广告策划包括哪些基本理论？
2. 广告策划的传播理论包括哪些内容？
3. 广告策划的品牌理论包括哪些内容？

第十六章　广告策划的基本方法

□**本章教学要求与目标**

　　教学要求：通过本章的学习，学生应了解人文谋略策划法、系统工程策划法、运筹学方法、创意策划法的具体呈现形式及运用思路，并对典型案例有所掌握。

　　教学目标：学生能够掌握广告策划的基本方法，并能运用到实践中。

□**本章教学框架图**

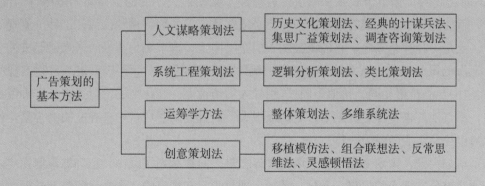

【本章图片】

策划方法在广告策划中占据着十分重要的地位：策划创意需要方法，形成方案需要方法，实施策划需要方法，巩固策划结果也需要方法，策划方法涉及策划的整个过程。有方法就有办法，有办法就容易开展策划。研究、理解并掌握策划方法，就能使策划少走弯路，减少浪费，加速策划目标的实现。策划者必须讲求实效，深切体会法无定式的含义，灵活运用各种策划方法，突破思维定势，寻找更好的策划创意。

策划的过程是一项非常复杂的工程，但那些善于求异思维的策划家，常能提出形形色色的策划方法和策划技巧。人的思维广阔无限，策划方法本身也没有穷尽，但是策划方法一般不外乎人文谋略策划法、系统工程策划法、运筹学策划法和创新策划法四大类。不管多少新的策划方法层出不穷，关键的是要找到这些方法背后的策划思想，这样我们才有可能不断地推陈出新。

第一节　人文谋略策划法

在社会生产力有了高度发展之后，人们逐渐摆脱了物质消费的困扰，精神消费意识开始觉醒。消费者对产品的要求是既具备实用价值，又能体现价值观方面的个性化与精神追求。生产和消费领域文化气候的形成，促进了产品中的文化含量和附加值的不断提高，也使文化促销成为推动经济繁荣的重要因素之一。成功的广告策划，必须能对产品的文化内涵进行深层开发，从文化内涵的边际效应中寻找策划的切入点，使消费者得到最大的购物满足。

人文谋略策划法首先以人的价值为核心，进入一定的文化背景，把握某一阶段社会情感的流向，从而提炼出能满足人的某方面需要的策划法。

党的二十大报告提出："广泛践行社会主义核心价值观。社会主义核心价值观是凝聚人心、汇聚民力的强大力量。"不同民族的文化由于长期积累沉淀，形成了某些恒久不变的、共同的道德行为准则，充分利用这种背景，就能达到事半功倍的效果。同时还必须创建产品的独特精神价值，这种价值观不仅是精神追求的反映，也是一种社会导向。它应该鼓励人们奋发向上，追求更为美好的未来，促进社会的健康发展。例如，上海的凤凰牌自行车"独立从掌握一辆凤凰车开始"。引导年轻人走上自我实现的人生道路。售书广告："书与酒价格相同，价值不同。"引导人们精神上、文化上的价值追求。广告策划中对文化意蕴的挖掘，不仅使广告宣传更具魅力，更加吸引人，而且提高了广告中精神文明的含量，使先进的文化价值观念与市场经济活动融为一体。

中国自古是一个策划大国，策划文化之发达堪称世界之最。而在策划实践中，也有称策划为"以文化魂"的讲法。策划应充分发挥人的思想、文化、精神、理想等，在特定的历史文化背景下进行。显而易见，人文谋略策划法在策划方法体系中的地位不可取代。

一、历史文化策划法

历史文化背景几乎左右着所有的策划方法，因为任何策划方案的选择都是在一定的社会人文背景下实现的，任何策划人都无法抛开这一点。我们经常看到，许多成功的广告策划就是抓住了文化精髓才获得成功的。高水平、高层次的策划实际上都离不开文化策划，它使得策划的每一个细节都渗透着浓郁的文化内涵，超越了广告的商品性，成为优秀的艺术品，受众常常容易被这样高水平的人文背景打动、所感染，因而，很容易形成对策划的认同。

就跨国经营来说，历史文化策划法可以具体为本土化战略。20 世纪 80 年代初，日本丰田为了打入中国市场，其广告按照历史文化策划法进行了精心的锤炼，打造出了一个令人过目不忘、耳熟能详的饱含中国传统文化韵味的广告语："车到山前必有路，有路必有丰田车。"就像唐诗宋词一样朗朗上口，亲切动人，感觉不到一点儿日本货的味道。可以说，丰田车在中国市场的广告语，堪称运用历史文化策划法打造广告语的经典之作。

2008 年，可口可乐公司在奥运火炬传递过程中的广告"奥运圣火激情传递，可口可乐红遍全球"的策划，随着 2008 年 3 月 24 日奥运圣火在古奥林匹亚遗址上点燃，可口可乐的火炬接力市场营销活动开始推向一个又一个的高潮。当北京 2008 年奥运会即将进入 100 天倒计时之际，一条全世界"最长的红毯"在可口可乐公司倾力打造的最新奥运短片中惊世出场，以最隆重、最炽热的方式，迎接人们热盼已久的奥运圣火。当奥运圣火即将抵达中国，开始神圣旅程之际，"迎圣火，盼奥运"的激情已在所有人的心中沸腾。可口可乐这个创意十足的奥运短片就讲述了这样一个万众一心、红毯迎圣火的故事。片中，一卷从"鸟巢"出发，比摩天大楼还高的超级红地毯在几位年轻人的热情推动下不断向前推进，来自四面八方不同城市的人们以极大的热情踊跃参与。一路上，不断扩大的人群汇聚到这个史无前例的宏大行列中来，与那条绵延不绝的巨大红毯构成一道靓丽的风景。伴随着激动人心的音乐，飞速铺开的红毯以最畅爽、最激昂的方式展示了人们火热的奥运激情。

二、经典的计谋兵法

中国自古多兵法，例如，孙子兵法、孙膑兵法、三国演义谋略……决策庙堂是运筹帷幄，决胜千里是其结果。

在中国古代兵法中，最讲究"谋略"二字。现在讲的谋略，是战略、战术、计谋韬略的总称。谋略，在过去有权谋、权术的意思，也有阴谋之嫌。策划上的谋略，是看得见、听得到的智谋。

战国时期，齐国田忌、孙膑围魏救赵是经典的谋略案例。公元前 353 年，魏国围攻赵国都城邯郸，赵国向齐国求救，齐王命田忌、孙膑率军救赵。孙膑认为，魏国以精锐攻赵，国内必然空虚，是致命的弱点。因此，不如带兵反攻魏国国都大梁。结果迫使魏军大将庞涓专程赶回迎战，立即解了赵国之围。同时，孙膑又率军在桂陵设下伏兵，袭击疲惫不堪的魏军，活捉了魏国大将庞涓。

谋略是关于某件事情的决策和实施方案，谋略的中心是一个"术"字，战术、权术、手段和方法在谋略中发挥核心作用。谋略，起初在战争中广泛应用，成为古代兵法中重要的内容。现代的谋略，则有组织、管理、规划、运筹、目标、行为等多方面的内容，既有全局性、根本性，又有艺术性、方向性。

不战而胜是计谋兵法的又一个境界，运用在策划上即要达到"情理之中，意料之外"的效果。好的策划不用人海战术，在于捕捉准确，一矢中的。

计谋兵法还深藏在中华民族各种文化形态中，太极拳的外柔内刚，围棋的镇定自若，武术的后发制人，中医的表里兼治等，都富有哲理、充满睿智，在新时代的创新意识下更见光辉。

这一策划成功的根源何在呢？摩格先生把他的创意称作做一个典型的"美国梦"。他在包装自己的产品时说，"拥有一片美国"是"赠给一个已经无所不有人士的最佳礼物"。它圆了人们心中一个可望而不可即的梦想。未来因为梦想而美丽。因此，深受人们的欢迎。

它的创新之处就在于它象征着在美国 50 个州分别拥有一平方英寸的土地，这本身就是一个很大的诱惑，因为即使是亿万富翁也很难做到这一点，普通老百姓就更不可能了。

除此之外，摩格先生认为：这证书同拍卖柏林墙一样，有着巨大的文化意义。1992 年正好是哥伦布发现美洲 500 周年，全世界举行了盛况空前的庆典活动，来纪念这位伟大的探险家。把这两个活动联系在一起，意义重大。人们没有理由不加入"拥有一片美国"的活动中来。

摩格策划的这一活动，在人们心理上产生了这样一种效应：人们普遍认为，这是一次史无前例的活动，土地证书发行第一次，恐怕也是最后一次，而且数量有限，可真是太难得了，好不容易碰上这千载难逢的好机会，怎么可以轻易错过？一些知识层次较高的专家、学者认为，这份美国土地证书经过了中美双方的法律确认，具有独特的文化和历史背景，具有很珍贵的收藏价值。普通老百姓则认为现在地价飞涨，购买地产无疑是很可靠的保值手段，即使发生什么变故，也没什么，还有什么比土地更可靠、更忠实的朋友呢？

这样一来，天时、地利、人和，摩格的这一创意策划已经具备了冲锋陷阵的所有条件，所以获得了巨大的成功。

三、集思广益策划法

当你一旦确定了你所要策划的广告的内容，了解你的顾客，并且弄清楚了你应该采取什么样的策略，就会发现集思广益是实现这一切的好办法，它不仅能完美地贯彻你的意图，切实地执行你的广告计划，而且还能给你带来意想不到的好主意。

所谓集思广益，就是指集中众人的智慧和经验，以促进工作效果。集体是由广泛的、复杂的、互有联系的若干个人组成的，由于所处的环境、条件不同，看问题的角度也不同。其中不乏学识渊博、思路开阔、目光敏锐、能提出自己独特见解的人才。充分尊重人才，能广泛地听取意见和建议，集中众人的智慧，从而促进创新。这不仅比大家各行其是的效果好，而且也会有趣得多。

这个方法与其他的方法相比较，有更大的自由度，积极性也会更高，人们不再把精力浪费在斟字酌句上，而是更注重发挥自己的创造力。不过有一点要注意，个人之间的竞争一定要有效地控制，以防止因勾心斗角而产生不必要的内耗。

该方法实施的时候需要一个有经验的人来组织和控制。这个人的任务不是想出好的点子，而是将每个人都调动起来，充分参与讨论，让他们想出好的点子来。

个人的认识是有限的，再高明的领导者，也不能单靠自己的智慧就能制定出一整套成就大事业的行动方针，他要集中群众的智慧，要遍采众人之长，因为他们在自己的研究领域最具发言权。

集思广益还包含着在某一具体问题的处理上也要广开言路，不能只听一面之词，只考虑一种方法，而是要围绕这一问题充分发表意见，提出各种可能的解决措施，在可供选择的方案中进行比较，选择最优方案实施。

四、调查咨询策划法

调查咨询策划法，是一种通过策划者组织的调查，得到有关方面的信息，然后对这些信息进行分析得出结论，最后根据调查的结论进行策划的方法，策划的直接依据就是调查的资料。

而要使调查咨询策划科学、正确，就必须严格遵循科学的咨询策划程序。调查咨询策划程序是由咨询策划活动本身的特性、运行规律及咨询的实际需要所决定的，它不同于其他策划类型的程序。调查咨询策划一般包括前期准备、确定咨询课题、咨询情况调查、咨询资料分析等。

1. 前期准备

前期准备是调查咨询策划取得成功的重要条件和前提。它包括积累广泛的咨询策划资料，广泛收集咨询策划信息，对整个咨询活动进行布置，作出合适的咨询工作安排计划和人员配备，必要的咨询工具和手段准备，以及咨询范围和内容设计、与咨询对象签订合同等。只有准备充分，咨询活动的开展才会自始至终顺利地进行。

2. 确定咨询课题

确定咨询课题，就是要确定咨询策划什么，即明确咨询策划的对象和着力点。没有课题或者课题未选对，都会导致咨询策划的失败。正所谓"题好半篇文"。

选择和形成正确的咨询课题，也不是一件容易的事，一般来说，咨询课题的选择，应符合客观实际，而且能够高度概括地反映客观实际，能准确地揭示问题的所在，还要能从根本上反映策划对象存在问题的根本点或关键点，反映深刻、准确、新颖、独特、明确。

3. 咨询情况调查

所谓咨询情况调查，就是根据咨询课题，对策划对象的相关情况进行资料的收集。这一步应做好以下工作。

(1) 明确调查内容，即要解决调查什么问题，也就是要围绕咨询策划课题项目进行调查和资料收集。

(2) 深入实地调查，即进入咨询策划对象的第一线，直接收集和掌握翔实可靠的第一手资料。

(3) 选用正确的资料收集方法。收集资料的手段、工具和方法是否正确，决定着收集的资料是否具有真实性、可靠性和全面性、准确性等。方法和手段是否正确，也决定着收集资料的效率和质量。收集资料的途径和方法很多，应根据不同策划对象和所需收集资料的范围、种类，选用不同的科学、有效的方法。

(4) 收集的资料应符合咨询策划的要求，要有针对性，必须真实、准确、全面、适时、高效，以便于运用。

4. 咨询资料分析

所谓咨询资料分析，即对信息资料进行处理的过程。它包括对信息资料进行分类、鉴别、归纳、筛选、分析、综合判断等活动。具体地说，咨询资料分析就是按照咨询课题的要求和信息资料的内容情况，运用科学的方法，遵照一定的程序，对最初收集的尚处于原始状态的信息资料进行整理、分类、鉴别、核对、筛选、审核、比较、综合、分析、研究、判断、计算等，使其变成系统的、完整的、有机联系的、可靠的材料，并能说明某种问题或达到某种目的的信息的整个过程。经过这一过程，资料不仅变得真实、可靠、清晰，而且能使信息由死材料变为活材料，由低价值变为高价值。

第二节　系统工程策划法

美国兰德公司、贝尔实验室、国际系统分析研究所，都是世界级的"策划智囊团"，它们都有一个共同的特点，就是其人员组成都有相当大比例的系统工程师，甚至所有的人员都受过系统方法论的训练。

系统工程也称系统科学、系统方法、系统方式、系统分析，世界各国叫法不一样，但其方法论特征是一样的。

系统方法是 20 世纪各门学科方法的结晶，是 20 世纪后半叶的一门新兴的综合性的方法论学科群。

系统方法是综合哲学观点与专门科学而进行的。其主要原理是把事物看作一个完整的系统，这个系统既包括自身组成要素的各个方面，又包括各要素间的联系，还包括与这个事物相关联事物间的关系与地位。系统方法要求从系统的一方面或几方面甚至整体出发，对其进行不同角度的分析。

一、逻辑分析策划法

事物各要素及相关事物间都有一定的逻辑顺序关系。从这些关系入手，找出规律，作为分析问题的依据，然后根据实际的条件、问题进行策划。逻辑分析策划法就是把策划客体的发展进程在思维中以逻辑的形式表现出来，从而制定策划方案的方法。用这种方法考察策划客体，就是在纯粹的、概括的状态下考察客体发展的必然性，在揭示其内部逻辑的基础上再现其发展过程。

逻辑分析策划法具有以下两个特征。

其一，典型性。它可以摆脱策划客体发展的自然线索，从最能体现策划客体发展的本质和规律性的东西入手，对其进行研究，也就是从其成熟和典型的发展阶段分析发展过程。当事物处于萌芽状态时，它的本质还没有充分展开，因而也就很难认识它的本质和规律。只有事物发展到成熟阶段，由于它发展得比较完善、比较典型，这时它的本质已经充分展开，就比较容易发现其本质和规律了。

其二，抽象概括性。逻辑分析策划法是以抽象的、理论上前后一贯的形式对策划客体的发展进行概括研究。事物的发展是曲折的，它的必然性是通过无数偶然性开辟其前进道路的，它的本质常常为纷繁的现象所掩盖。逻辑分析策划法就是从纯粹的、抽象理论的形态上来揭示策划对象的本质，通过概念、判断、推理等思维方式完成策划。

二、类比策划法

当策划的项目没有以前的资料或实例作为参考时，这就需要在找出内外部关联之后，与其相类似的项目进行类比，具体分析个别因素的地位与关系，从而对本事物有一个清晰的认识。

类比的各种事物可以是同类的，也可以是异类的。不管差别有多大，只要寻找在功能和特征上类似的事物，就可以进行类比。典型的类比方法主要有以下几种。

1. 直接类比法

直接类比法，即直接从自然界或已存在的发明成果中寻找与创意对象相类似的东西，通过比较，从中找出新意。将此方法运用在广告策划中，则是从已存在的经典广告中寻找相似点，从而寻找可复制的内容加以创新。例如，经典的M&M's巧克力豆广告在中国进行营销时，除了将广告女主角换成中国女孩外，广告语与创意几乎未变，但仍然不失为成功的广告。

2. 综合类比法

综合类比法是指把看起来不相关的事物或已经过时的事物强行结合到一起，通过综合事物的多种属性、多个特征进行交错性类比，以及从整体上进行类比，从多方面、多角度进行类比分析，以达到创造新事物，或解决问题的一种立体性思维方法。在这里，综合的前提就是对事物进行深度分析，随着分析的深入与逐步展开，创意灵感的激发条件就逐步成熟。

3. 象征类比法

象征类比法也称符号类比法，是借助事物形象或象征性符号来类比所思考的问题，开阔思路，产生创造性设想。例如，策划咖啡馆需要参考优雅的格调，策划茶馆则需要考虑民俗风情。一般来说，象征类比法是用具体的事物来表现某种抽象概念或思想感情。这种类比方法主要用于有象征意义的广告策划中，它具有很高的美学价值。

除了以上所说的逻辑分析策划法和类比策划法外，较常见的还有经验预测法。所谓经验预测法，即策划者根据自己多年的策划经验，找出与本次策划背景相似的一些案例，同时考虑不同的执行环境等因素进行策划。

第三节　运筹学方法

运筹学中，有一种方法叫作结构重组和区位组合方法。其原理就是：事物、商品等的结构与内容、性能有直接的关系；空间与时间的分布对事业的兴衰有重大的价值和意义。

著名的《田忌赛马》的故事，齐国大将军田忌经常与齐威王赛马，每次比赛都输。因为齐王的一等马比田忌的一等马强，齐王的二等马比田忌的二等马强，齐王的三等马也比田忌的三等马强。因此，一对一，每次都是齐王赢田忌输。孙膑得知后送上一个策划，让田忌的三等马对齐王的一等马，让田忌的二等马对齐王的三等马，让田忌的一等马对齐王的二等马。结果田忌输了第一场，却赢了后两场，终于2∶1反败为胜。齐威王于是拜孙膑为军师。

"田忌赛马"是典型的运筹学。博弈论、对策论、排队论、全息论、组合论、库存论等，是运筹学运用的具体方式。"出马"是点子，"组阵"是谋略、几率，几率与组合是战略方法，一不胜而再胜，三胜是关键，以少胜多，以弱胜强，是运筹学发挥的效果。"尺有所短，寸有所长"。古往今来，商战、兵战、政战，都有运筹学的运用。

一、整体策划法

整体策划法，是我国学者陈火金提出的一种策划方法。这种方法就是把策划过程看作一个整体，从这个整体出发，对整个策划项目进行全方位的、由点及线至面的策划。这是一种战略策划法，是从策划整体战略的高度来考虑，带有全局性和长期性的策划方法。

整体策划包括点式策划、线式策划和面式策划3种形式。点式策划即出点子，是出主意、当顾问的角色，这种策划解决的都是比较简单的一些策划问题。线式策划即对某一问题的某一方面所做的策划。此时的问题比较复杂，它是由多点问题组成的某一方面的问题。面式策划则是对某一问题所做的全方位的策划，包括点式策划和线式策划在内。

根据整体策划的这些形式，整体策划法也相应地分为这3个部分，即点式策划法、线式策划法、面式策划法。一般而言，策划一个项目，作为一个整体，它都是由点、线、面组成的。策划人在策划之前，首先必须将这些点、线、面分析出来，再系统地针对各点、线、面的具体问题展开策划。

属于点的问题，只要一个主意就行。点式策划所给出的点子，主要是给予策划项目最基层的策划人的。策划时只要让他们知道依策划而行就可以了，要求他们严格地按照点式策划方案执行，不做任何变化。

属于线的问题，策划人给出的线式策划方案则比点式策划方案复杂一些，即对某一策划项目的某一方面问题做出较为系统的策划。针对这种线式策划，策划人必须给出一个有顺序的、系统的、有前因后果的实施步骤，每一个步骤都有效果的检验。通过阶梯式的步骤，形成连续不断的策划连线模式，使策划项目某一方面的问题一步一步得以解决。如策划推销某一产品，包括广告策划、营销策划等方面，广告策划和营销策划之间有着密不可分的关系。做好广告，就能为营销奠定基础，营销在很大程度上依赖于广告效果。反过来，营销对广告也起到一定的作用，即在营销过程中，如果销售渠道不畅，商家不接受，售后服务跟不上，顾客反映不好，就会影响到广告的效果。此时，除了做好各线的策划外，不同线的策划也必须相互配合。

面是由点组成的，正方形是由四点四线组成的，如果没有点、没有线，也就没有面。面是建立在点、线的基础上的，面是指由这些点、线包围着的中间的那一部分，即策划所能囊括的全部内容。要实现由点及面的效果，必须做好面式策划，即整体效果的策划工作。面式策划方案的重点在面上，包括整合点、线策划的效果，延伸点、线策划的辐射域，此时的策划已经上升到较高的层面。策划时一定要确定近期、中期、远期目标，充分利用点、线策划的效果和效应，将已经做的和正在做的点、线策划整合在一起，组成一个系统的整体策划。

整体策划是建立在面式策划基础之上的战略策划，它根据近期、中期和远期目标，制定出整体性和阶段性的策划方案。因此，它由一系列的面式策划组成，具有连续性的特点。面式策划虽然考虑了策划的总体效果，但它只考虑了目前的效果，不能考虑长远的效果。而整体策划克服了面式策划的这一缺点，当目前效果和长远效果发生冲突时，整体策划就可将这两者综合考虑。

整体策划要求我们在策划过程中，首先由整体出发，推进到面，再由面出发，推进到线，最后到点。这样才能全面细致地考虑到策划过程的每一个步骤、每一个环节。

二、多维系统法

所谓系统，即按照一定的关系组成的同类事物。多维系统法即策划者将策划看成一个多维的结构体系，通过合理调整，改善和改变系统各部分的相互关系，保证策划目标顺利实现。

就策划系统而言，可以将整个系统分为四维：第一维是方面维，即系统策划与系统实施；第二维是步骤维，包括明确目标、建立评估指标体系、系统综合、系统分析与预测、决策分析、方案选择、任务执行这几个步骤；第三维是层次维，包括策划理论、策划方法、策划应用；第四维是专业维，即涉及专业知识和应用领域的各种因素，包括政治、经济、文化、军事等专业领域。通过分析策划的这四维之间的相互关系，特别是分析策划主体的利益关系与影响关系，根据策划主体与策划环境的动态变化来构思策划。策划是一个系统工程，所涉及的相互关系的主体很多，主要有策划方、施控体、受控体和独立策划体。系统策划法，通过加强、改善、改变关系等手段，获得各方面力量的支持，从而改变策划环境，达到增强自身实力，借助各方力量实现策划目标的目的。除此之外，系统策划根据策划体之间的各种复杂的利益关系，仍然通过增加、改善、改变等方法，调整、协调各方利益，从而达到策划目的。

系统策划和系统实施是相辅相成的。策划系统化之后，从策划最终的目标、远大战略、具体策略、单项规划到工作计划、运作机制、工作体制和执行规则等，都形成了逻辑严密、科学的系统。在此基础上，策划的实施自然也必须系统化，并与策划系统相配合。系统实施包括设计、制作、调试、运行、监测、保障和更新等环节，它们必须与策划系统结合起来。

多维系统法除了要求策划以及实施遵循一定的逻辑系统持续进行外，还要求处理好局部阶段性与系统全局性的关系，前者是后者的基础，后者是前者的结果。策划者必须在重视全局的前提下，注重策划的局部性和阶段性。

系统全局性要求策划者在具体的策划运作中，能运用系统论中的层次观、结构观、进化观来策划，从整体上把握和驾驭全局。

第四节　创意策划法

策划需要创意，创意是策划的灵魂。一个广告如果没有创意就不能称其为广告，只有创意，才能赋予广告精神和生命力。

创意是策划的关键。创造性思维是创意的基本条件。那么，如何产生创造性思维即创意呢？

创意策划法是包括各种能够形成创意的具体方法的总称。创意策划的形式很多，取决于策划者的头脑和智慧。由于人的智慧是无穷的，所以形成创意也有无穷多的方法。一个优秀的策划者应该善于学习和总结各种策划方法，集百家之长，最终形成自己的一套创意策划方法。

创意是广告策划的灵魂，创意的本质就是改变，有时甚至是颠覆，通过创意，可以创造出新的意念和意境。没有广告创意的出现，就没有广告设计与创作。

广告创意的方法层出不穷，针对每个具体的广告作品可以使用不同的方法，没有哪一种创意方法可以直接照抄照搬。回顾创意设计的发展历程，创意设计方法的研究，大体上说是 20 世纪 30 年代起步，40 年代奠基，50 年代发展，60 年代飞跃，70 年代兴盛，80 年代普及。由于创意工程的复杂性，其理论体系至今尚不能说很成熟，这是因为：第一，绝大多数方法都是研究者根据其实践经验和研究总结出来的，缺乏统一的理论指导；第二，各种方法之间并不存在线性递进的逻辑关系，较难形成统一的体系；第三，创意思维是一种高度复杂的心理活动，其规律还未得到充分的揭示，各种方法在内容上彼此交叉重叠，既相互依赖，又自成一统，这给全面体系化带来较大的困难。尽管如此，许多研究者还是作出了不少努力，提出了一些分类方法。

一、移植模仿法

所谓移植模仿法就是把某一领域成功的事物、做法、经验照搬到另一领域的一种应用方法。

把先进地区的新兴项目（或商务形式）照搬到后进地区去，这是一种移植。照搬本身也是一种策划，尽管其相对来说没有新颖性，但对于策划人自己和策划的实施者是新颖的；把别处的项目移植过来，也有一个改造或改良的问题。

同样，把成熟的产业理念、原理、方法等应用于新的产业设计思路中，也是一种移植模仿法。有许多国内外策划案例，在局部上有惊人的相似之处，这说明策划思路是可以在更深、更高的层次上进行移植的。

移植又分为直接移植和间接移植两种。直接移植是学习的过程，也是全面借鉴的过程；而间接移植则不仅是学习的过程，还包括创造的过程，是策划者通过对事物相似性的发现，套用某一事物的规律的结果。如国内外的大型百货商店、超市、主题公园、明星形象代言，以至于好莱坞的商业电影、电视台直播新闻与综艺节目等，都是移植模仿法运用的典型案例。国际上的一些咨询公司，在解决某些大型企业的战略和流程管理问题时，其方案也基本上是移植美国、日本一些成熟企业的模式和规范。

移植模仿法的核心是人类的模仿本能。尤其对于策划新手，成功运用这一方法的前提是具有广博的知识和判断能力，寻求移植对象与策划对象之间的共同点，把某事物移到别的领域，从而产生新的创意。如将电视上的拉杆天线移到圆珠笔上去，成了可伸缩的"教棒"圆珠笔，再将它移到鞋跟上去，可设计出可调节后跟高低的新式鞋。

借鉴经典广告创意表现手法为我所用，不失为一种表现手法，尤其是在目标受众还未见过该广告创意的情况下。

案例

有一则广告这样表现食品 chipster 的香脆：大楼的保安在有滋有味地品尝着 chipster，偷了世界名画的小偷在保安发出清脆的响声时抬脚迈步，当保安吃完了，不再发出清脆的响声时，小偷也无法溜走了。我国也有一则广告与其异曲同工：录音棚里，录音师正屏住呼吸调试设备准备开始录音，突然，喇叭里传出清脆的咬嚼声。奇怪，这声音是从哪里来的？录音师满脸疑惑，歌手也大吃一惊。定睛一看，原来是歌手吃隆迪曲奇饼发出的清脆响声。歌手与录音师相视一笑，随即歌声、笑声与音乐声起，推出广告主题：隆迪隆迪，香脆的曲奇。

二、组合联想法

组合联想法源自亚瑟·科斯勒的"二旧换一新"的方法。"二旧换一新"的方法严格地说并不是专门针对广告创意提出的方法，它只是在研究人们心智作用对创意的影响时提出的一种构想。但由于这一构想被描述为"创意的行为""解放的行动""以创造力击败习惯"，并且实际上对创意的构想和发展影响很大，所以人们就把它作为创意的一种有效的方法推广应用。

以创意闻名的美国广告大师詹姆斯·韦伯·扬曾在其所著的《产生创意的方法》中揭示：创意完全是旧元素的新组合。将两个原来相当普遍的概念或两种想法、两种情况、两件事，放在一起融合、消化、重组、借鉴，结果得到一个以前未曾考虑过的新组合，把似乎不相关的事物有机地合为一体，并产生新奇，从这个意义上说，组合是想象的本质特征，它不是停留在相似点的类比上，而是更进一步把两者组合起来，因此其层次更高。以联想为基础的创意，可以以一个事物为出发点（即焦点），与其他事物联想并与之组合，形成新创意，会得到意想不到的效果，甚至有的时候原先的两件事是完全相抵触的，经过组合后融为一体。这个新的个体就是组合联想的结果。

打破所有的物质和事物的时间、空间及功能的界限，通过大脑的联想，假设把任何事物的任何元素进行分解重组，简单地说，就是把那些看似风马牛不相及的事情或者水火不容的事物通过联想、假设、畅想将它们分解组合，就可以产生无限的创意。

案例

爱迪达球鞋广告：

广告标题：捉老鼠与投篮——两色底皮面超级篮球鞋

广告图画：一只球鞋，一只小猫

广告正文：猫在捉老鼠的时候，奔跑、急行、回转、跃扑，直到捉到老鼠的整个过程，竟是如此灵活敏捷，这与它的内垫脚掌有密切的关系。

同样，一位杰出的篮球运动员，能够美妙地做出冲刺、切、急停、转身、跳投、进球的连续动作，这除了个人的体力和训练外，一双理想的篮球鞋，是必不可少的。

新推出的爱迪达两色底皮面超级篮球鞋，很快就获得喜爱篮球运动的人士的赞美。

因为，它有独创交叉缝式鞋底沟纹，冲刺、急停不会滑倒。

因为，它有 7 层由不同材料砌成的鞋底，弹性好，能缓解与地面的撞击。

因为，它有特殊功能的圆形吸盘，可密切配合急停、转身、跳投。

因为，它有弯曲自如的鞋头和穿孔透气的鞋面，能避免脚趾摩擦挤压，穿久不会疲劳，还能调节鞋内的温度。

这则广告创意新颖奇妙。首先标题奇妙。"捉老鼠与投篮"，这完全是"风马牛不相及"的两件事，其次图也奇妙："一只球鞋，一只小猫"，又是不相干的两个东西，怎么能扯到一块呢？这就是创意的高明之所在，它利用联想把两个看起来毫不相干的事物联系在一起，让人们产生一种新意和好奇心理。

再细读广告正文，才使人恍然大悟。这个广告创意利用"猫捉老鼠"这一形象的比附，使人产生联想，如果抽掉了这个形象，剩下的只有打篮球应该有一双好的篮球鞋，这鞋如何如何好，完全就是叫卖式的，必然索然无味。

三、反常思维法

好的创意，是指既能吸引人又不与其他广告雷同的创意。吸引人，才能使广告受众喜闻乐见，对该广告印象深刻，进而对广告所宣传的产品产生兴趣，从而激起购买欲望。但仅仅吸引人是不够的，还要不与其他广告雷同。如果是抄袭或变相抄袭他人的创意，不管它多么吸引人，都是要不得的，因为，一方面，广告受众会因怀疑你的广告有抄袭之嫌，进而怀疑广告所宣传的产品的信誉；另一方面，抄袭也会损害策划者的声誉。

当运用常规思维找不到符合上述标准的好创意时，就要尝试着从相反的角度去思考、去创意。有时，为了追求与众不同和新鲜刺激，即便运用常规思维能够找到好的创意，也可以弃之不用，转而运用反常规思维法。

第一，确定"常规"的内容。做事讲究有的放矢，运用反常规思维法也要首先确定"反"的对象是什么（即"常规"的内容）。一个项目，有多个可供选择的诉求点，这时就要根据具体情况，从中确定最适宜的诉求点当作"常规"的内容。

第二，找出"常规"的对立面。确定了"常规"的内容后，就要找出它的对立面是什么，即用什么去反"常规"。例如，"好"的对立面是"差"，"女人"的对立面是"男人"，"大"的对立面是"小"，"畅销"的对立面是"卖不动"，等等。

第三，找出表现对立面的最佳方式。对立面确定后，就要想办法把它表现出来。一般而言，要用极端的方式把对立面表现出来，即把对立面引申夸张到极致。

第四，在对立面与常规之间巧妙地搭建桥梁。正确地找到了"常规"、对立面及其最佳表现方式之后，最关键的工作就是要在二者之间巧妙地搭建桥梁，形成一个绝妙的创意。所谓巧妙地搭建桥梁，就是要做到既出人意料，又在情理之中；既引人注意，又不失真实；既夸张离奇，又合情合理。具体的方法可能总结不出来，因为策划的最高境界就是"无法胜有法"，只能在这些原则的指导下进行充分发挥。

第五，点明广告的真正意图。一反"常规"，最终目的也是以对立面反衬"常规"。因此，必须在广告的结尾处点明广告的真正意图，让受众了解广告的真正含义。否则，可能会让人误以为广告真的在表现对立面，影响广告的传播效果。

四、灵感顿悟法

灵感与顿悟是人类创造中最奇妙的现象。哪里有人类的创造活动，哪里就会出现令人神往的灵感火花。这些令人神往的灵感火花，尽管在不同的领域表现也不同，但都具有使创造者本人感到疑惑不解的奇异性。

人类的灵感思维可以概括出如下特征：非预期的突发性、不受意识控制的非自觉性、心灵感应活动的不可重复性、认识过程的跳跃性、反常规的独创性。总而言之，灵感的激发形式是多种多样的，而且这种方法其实每个人都有，只是常被忽视罢了。广告人应当随时随地让自己的思想处在"待机"状态，广纳信息，积极思考，以便迅速抓住转瞬即逝的灵感火花。

上面给出的几种策划方法，只是众多方法中比较有代表性的。而策划需要创新，创新是策划的灵魂，所以只有随着环境的变化而改变，与时俱进，策划才有可能成功。那种俗套、老套、陈旧的策划手段，可能会一时取得成功，但终究不能长久。策划是为竞争服务的，而竞争是残酷的。策划在竞争中处于核心的地位，通过策划能实现以少胜多，通过策划可以由弱变强，通过策划可以克敌制胜。

策划方法来源于策划实践，服务于策划实践，指导并影响着策划的实施。学习策划方法，我们必须将学习与实践结合起来，要通过具体实践，增强感性认识，灵活地应用已有的策划方法，既不能墨守成规，也不能全盘放弃已有的策划方法，任意发挥，而是要正确地对待策划方法，掌握策划方法的真谛。

思考与练习

1. 广告策划有哪些基本方法？
2. 广告策划的创意策划法包含哪些内容？
3. 什么是移植模仿法？

第十七章　广告策划的专业方法

□本章教学要求与目标

教学要求：通过本章的学习，学生应了解奥格威的"神灯"理论、奥美的"品牌管家"理论、精信的策划五部曲、智威汤逊的策划循环圈、韦伯·扬的魔岛理论、李奥·贝纳的创意策略、BBDO 的"四点法"、达彼斯模型。

教学目标：学生能够掌握广告策划的专业方法，并对现代常见的专业方法进行汇总。

□本章教学框架图

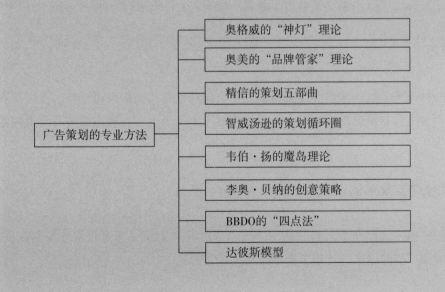

广告策划的专业方法
- 奥格威的"神灯"理论
- 奥美的"品牌管家"理论
- 精信的策划五部曲
- 智威汤逊的策划循环圈
- 韦伯·扬的魔岛理论
- 李奥·贝纳的创意策略
- BBDO的"四点法"
- 达彼斯模型

【本章图片】

从广告策划的一般方法到广告策划的专业方法，就方法论而言，是一般理论与特殊理论的关系。我们在进行广告策划的时候，除了借鉴其他学科如营销学、经济学等学科的方法之外，也有着广告学自身特殊的方法要求。这些策划方法有助于我们将广告策划得更为专业而精确。

广告策划作为企业的一项营销活动，要按照一定的程序有计划地进行。但总的来说，广告策划不外乎广告调研、广告战略分析、确定广告目标和广告计划的编制四大阶段。不同的广告公司或策划人员在针对不同的策划主题时，会运用不同的策划方法。

第一节　奥格威的"神灯"理论

大卫·奥格威在 1963 年出版的《一个广告人的自白》[①]中，总结了他从事广告行业多年的经验，该书成为当时最为畅销的广告著作。奥格威从广告是科学而不是艺术这一基本观点出发，主张广告创作应遵循一定的法则。他曾亲自为奥美公司的广告创作制定出一系列被称为"戒律"的法则，要求员工必须严格遵守，并把这些法则自称为"神灯"，比喻它能满足一切欲求。

"神灯"的魔力主要来自 5 个主要方面。

一、邮购公司的广告经验

这方面的代表人物是"每月一书俱乐部"的哈里·谢尔曼、维克·施瓦布和约翰·卡普尔斯，他们对广告现实的了解比任何人都多，他们可以预测出他们所写的每一则广告的结果，因为他们的看法不受复杂的分销渠道的左右，而正是这种复杂的分销渠道使大部分厂商无法把他们的广告绩效从其他五花八门的推销手段中分离出来。邮购公司不受零售商的影响，零售商不为其促销也不会引起其产品滞销。他们的全部销售工作只能依赖广告。读者要么剪下邮购公司广告上附的那一页订购回执，要么不剪。他们的广告出现后的几天，邮购广告的策划者就知道其广告效果如何了。27 年来他们一直都在研究邮购公司怎样做广告，并从观察中提炼出一些原则，普遍用于各类广告中。

二、百货商店的广告技巧

好的广告对消费者是一种诱惑。这一宝贵经验来自研究什么技巧使百货商店取得成功。百货商店广告的效果，第二天就能从柜台的营业情况反映出来。所以奥格威本人十分关注在这方面最有心得的西尔斯·罗巴克百货公司的广告活动。

三、盖洛普等调查公司对广告效果的调查

广告创意几乎从调查研究得来，而非个人的主见。"神灯"的第三个数据来源是盖洛普等调查公司，这些公司调查了促使读者阅读广告的因素，肯定了邮购公司的广告经验。

---

① 奥格威. 一个广告人的自白 [M]. 林桦，译. 北京：中国友谊出版公司，1991：80—82.

四、对电视广告的调查

消费者对报纸杂志、广告的反应我们了解较多，他们对电视广告的反应我们了解较少。这是因为对电视的认真调查只不过是 10 年前才开始的。即使如此，盖洛普和其他一些人，也已经就电视广告收集了颇为丰富的调查资料，这足以使我们摆脱对电视广告效果的评估完全凭借猜测的状态。至于广播广告，各方面做过的调查是微不足道的。人们还没来得及科学地使用广播广告，它就在电视广告的冲击下有些过时了。

五、应用别人的智慧成果

奥格威说："我应用我的先辈和竞争者的智力活动的成果是最有成效的。"探究他应用别人智慧成果的方法，大体有以下几种。

第一，直接应用。譬如关于电视广告片的开头要不要使用与商品不相干的小手法这个问题，他就直接应用盖洛普的调查结论。10 年前的结论是否定的，他照着做了；10 年后的情况变了，结论成为肯定的，他就改过来。

第二，倾听同事的意见。他写好一个文案给同事去编辑之前，有时要写十几个草稿，他给劳斯莱斯汽车广告写了 26 个不同的标题，请公司里的 6 名撰文人员评审，再在其中选出最好的一个。写成文案（大约 3500 个字）后，又找了 4 位撰文人员推敲，把枯燥无味及含糊的部分删掉，最终缩短到 719 个字。

第三，借鉴别人的智慧，启动自己的思维。奥格威应聘策划哈撒韦牌衬衣全国性广告活动方案时，决心创作一篇比扬一罗公司为箭牌衬衣创作的经典之作更好的广告。于是，他挖空心思，想了 18 种方案来把"佐料"掺进广告中去。第 18 种，就是给模特戴上一只眼罩。最初，他们否定了这个方案而赞成另一个方案。在去摄影棚的路上，奥格威鬼使神差般钻进一家药店花 1.5 元钱买了一只眼罩。随着广告活动的展开，这个戴眼罩的模特就在各种不同场合出现：指挥乐团、绘画、击剑、开拖拉机、驾驶游艇、购买雷诺阿的画等。这使哈撒韦牌衬衣在默默无闻一百多年之后，一下子走红起来。

第四，综合别人智慧的成果，融会贯通，独树一帜。奥格威对"唯理派"的鼻祖霍普金斯及其信徒 R. 雷斯，"唯情派"的旗手 W. 伯恩巴克，具有印象派风格的 C. 葛里宾等广告大师的理论与方法，由综合到创造，提出了"品牌形象论"的广告创意策略理论，成为构建"形象时代"的一代宗师。综合，不是简单相加，更不是模仿抄袭。奥格威提醒人们："还没有什么人是由于盗用了别人的广告而树立起一个品牌的。"模仿可能是"最真诚不过的抄袭形式"，但它并不是可取的策略。例如，哈撒韦牌衬衣广告一成功，就有十几个厂家抄袭；电视广告"南方芝麻糊"得了全国优秀广告一等奖，接着就有许多"回忆式""乡土式"的"创意"广告在电视上露面，与假冒伪劣商品泛滥的内地市场景象相映成趣。

以上几个方面信息的汇总，使奥格威的"神灯"放射出 96 道光芒，制定了广告的 96 条法则。也许正是因为他奉献出了这么多法则，才被称为美国广告界的"教皇"。

第二节 奥美的"品牌管家"理论

在奥美的历史上，创始人大卫·奥格威创立的"品牌形象"理论代表了美国广告史在第二次世界大战后繁荣阶段的经典创意哲学之一。奥格威试图给每个广告主一个合适的风格，因为"创造适当的个性是一项至高无上的成就"，它帮助客户实现长期的市场目标。"品牌形象"理论长期统率了奥美的广告创作范式。1992 年，奥美的历史翻开了新的一页，出现了"品牌管家"这个全新的词汇。尽管在某种角度看来，"品牌管家"实际上是奥美传统教条中的"长期品牌构建"在语义上的重复表述，但是它显得新颖，让人感到公司是领导新潮流的先锋；更重要的是，"品牌管家"创立了规范化的整体品牌战略模式。这是它的成功之处。从奥美前任 CEO 夏洛特·比尔斯开始，公司就对"品牌管家"进行了新的定义。

"品牌管家"是一种完整的哲学，是奥美的生活方式。"品牌管家"是一个完整的计划，以确保所有与品牌相关的活动，都能反映和忠于品牌的核心价值和精神。

在奥美，每个服务小组都是以品牌为名的，是由客户组成的品牌小组，每个小组都可以有客户服务、媒体人员、创意及公关等成员。这种组织形式的好处在于，它可以确保每个小组成员的意见和建议都是针对特定品牌的独特需求和情况进行考虑的。

"品牌管家"可以十分简单地划分为以下 6 个步骤：信息收集→品牌检验→品牌探测→品牌写真→如何利用品牌写真→品牌检核。可以说，"品牌管家"是一个过程，即建立品牌后，还要不停地培育它，令它茁壮成长，使其在客户和消费者心中更具价值。"品牌管家"的责任就是协助广告主，管理品牌资产。它可分解为两个目的：一是建造今日的品牌，达成短期的销售业绩；二是忠于品牌核心价值和精神，使品牌经久不衰。奥美的业务就是要通过一切传播手段，改进产品和使用者之间的关系，使产品在人们的生活中占有重要的地位。因为传播可以接触消费者的心灵，创造联想，巩固品牌忠诚度，最终使产品获得品牌地位。

一、信息收集

"品牌管家"过程的第一步是彻底了解你的品牌。当然，从"品牌管家"的其余内容来看，不能独自做这项工作，要和团队在一起。"团队"，意味着公司中的每个人都与品牌有关。回顾所有关于品牌的知识，包括：

产品细节——它的利益、成分，它的物理形式和功能属性，它的历史；等等。

消费者——大量使用者，轻度使用者，当前的、已失去的用户以及非用户；他们的行为和态度，他们生活在哪里以及正在做些什么；等等。

竞争——直接和间接的，范围，趋势；等等。

环境——品牌背后的公司和较广阔的环境、社会、经济、政治、文化；等等。

二、品牌检验

汇集了所有的事实后，需要的是意见。

品牌检验可以被看成一种彻底的努力，即把感情、印象、联系、意见、记忆中的闪光点、期望和满意，以及批评和失望，无论是正面的还是反面的，这些无形的因素统统融合在一起，从而形成关于品牌的消费者认知。

品牌检验被设计成用词语描绘用户生活中关于品牌的实际经验，即以精心设计的问卷方式检验消费者与品牌的关系，探讨具象与抽象的资料。最好是做消费者研究。每个团队成员应把自己沉浸到有效的消费者研究中去，在品牌工作中形成自己的眼光和直觉，这样就迈出了品牌检验的第一步。

品牌检验应以消费者的观点来回答。在准备回答问题时，你要以一个普通用户的心智来思考，如果因某种原因使探索变得十分困难，那么就需要做类似品牌探测的事。

品牌检验没有捷径可走，奥美公司专门开发了一套用于品牌检验的标准化问卷。

（1）激发你头脑中的品牌形象。当你听到品牌的名字时，最先跃入脑海的是什么？是实物的还是图像的？是包装还是产品元素？是符号还是象征？这些给你的暗示是什么？

（2）思考品牌所唤起你的感觉与情感。当你使用品牌时，会产生哪些特殊的感觉和情感经验？当看到其他人使用这个品牌时，你感觉到什么？品牌的基调是什么？这个品牌与其他处于领导地位的竞争品牌相比，在唤起你的感觉和情感方面有何不同？

（3）品牌在你生活中的哪个部分产生了依附？这个品牌带给你哪些记忆或联想？品牌具有自己的记忆或联想，请用你的某段生活情节来说明。

（4）品牌除了履行其功能外，还为你做了什么？它的独特贡献是什么？在使用这个产品类别时，它带给你什么样的特殊看法或观点？这个品牌在哪些方面加强了你思考事物的行为或方式？

三、品牌探测

品牌探测是奥美专门开发的一项研究，为回答品牌检验问题提供必要的洞察和理解。在遇到非常复杂的品牌时，或在小组完成品牌检验中出现迥然不同的意见时，就需要更多的信息来解决这个问题，这时候品牌探测尤其有用。

品牌探测由 4 个阶段的研究项目组成，以一个较广的有兴趣的群体为样本，用来探测他们的思想和态度。一个完整的样本包括：品牌的忠诚消费群，客户的代表，客户的品牌小组，代理商的品牌小组代表，以及从品牌的公共关系、促销、包装公司邀请代表参与。

研究的 4 个阶段按以下步骤执行。

第一阶段，征集几位品牌忠诚的回答者，邀请他们每天记下品牌使用的情况：喜欢或不喜欢；使用中的感受；他人的反应；选购的理由；等等。分析"日记"并挑选 10 位回答清晰的品牌回答者进入第二阶段。

第二阶段，由两个处于观察中的"品牌风暴"会议组成。30 位消费者由代理商和客户的品牌团队观察，10 位专业人员由消费者小组观察。

第三阶段，将参与者重新分组，确保每个小组由 5 位消费者和至少 1 位专业人员组成，从而促进不同背景参与者之间的交流和学习。确保每个小组都有机会分享他们的讨论成果，并为整个品牌团队提供反馈和建议。

第四阶段，举行一个由所有 20 位参与者参加的、发言形式的品牌会议，从各种观点的交换中你能形成你自己的结论。

品牌探测是一种工具，一种揭开品牌以及它与消费者之间关系的真面目的独特工具。

四、品牌写真

当你彻底认识了品牌，即完成品牌检验后，就可以开始进入品牌写真了。品牌写真就是关于消费者与品牌之间存在的独特关系的一种生动的陈述，是关于品牌存在理由的真理。简单地说，品牌写真就是要了解有关品牌的核心价值及精神，作出品牌 DNA（基因）的陈述。

写好一份好的品牌写真需要有相当的技巧，它可以是一段话或两段话，但最好是一个句子或短句。

品牌写真是真实的，不要试图去虚构你理想中的品牌，或虚构你喜欢的品牌的某些方面。

例如，宝马是超级驾驶机器，充满男子汉气概，没有丝毫的笨重和古板，宝马赋予驾驶者控制感和力量感。宝马的内涵是秩序与和谐，它蕴藏着无限的动力，一触即发；能够拥有宝马，是对车主成功地位的肯定，因为并非人人可以享受这份荣耀，这一点从来不会公开宣传，但宝马车主都知道。宝马是驾驶的乐趣，它是工程设计的杰作。

五、如何利用品牌写真

品牌写真是一块试金石，测试我们在品牌名称下所做的每件事，以及围绕品牌我们是如何表现的。品牌写真为代理商和客户在发展和评价所有的营销传播方案时，提供了一种清晰的指南，减少了幻想和主观性。

品牌写真有效地代替了创意简报中老一套的"态势与调性"陈述，而提供给了创意团队一种更微妙、更多彩的关于消费者与品牌关系性质的描述。同时，品牌写真提供了所有创意工作展示的理想的起点。

六、品牌检核

品牌检核主要检查有关品牌的要素是否仍然正确或适用。它是检查品牌每个方面的一种方法，包括产品的性能、物理特性、所有的传播等。它反映并保持了品牌与消费者关系的真实。换句话说，品牌检核是一种简单的反省过程，通过确认的消费者提问和研究，使投入品牌写真中的时间和努力不会白白地浪费。品牌检核应该思考以下一些问题。

(1) 营销组合的所有元素反映了品牌写真吗？如果不是，为什么？需要做些什么？

(2) 消费者行为和态度是否发生了相关变化？这需要在品牌写真中加以修改吗？

(3) 与品牌写真存在联系的竞争性关系（活动）是否发生了变化？

(4) 产品或产品线是否发生了物理性变化？如果有，是否对消费者与品牌的关系产生了影响？有什么影响？

(5) 在商业关系（如公司的结构、公司的健康状况）方面是否发生了变化？这些与品牌写真是否相关？如果是的话，是怎样的情况？

(6) 在品牌的地位上，是全国性的还是国际性的？是否发生了变化？我们怎样发展品牌写真，以迎接新的挑战？等等。这样的品牌检核工作，每年至少要执行一次。

第三节　精信的策划五部曲

精信公司的策划模式是著名的"品牌性格"。它诞生在20世纪80年代。"品牌性格"是对20世纪70年代以来"品牌定位"策略风靡市场后作出的再思考。一般来说，为一个品牌在市场上找到了它自己的一小块独特的位置，就称定位。当时认为只要有了一个健全的策略，然后能够为产品塑造一个明确有利的定位，就能确保一个广告的成功。可是到了20世纪80年代，市场区隔越来越小，同类产品的定位越来越相似。精信公司分析了上百对品牌，发现几乎在每一对品牌当中，都有相同的定位。但其中总是一个比较成功，而另一个比较不成功。例如云丝顿。精信公司发现，成功品牌的广告与不成功品牌的广告相差最大的就是，成功品牌的广告描述的不仅仅是产品是什么，而且是产品是谁。换句话说，成功的广告使产品有了生命，产品不再是产品，而好像是一个人，是你我所认识的一个朋友，产品有了性格。

从精信公司的"品牌性格"策略中，我们可以看出，品牌性格是以品牌定位为基础，并在此基础上把品牌人格化，即思考"如果这个品牌是一个人，它应该是什么样子"，并以独具一格、令人心动、历久不衰作为策略的评估标准。特别是当这种品牌塑造出来的性格能够与消费对象的性格相符合时，就能够符合其对这个产品的预期及情感上的需求，甚至在能够符合这些消费对象本身的个人生活形态的时候，广告就能够建立起消费对象与产品之间的友谊。这种友谊就像人跟人之间的友谊一样，有了一个偏好度，有了一个真正的对形象的认知，进而建立稳固而持久的联系。

现在，精信公司以一种更为专业的姿态投身到建立品牌的事业之中，它把其创造的一整套品牌策划工具称为"精信工具箱"。其中既珍藏着"品牌性格"，又增添了应对品牌资产的新武器，如"品牌忠诚"和"品牌未来"等。

在"精信工具箱"中，"品牌未来"是最为完整和极具前瞻性的策划模式。"品牌性格"再次扮演了重要的角色。"品牌未来"包括6个步骤：品牌现状考察、当前品牌性格、市场分析、市场渴望的品牌性格、消费者沟通、沟通效果评估。这6个步骤，从品牌的现状考察入手，层层进入品牌特质的界定，以及在建立这一特质的沟通手段上，不仅清晰地勾勒出了品牌的策略，也将策划的视点投向未来的市场。

为了表明策划基本步骤存在的共性，我们简单地介绍一下精信公司总结出的一套独特的模式。它包括5个方面，简称策划五部曲。

（1）策划之初都要问问客户：希望达到什么样的目标？主要是倾听客户的需求，有什么问题？有什么机会？这些想法经常起到关键作用。

（2）客观地调查。从市场上调研得出客观的数据，以及做相应的数据分析。

（3）运筹策略（思考）。包括对竞争对手的分析、形势策划、品牌定位的制定、品牌性格的形成、品牌形象分析等。

（4）行动策划。即传递品牌策略的方法，包括有效的创意、有效的媒体、有效的结合。

（5）评估。做这个广告要达到什么目标？要提高多少市场占有率？如何达到预期目标？原因在哪里？都要认真总结。

第四节　智威汤逊的策划循环圈

智威汤逊公司的总部在美国，是世界上历史悠久的大型广告公司之一。创始人詹姆斯·沃尔特·汤普森有"美国杂志广告之父"之称。这家公司于1868年创立，1878年由汤普森接管，公司在多年的经营和发展中形成了自己独特的广告理论和运作模式。近年来，该公司自成一体的方法也成为众多广告公司模仿和学习的对象。

智威汤逊公司的理念是：广告在制造商和用户间建立一种同感，使它成为任何制造商所能得到的最及时和最有价值的财富。

智威汤逊公司的使命是：在市场上建立最有效、最有区别力的广告。

一、智威汤逊公司的4条信念

（1）有效的广告能使人们产生兴趣，因为它是建立在有区别力的创意的基础上的；有效的广告既不是产品品质沉闷的叙述，也不是浅显的技巧罗列。

（2）消费者的反应是计划和创造所有广告的起点，广告不是简单地把信息传送给人们。

（3）广告必须适用于每种产品或服务，最有效的广告不是"普通系统"或"神奇的黑匣子"的结果。

（4）我们信奉必须为工作的结果负责。我们必须确定目标，因为只有具体的目标才能评估我们所做的一切。

二、智威汤逊公司的作业流程

创意是广告商的中心任务。每家跨国广告公司都以其杰出的创意而自豪，它们对创意的作业有严密的纪律控制，在发展创意之前做着太多的准备工作。其突出的表现是高度重视策略思考，并且在策略发展过程中都制定了基本的行动步骤。尽管它们都采取了个性化的表达，但这些环节具有客观、科学的一面，因而包含着更多的共性。

每个旅程不仅要设定一个目的地，也需要一个起点。早在"汤普森方式"中，智威汤逊公司就把"策划"理解为一个循环的过程，它由 5 个系列问题构成。这些问题引导我们经历整个策划和创意的过程，它是思考广告独一无二的方法。这个策划循环不是一个术语、一个广告运动系统，而是一个用于品牌建立的系统。这就是称它是一个循环的缘故。

在国际广告界，随着"广告策划"概念逐步被"品牌传播"替代，智威汤逊公司推出最新的作业理念模式"品牌全营销规划"，表达公司对"整合营销传播"和建立"品牌资产"两种流行思想的融合，以及对作业方式的改造。但其 5 个步骤和循环的性质并没有改变。

（1）Where are we（我们在哪里）？即收集事实。

需收集的事实包括市场状况、竞争者、你的品牌和消费者。这可从一些统计资料、学术或商业的研究报告、政府和公司的媒介或调查部、客户那里得到。如果没有收集到足够的事实，则做出的分析可能是错误的，因而结论缺少可信度。

在这个阶段，运用各种认知检核表，得出一份关于"当前品牌形势"的文件。这个文件是关于品牌与消费者关系的公正、严肃、真实的评估，但不是一份干巴巴的、无生命的商业表格，它是一种把品牌当作活生生的、呼吸着的人来看待的参考。

在这个阶段，智威汤逊公司还借助其隶属的 WPP 集团拥有的专门工具"Brandz"，"对品牌提出独一无二的洞察，找出品牌与消费者之间可能发生联系的真正原因"。"Brandz"来自对全球 70000 位消费者所作的调查结论，综合分析他们对 50 类产品中的 3500 个品牌的感受，因此具有很大的包容性和适用面。

（2）Why are we there（我们为什么在这儿）？即分析事实。

要求陈述得出第一个问题结论的原因：是什么样的营销活动、品牌或广告活动导致当前的状况。要得出品牌在市场和消费者中处于当前位置的原因。具体来说，包括五大发现，它们是对一个品牌真正重要性的洞察力的集合。

第一，产品类别的发现。它是一种认识消费方式、定价、法规、包装等的参考，所有关于一个品牌可能利用的东西，探究这些因素间的关系，其中的一个变化如何可能影响另一个变化的重要性或相关性。

第二，消费者的发现。得出一个关于目标消费者可能是谁，以及为什么的重要结论。事实上，人们为什么购买，以及购买什么是一个无尽的复杂话题，远比表面上看到的复杂。

智威汤逊公司运用"消费者购买系统"的基本框架进行分析，它定义了消费者购买过程的 6 个思考或行动的步骤，以消费者的眼光来分析竞争和品牌个性带来的感受。

第三，传播的发现。以消费者的观点来看待传播，不仅关乎品牌，也关乎一般的竞争情况。当然不仅仅是广告，包括所有形式的传播。例如，我们必须分离出为得到尊敬和信任而要说的东西，以避免在其他与广告同等的传播物上产生丢失。

我们还必须分析公开的、隐蔽的传播，试着理解使用色彩、音乐、动物、名人、幽默、紧张、逻辑等的效果。事实上，这些都可能对人的感觉、行为和信赖产生影响。

第四，品牌的发现。运用标准的"SWOT"模型作分析，通过研究检查品牌的苍白、薄弱方面，并把它转变为一种市场空白的清晰轮廓。

第五，客户的发现。对一个品牌真正潜质发现的本质是真正理解公司对它的雄心壮志，以及在可能发生变化的背后它们准备了哪些资源。

（3）Where could we be（我们要到哪里去）？即设定方向。

简单地说，就是必须为品牌制定目标或目的。在准备时，必须考虑到目标或目的的可达成性。接受或建议不可能达成的目标、目的是无意义的。这个步骤的本质是捕捉一个品牌与人之间关系的基础。智威汤逊公司把这个关系称为"品牌愿景"。

在这个阶段，首先应清晰地说明你的方向，比较当前和新的购买系统、品牌审核。其次总结在市场和消费者中我们在何处。这是一个关键性的环节，是在策划的洞察力和创意创新的魔力之间架起一座桥梁。为做到这一点，要召集代理商、客户、供应商，确切地说包括所有可能作出潜在贡献的人，组成团队。智威汤逊公司称其为"Day One"。每个成员要与团队和谐相处，严肃、仔细地为头脑风暴会议作准备。

营销的目标可包括品牌的市场占有率、品牌容量。

广告的目标是可以改变的，对广告目标有如下阐述。

第一，在消费者购买系统的不同阶段，我们需要做的。消费者购买系统是指消费者购买动机、考虑、寻找、选择、购买、体验等一系列过程。

第二，在修改或重新对品牌定位审核时所能做的。

（4）How do we get there（我们如何到达那里）？即执行愿景。

这个问题的答案包括了所有的广告活动。不仅有创意和媒介建议，而且包括总的传播活动，如公关、直邮、展示、调研、时间安排和预算。

创意和媒介建议应有合理的支撑点，由创意和媒介总监负责监督。如果没有预算或预算不够，不要害怕提建议。即使做了一套你觉得达到你制定的目标所必需的方案，也应准备另一套可供选择的方案。

这个步骤包括以下3个主要方面。

第一，品牌化概念。它是赋予一个品牌声望、意义和区别性的持久、独有的表达。不管在何种传播渠道和媒体环节下，它给了一个品牌始终真实的力量。

品牌化概念不能被软弱无力地陈述，一旦确定下来，就成为所有传播媒介的"心脏"，它不仅是各种传播方式的黏合剂，更使整体强于个体之和。

第二，全传播计划。它帮助确定所有可资利用的媒体渠道如何发挥最大化的效力，如何最具说服性地传播品牌化概念。

第三，创意简报。它包括6个不同的简介形式，即广告、公共关系、促销、直接反应、设计和新媒体。它们具有某些共同的特征：单一概念、聚焦并且相关，读起来像故事。

（5）Are we getting there（我们正在去那里吗）？即测度效果。

智威汤逊公司使用"业绩评估工作计划"检查每个组成部分如何对整个计划的成功产生贡献。

检查的周期通常是 6 个月左右，根据实际情况可长、可短。回答第 5 个问题，可用跟踪研究、市场或社会变化研究及其他调查研究。

这些结论形成"Where are we？"的答案，并开始新的策划循环。

三、智威汤逊公司的创意策略

智威汤逊公司的创意策略可通过其创意简述得到反映。创意简述中的 8 个问题可具体地解释为以下内容。

（1）广告必须针对的机会或问题是什么？写出我们为什么做广告的简述。通过广告，我们想改变或加强消费者的哪些看法？列出消费者的观点。在做简述时参看品牌策略简述，切记不要直接引用统计数据，因为创意人员对统计数据没有直观的理解。

（2）广告后我们要让消费者想做什么？我们要让消费者立刻采取行动，还是再寻找更多的信息？承认品牌和他们的需要相关？把广告引入意识的高层，改变他们的态度或增强他们的态度？我们在寻求改变或想得到更多的一致？在这个问题上，我们要参阅广告效果的衡量标准，不要把广告效果和消费者的反应相混淆。

（3）我们要跟谁说？要对目标群体进行翔实的描述。他们是谁？他们做什么？对整个产品类型的感觉或信念是什么？为什么他们是目标群体？目标群体是真实的人，因而用现实中的语言描述他们。

（4）广告后我们想得到什么重要反应？用消费者的语言描述广告后我们想让消费者注意或感觉到什么？这有利于我们从竞争品牌中区别出我们的品牌。还有，消费者如何把这种不同表达出来？注意这种反应不是你给消费者什么，而是消费者拿出什么。

（5）什么样的信息特征有助于产生这种反应？它可能是重要的功能或物理特性，也可能是品牌满足用户的心理或情感的东西，但它不是所有特征的罗列。信息和特征必须直接与消费者的反应有关。

（6）广告应表达品牌特征中的哪些方面？考虑用一个单一的句子表达品牌的本质。广告应加强品牌特征中的哪些独到之处？这改变或加强了品牌个性吗？可参看品牌个性和品牌审核的过程。

（7）有媒介或预算的考虑吗？考虑是否有媒介、发布量或广告长度、制作预算的制约。

（8）广告还有其他方面的帮助吗？有其他影响广告创意方面的信息吗？如促销计划、公共关系、法律的限制、合作的敏感程度等。

第五节　韦伯·扬的魔岛理论

当代著名的广告大师韦伯·扬认为：广告创意的产生如同生产福特汽车那么肯定，创意并非一刹那的灵光乍现，而是经过了一个复杂而曲折的过程，靠广告人脑中的各种知识和阅历累积而成，是通过一连串看不见、摸不着的心理过程制造出来的。韦伯·扬把创意的产生比喻为"魔岛浮现"：在古代航海时代，传说中水手的突然闪现、令人捉摸不定的魔岛，就如同广告人的创意。魔岛其实是在海中长年积累，悄然浮出海面的珊瑚形成的。创意＝魔岛浮现。

为了科学地阐述广告创意的过程，韦伯·扬把它划分为以下 5 个阶段。

（1）收集资料。

（2）分析资料，用心去仔细检查这些资料。

（3）酝酿阶段，通过深思熟虑和顺其自然的方式，让问题在意识中综合酝酿，以产生实际的创意。

（4）顿悟阶段，实际产生创意。

（5）验证阶段，发展、评估创意，使之能够实际运用。

韦伯·扬的广告创意五部曲已获得广告界的广泛认同，下面将具体介绍该广告创意五部曲。

一、收集资料

收集资料是广告创意的准备阶段，也是广告创意的第一阶段。这一阶段的核心是为广告创意收集信息、事实和材料。按照韦伯·扬的观点，广告创意需要收集的资料有两部分：特定资料和一般资料。特定资料指那些与创意密切相关的产品、服务、消费者及竞争者等的资料。这是广告创意的主要依据，创意者必须对特定资料有全面而深刻的认识，才有可能发现产品或服务与目标消费者之间存在的某种特殊的关联性，这样才能产生创意。许多人天真地认为，创意就是一种毫无缘由、不可捉摸的灵光闪现，任何人为的准备，都是对创意的一种桎梏，这是一种非常普遍的错误认识。俄罗斯著名音乐家柴可夫斯基说得好："灵感是一个不喜欢拜访懒汉的客人。"灵感往往出现在长期艰苦的资料储备和思想酝酿之后，它绝不会在一个对创意对象一无所知的懒汉身上"从天而降"。广告创意绝不是无中生有，而是对现有的特定资料进行重新组合的过程。不掌握特定资料，创意就成了无本之木，无源之水。一般资料，是指那些令你感兴趣的日常琐事，也指创意者个人必须具备的知识和信息。这是创意的基本条件。不论你进行什么创意，都绝不会超出你的知识范畴。广告创意的过程，实际上就是创意者运用个人的一切知识和信息，去重新组合和使用的过程。可以说，广告创意者的知识结构和信息储备直接影响着广告创意的质量。

收集一般资料，用广告大师乔治·葛里宾的话说就是"广泛地分享人生"和"广泛地阅读"。说白了就是要做生活的有心人，随时注意观察生活、体验生活，并把观察到的新信息、体验到的新感觉记录下来，以备创意时厚积薄发之用。

广告大师李奥·贝纳在谈到他的天才创意时说，创意秘诀就在他的文件夹和资料剪贴簿内，他说："我有一个大夹子，我称之为 Corning language（不足称道的语言），无论何时何地，只要我听到一个使我感动的只言片语，特别是适合表现一个构思或者是使此构思活灵活现，增色添彩，或者表示任何种类的构想，我就把它收进文件夹内。我还有一个档案簿，鼓胀胀的一大包，里面全是值得保留的广告，我拥有它已经 25 年了，我每个星期都查阅杂志，每天早上看《纽约时报》以及芝加哥的《华尔街时报》，我把各种吸引我的广告撕下来，因为它们都作了有效的传播，或是在表现的态度上，或是在标题上，或是其他原因。大约每年有两次，我会很快地将那个档案簿翻一遍，并不是有意要在上面抄任何东西，而是想激发出某种能够运用到我目前所做的工作上来。"

李奥·贝纳的话具有很强的代表性，国内外许多在创意上有杰出表现的广告大师都是这样来收集和积累创意资料的。例如，有一次，罗素·瑞夫斯在餐厅里吃午饭。在等待上菜的时候，在餐巾上随意涂鸦，画了一个人头，人头上有三格，一格是电视，一格是一个吱吱作响的弹簧，一格是不停敲击的锤，这个餐巾上的创意，后来成了"Anacin"头痛药的电视广告。

在日常生活中，我们每天在路上行走会碰到各种各样的人物、事件，平时读书或独坐，会涌起各种各样的想法，如果把它捕捉住了，就可以引发创意。收集这些原始资料是一项很琐碎的工作，因此需要广告创意人员有一份耐心，有一份坚持，最好用专门的记事本、剪贴簿或索引卡片分门别类整理归档。

二、分析资料

"观察、体验、研究、分析"8 个字，概括了文学艺术家摄取和积累材料的创作准备过程。这一点，对于广告创意也同样适用，在广告创意的前期准备阶段，当资料搜集完成之后，便进入了广告创意的后期准备阶段，即分析研究阶段。

在这一阶段，主要是对收集来的一大堆资料进行分析、归纳和整理，从中找出产品或服务最有特色的地方，即找出广告的诉求点，再进一步找出最能吸引消费者的地方，以确定广告的主要诉求点，即定位点，这样广告创意的基本概念就比较清晰了。

对资料的分析研究一般要经过以下步骤。

（1）列出广告产品与同类产品都具有的共同属性。

（2）分别列出广告产品和竞争产品的优势、劣势，通过对比分析，找出广告产品的竞争优势。

（3）列出广告产品的竞争优势带给消费者的种种便利，即诉求点。

（4）找出消费者最关心的地方和最迫切的需要，即定位点，找到了定位点，也就找到了广告创意的突破口。

韦伯·扬把这一阶段称为"信息的咀嚼"阶段，创意者要用自己"心智的触角到处加以触试"，从人性需求和产品特质的关联处去寻求创意。如果能在看似毫无关联的事实之间，找出它们的相关性，并把它们进行新的组合，这样就能产生精彩的创意了。

三、酝酿阶段

酝酿阶段即广告创意的潜伏阶段。如果经过长时间的苦思冥想，仍没有找到满意的创意，这时候不如丢开广告概念，松弛一下紧绷的神经，去做一些轻松愉快的事情，比如睡觉、听音乐、上厕所、散步等。说不定什么时候，灵感就会突然闪现，从而产生创意。例如，化学家门捷列夫为了发明元素周期表，连续两天三夜不停地排列组合，仍未解决问题，他疲劳至极，便趴在桌子上不知不觉地睡着了，在梦中，竟然把元素周期表排出来了，他醒后马上把梦中的元素周期表写下来，经过核实，只有一个元素排错了位置，其他都正确。就这样，他首创了元素周期表。数学家高斯为了求证一个数学定理，经反复思考、研究，始终未能解决。一天，他准备出去旅游（思想放松了），一只脚刚踏上马车时，突然灵感降临，难解的结一下子就解开了。后来他在回忆时说："像闪电一样，一下子解开了。我自己也说不清楚是什么导线把我原先的知识和使我成功的东西连接起来了。"

事实上，大多数创意灵感都是在身心轻松悠闲的状态下产生的。例如，宋代大文学家欧阳修总是在马上、枕上和厕所中获得灵感。

四、顿悟阶段

顿悟阶段是广告创意的产生阶段，即灵感闪现阶段。灵感闪现也称"尤里卡效应"。"尤里卡"是希腊语，意为"我想出来了"。当年，古希腊科学家阿基米德被要求在不能有任何损伤的条件下鉴定皇冠中的含金量。他百思不得其解，非常疲劳，便想放松一下洗个澡，他躺进浴盆中，任热水沿着盆沿溢出来，突然，他灵感闪现，通过称量皇冠排出的水量来确定皇冠的体积，进而算出其比重，不就能判定真假了吗？于是，他高兴地跑到大街上，欢呼"尤里卡，尤里卡"，他用这种方法判定皇冠中掺入了银子。这种方法被后世称为"尤里卡效应"。当广告创意人员高呼"尤里卡"的时刻，就意味着创意的诞生。韦伯·扬把它称作"寒冷清晨过后的曙光"。

创意的出现往往是"踏破铁鞋无觅处，得来全不费功夫"。经过长期酝酿、思考之后，一旦得到某些事物的刺激或触发，脑子中建立的零乱的、间断的、暂时的联系，就会如同电路接通那样突然大放光明，使人恍然大悟。灵感的一个显著特点就是说来就来，说走就走，来不可遏，去不可留，稍纵即逝。

广告创意的准备、酝酿和顿悟 3 个阶段，正如王国维评论的做学问的 3 种境界：昨夜西风凋碧树，独上高楼，望尽天涯路，此第一境也；衣带渐宽终不悔，为伊消得人憔悴，此第二境也；众里寻他千百度，蓦然回首，那人却在灯火阑珊处，此第三境也。经此三境，广告创意并未完成，它还必须经过第四境，即验证阶段。

五、验证阶段

验证阶段就是发展广告创意的阶段。创意刚刚出现时，常常是模糊、粗糙和支离破碎的，它往往只是一个十分粗糙的雏形，一道十分微弱的曙光，其中往往含有不尽合理的部分，因此还需要下一番功夫仔细推敲，进行必要的调查和完善。验证时可以将新的创意交给其他广告同仁审阅评论，使之不断完善、不断成熟，例如，大卫·奥格威非常热衷于与别人商讨他的创意，他为劳斯莱斯汽车创作广告时，写了 26 个不同的标题，请了 6 位同仁来评审，最后再选出最好的一个——"这辆新型'劳斯莱斯'在时速 60 英里时，最大噪声来自电钟"，写好后，他又找出几位文案人员来评论，反复修改后才定稿。

通过对广告创意过程的了解，我们就可以揭开创意的神秘面纱，认清创意的"庐山真面目"，把握创意的发展规律，从而创造出"确有效果"的广告创意。

第六节　李奥·贝纳的创意策略

李奥·贝纳于 1935 年创立了李奥·贝纳广告公司，该广告公司的创意以简洁和有震撼力而闻名，与其他一些大广告公司一样，其创意策略是公司成功的重要因素之一。

(1) 市场状况和品牌历史回顾。就竞争者的表现、市场趋势进行分析，品牌历史的回顾有助于创意人员的写作。品牌以前所做的广告、消费者的看法和品牌在市场上的销售状况是必要的信息。

(2) 品牌产品特色和个性界定。要介绍产品的特色以及与别的产品不同的地方。所有的品牌都有品牌个性，品牌越成功，对个性的界定越多。这部分要考虑现在品牌的个性和理想状况下品牌的个性。

(3) 延续的资产包括以前所做广告积累的资产，如广告标志、主题线、音乐、图像和其他对消费者而言有代表意义的延续信息。

(4) 问题点是品牌营销或广告中存在的问题。找问题点时，要用消费者的眼光看问题，而不要从制造商和广告人的角度看问题。

(5) 机会点是找出本产品能在市场上成功的机会，要分析市场的竞争结构，罗列出与本品牌竞争的品牌，使创意小组对消费者和竞争对手有明晰的认识。

(6) 对目标消费者，用定性和定量的方法描述。包括消费者的年龄、性别、职业、收入等基本情况的信息，以及心理状况、生活方式和观念等信息。

(7) 广告目标是指在一定时期内通过广告运动想达到的目标，既可以是传播目标，也可以是销售目标。

(8) 消费者目前的看法决定了行为，要使消费者的行为在将来有所改变，必须改变他们的观念。

(9) 广告提供的承诺或利益点能促使消费者转变观念，从而影响消费者的购买行为。

(10) 广告的支持点包括所有支持广告策略和承诺的事实、信息。

(11) 广告必须履行的要素，指广告创意人员在发展广告创意时应顾及的法律、道德或其他要素。

（12）在调查中要用简短的语言列出广告策略缺乏的一些信息，从而提供改进的方向，并推动广告策略的持续发展。

（13）广告想达到的效果包括消费者的知觉、感觉和行为3个层面。消费者从广告中得到知识，广告引起消费者对品牌感觉的变化，而消费者的行为在其知觉、感觉变化后也会改变。

并非每个人都对广告公司的策略有清楚的了解，在策略实施时常会出现问题，主要有以下两方面的原因。

第一，广告策略中没有有关广告目的的阐述。策略中没有目的的情况是少见的，常见的是对广告策略或目的没有很好的准备，缺乏远见，与缜密的消费者调查的结果和分析相距甚远。如果广告创意策略不是建立在对消费者的理解上，那么这个策略不是有效广告所需要的蓝图。

第二，当有一个好的广告策略时，因工作团队的不同理解和解释而使策略遭到破坏。例如，策略上有"年轻、时髦和女性"的描述时，每个人对这个界定的理解都有差异。在什么程度上显示年轻、时髦等，需要明确的界定。这就是在制定广告策略前客户和广告公司会花大量时间讨论的原因。

第七节　BBDO 的"四点法"

美国 BBDO 广告公司是世界上最大的广告公司之一。该公司创建于 20 世纪 30 年代，是从一个小小的"创作铺子"，发展到今天在世界各地设有数百家分支机构的大公司。BBDO 广告公司的经营模式称为"四点法"。"四点法"突破了世界各国不同的语言、文化、风俗、国情的障碍，有效地控制了广告作业水准。BBDO 在世界各地的分公司，必须按"四点法"作业。

一、认清你的主要潜在顾客

BBDO 广告公司认为，广告必须首先对潜在消费者市场有透彻的了解。潜在消费者研究一般包括人口分布、消费态度、消费行为、生活方式及购买形态等。

BBDO 广告公司在纽约设立了资料管理服务中心，对其所属的分支机构提供消费者的背景资料。而各地分支机构也设有小型资料管理中心，储存与本地消费者有关的背景资料及当地的市场基本资料。

资料管理服务中心提供的资料包括以下内容。

（1）基本情况分析。包括营销报告、广告创作及媒体活动、市场状态、品牌占有率以及市场区隔等情况。

（2）营销资料分析。包括对经济生活方式、详细市场资料以及对不同市场相互影响的研究分析，作为市场计划参考。

（3）离层分析。从分配渠道、成本、媒体占有率等方面对市场做简明分析。

（4）广告竞争情况咨询服务。提供查询各种媒介费用和市场调查资料来源的服务。

（5）新产品及样品资料服务。提供新产品通路的调查资料、产品样品资料等服务。

二、认清你的潜在消费者的问题

BBDO 广告公司特别创作了一套研究程序，称为"问题探索系统"，操作程序分两个阶段。

（1）列出潜在问题。其做法是：由专家邀请消费者，请他们对某一产品本身和使用这种产品后的感受发表意见，尽量让消费者发表不满和抱怨，而不收集正面意见。他们认为，一方面，厂家在设计产品时对产品好的方面都能实现；另一方面，消费者实际很难对某一产品提出具体意见，因为那需要专业知识。但如果知道了消费者的抱怨，就可能发现产品的真正缺陷。列出问题，可以为今后的研究打下基础。

（2）分析和研究问题。问题探索系统是 BBDO 独创的一种方法，用这种方法可向广告主提供潜在市场中有效、可靠而又经济的调查。这种方法还可以分析世界各地消费者对同一产品的要求和不满，如哪些大致相同，哪些是由于文化、国情、经济状况、市场等不同因素而产生的差异。

BBDO 广告公司认为要使某一新品牌打入市场，最有效的方法是使消费者改变以前使用某种旧品牌的习惯，找出这些品牌的问题，然后将新品牌以能解决旧品牌问题的姿态出现，这样就能改变消费者的购买习惯，从而改用新的品牌。广告应紧紧抓住这一点。

三、认清你的产品

如果广告创意者对产品的基本销售对象及其存在的问题不清楚，就会闭门造车，所创作的广告就如隔靴搔痒，无法打动消费者，更谈不上改变其消费习惯。

BBDO 广告公司为此独创了一种方法，即列出同一类产品的所有品牌，然后研究到底哪些品牌在相互竞争，并请消费者回答对某一特定品牌的使用形态，然后将所有资料输入电脑处理，将消费者所有轻易改变选购品牌的心理因素加以分类整理，这样就可能获得促使消费者购买的决定因素，这是广告创意的重要依据。BBDO 广告公司的这套程序已标准化，并在世界各地分支机构中使用。

BBDO 广告公司还研制了一套新产品如何接受老产品挑战的方法，为广告主进行特别服务。这种方法称为"销售试验预测"，可用它对消费者购买兴趣加以评判。为此 BBDO 广告公司研制了一套数学模型，这套模型存放在美国中央电脑，分布在世界各地的分支机构均可通过卫星向中央电脑索取。

在认清潜在消费者及存在的问题后，就可以制定广告策略了，其内容包括何时、以何种方法、向谁传播何种信息，以迎合消费者口味。广告策略制定后，应由广告创意人员制作容易记忆并且有说服力的广告，以影响潜在消费者的购买决策。

四、突破创作障碍

BBDO 广告公司认为制作广告的两大致命障碍，一是为创作而创作；二是根本谈不上创作。第一种情形也许可以将广告信息传出去，但效果不佳；第二种情形则根本无法引起消费者的兴趣。因此，必须在广告创作中克服这两种情况。

BBDO 广告公司在全世界有近 1800 名职工，均按"四点法"操作。根据广告主国际组织规定，BBDO 对国际广告客户建立了协调制度，以便对广告质量加以管理。协调工作由 BBDO 广告公司在美国的总公司负责，各分支机构要遵从总公司的广告与市场决策，但也可作弹性应变，以适应各地的实际情况。

第八节 达彼斯模型

达彼斯的 USP 不仅是公司为客户服务的一种指导哲学和工作方式，更是公司独有的品牌资产。这一思想成为达彼斯全球集团迈向新世纪的座右铭。几十年来，人们对 USP 的称谓没有变，达彼斯对它的称谓也没有变。然而我们所处的广告和市场环境产生了翻天覆地的变化。在新的时代背景下，达彼斯重新审视 USP，在继承和保留其精华思想的同时，围绕 USP 之精髓，发展出了一套完整的操作模型，它使得如今的 USP 策略理论变得更加严谨且富有逻辑，更加系统且富有生命力。这显然已超越了雷斯时代所作的贡献。

现在，达彼斯重申 USP 的 3 个要点。

第一，USP 有一种独特性。它是蕴含在一个品牌自身深处，或者尚未被提出的独特的承诺。它必须是其他品牌未能提供给消费者的最终利益。它必须能够建立一个品牌在消费者头脑中的位置，从而使消费者坚信该品牌所提供的最终利益是该品牌独有的、最佳的。

第二，USP 必须有销售力。它必须对消费者的需求有实际的和重要的意义。它必须能够与消费者的需求直接相连，它必须导致消费者做出行动。它必须有说服力和感染力，从而能为该品牌引入新的消费群或从竞争品牌中把消费者吸引过来。

第三，每个 USP 必须对目标消费者作出一个清楚的、令人信服的品牌承诺，而且这个品牌承诺是独特的。

可以看出，现在达彼斯把 USP 当作传播品牌承诺最有效的方法，USP 意味着与一个品牌的精髓相关的销售主张。当然，这一主张将被深深地印刻在消费者的头脑之中；USP 广告不仅只是传播产品信息，更重要的是要促使消费者产生购买行为。从中可以看出，达彼斯相信"品牌"是真正影响消费者的东西。因此，广告和创意也应从剖析品牌轮盘和品牌精髓出发，使广告诉求与品牌要素紧密相连，从而深入影响消费者，才能说服他们采取购买行动。

如何从分析品牌精神开始，最终产生一个 USP 广告，达彼斯模型将整个 USP 创意分为以下 7 个步骤。

一、品牌轮盘

品牌轮盘在通常意义上对品牌层次的划分作了由表及里的归纳。

(1) 品牌属性：品牌是什么？品牌的物理性、功能性特征。

(2) 品牌利益：品牌做什么用？使用品牌的结果。

(3) 品牌价值：品牌如何让我感觉自我，以及让他人感觉自我。

(4) 品牌个性：如果品牌是一个人，谁会是它？

(5) 品牌精髓：品牌的核心，这个轮盘中各特征的总概括。

因此，可以说，有效的广告掌握了品牌的精髓（表现最杰出的地方），忠诚于该品牌的个性，传达了该品牌的价值；有效的广告永远与消费者有关联性，它与目标消费群体使用同一种语言，说他们都认同的内容。

二、品牌营销策划

在创意广告前，先从总体上进行品牌营销策划思考，是为了确定广告在整个品牌战略中的作用，以及设定检验广告效果的行为标准。

这个环节要求客户和代理商共同参与，通过明确地定义广告和其他所有营销传播组合的特定角色及行为标准，形成以下的分支问题。

(1) 品牌概况、品牌资产。

(2) 营销目标和商业目标。

（3）传播政策（包括广告和其他营销传播组合要素）。

（4）评估（包括广告和其他营销传播组合要素）。

三、品牌审查

品牌审查是为了发现品牌的独特方面，而这正是 USP 的基础。因此，发现 USP 的过程可以将品牌精髓变成不可抵抗的需求深入人心，付诸实施。

品牌审查从调查产品和消费者的各个方面进行。为了得到更好的答案，真正做到以消费者的眼光进行，我们要通过头脑风暴法提出更好的问题。

四、头脑风暴法

头脑风暴法通过利用代理商的集体智慧来提高知识资产的利用价值，并使其形成一种新的思维进行策划。使用头脑风暴法有助于对消费者研究的 Adcepts 产生。

五、Adcepts产生

Adcepts 是假设、样板创意、声称、令人惊奇的事实，甚至是在策略建立的研究过程中产生的消费者的反应（以一种比敏感的词汇更鲜明、直接的方法）。

Adcepts 如何开展并没有特定的规则和形式。但是它们每一个都必须包括一个想法，而且其目的是"激励"。它必须将策略性主张归纳成消费者易记易懂的习惯性用语，而不是干巴巴的"策略宣告"。

六、Adcepts测试

Adcepts 是对消费者反馈的刺激，而非测试目标，它是取得结果的一种途径，可以帮助你发现 USP 所在之处。

对大多数品牌来说。很容易选择到 8~10 个最有效的 Adcepts，对消费者进行测试。由于采用的是"商讨的过程"，而非提问的形式，所以，可以避免通常的研究陷阱：只注意消费者的想法，而并不重视他们为什么会产生这种想法。

七、USP创意简报

USP 创意简报的焦点是"USP"。所有的创意简报必须遵循品牌轮盘，这两者的结合形成关键的创意简报文本。

品牌轮盘不宜改变，但是某个地区的品牌主张却是可以改变的。因为，USP 是以市场为导向的，即根据地域或竞争因素进行修改。

一份达彼斯的创意简报包括以下这些问题的回答。

（1）我们为什么要做广告？在广告投放之后，我们希望消费者做什么？想什么？

（2）我们在和谁"交谈"？我们对他们有哪些洞察？

（3）品牌的 USP 是什么？

（4）USP 的支持点是什么？为什么消费者会相信它？

（5）品牌个性或主张的真正动人之处是什么？从附加材料和刺激物中寻找。

（6）控制，即品牌个性或主张、客户、法律等限定的不可动摇之处。

（7）媒体如何帮助这个创意变得活跃起来，甚至让人惊奇？

最后要指出的是，USP 首先是作为一种策略工具。策略是高度结构化的思考结果，而创意则需要更多自由发挥的空间；USP 有助于创意的发挥，而非替代创意。USP 创意简报是用来判断我们所做的工作是否属于 USP 广告范围的标尺。如何判断一个真正的 USP，是 USP 广告所要解决的。

（1）创意简明且令人信服吗？

（2）创意是与众不同、独有的吗？

（3）它是否来源于有关品牌的事实？

（4）它是否包含了一个独特的利益点或一个特别的类别利益？

（5）如果除去技术成分，创意还存在吗？

（6）它是同类产品中最出色的广告吗？

（7）它具有作战力吗？

思考与练习

1. 广告策划的专业方法有哪些？

2. 什么是李奥·贝纳创意策略？

3. 什么是"品牌管家"？

参考文献

阿伦斯 . 当代广告学与整合营销传播 [M]. 林升栋，译 . 北京：中国人民大学出版社 .2023.

蔡嘉清 . 广告学教程 [M].5 版 . 北京：北京大学出版社，2017.

陈培爱 . 广告学概论 [M].3 版 . 北京：高等教育出版社 .2014.

黄升民 . 广告策划 [M].3 版 . 北京：中国传媒大学出版社，2018.

孟克难 ，薛涛，曹岩，等 . 广告策划与创意 [M].2 版 . 北京：清华大学出版社，2021.

莫里亚提，米切尔，伍德 . 广告学：原理与实务 [M].11 版 . 桂世河，汤梅，译 . 北京：中国人民大学出版社 .2021.

饶德江，陈璐. 广告策划与创意 [M].2 版 . 武汉：武汉大学出版社，2015.

田明华 . 广告学 [M].2 版 . 北京：清华大学出版社 .2020.

余明阳，陈先红，薛可 . 广告策划创意学 [M].4 版 . 上海：复旦大学出版社，2021.

张金海，余晓莉 . 现代广告学教程 [M]. 北京：高等教育出版社 .2010.

张金海 .20 世纪广告传播理论研究 [M]. 武汉：武汉大学出版社，2002.